炉边话清史

大家史说

金性尧／著

故宫出版社

图书在版编目（CIP）数据

炉边话清史 / 金性尧著. -- 北京：故宫出版社，2013.4
(大家史说. 第 2 辑)
ISBN 978-7-5134-0229-3

Ⅰ. ①炉… Ⅱ. ①金… Ⅲ. ①中国历史-研究-清代
Ⅳ. ①K249.07

中国版本图书馆 CIP 数据核字（2011）第 271414 号

炉边话清史

著　　者：金性尧
责任编辑：江　英　王冠良
装帧设计：赵　谦
出版发行：故宫出版社
　　地址：北京市东城区景山前街 4 号　邮编：100009
　　电话：010-85007808　010-85007816　传真：010-65129479
　　网站：www.culturefc.cn　邮箱：ggcb@culturefc.cn
印　　刷：保定市中画美凯印刷有限公司
排　　版：保定市万方数据处理有限公司
印　　本：880 × 1230 毫米　1/32
印　　张：12
字　　数：204 千字
版　　次：2013 年 4 月第 1 版
　　　　　2013 年 4 月第 1 次印刷
印　　数：1~5000 册
书　　号：ISBN 978-7-5134-0229-3
定　　价：28.00 元

写在前面的话

去年春天，父亲的《清代宫廷政变》和《清代笔祸》（“大家史说”丛书之一）在紫禁城出版社出版后，得到了广大读者朋友的首肯，出版社有意让我继续编选父亲的其他专题文集，以答谢读者，本书即是将父亲除《清代宫廷政变》和《清代笔祸》之外的清代文史随笔编选成集，既以此饷广大喜爱父亲文章的读者，同时也纪念父亲逝世四周年。

父亲在青年时代就喜爱读清史，在他写于一九四三年三月一日的《旧事重提——读光绪四年正月份〈申报〉》一文中曾提到：

清代的历史，虽然比较的长，有三百载光景，而且内容也较复杂。尤其代表她的三个时期的特征：清初以异族入主的大变动，清中叶智识界的学术思想的繁兴、澎湃，和太平天国的对抗，终至失败；以及晚清的更纷扰的局面，内忧外患，撩乱万变的种种得失消长，终至溥仪宣告逊位，都正是我们严明的对镜。所谓殷鉴不远，跟现在的我们，也较任何一个皇朝为密迩，因此尤特别有了解探讨之必要。

除“了解探讨”清史之外，父亲还喜爱清诗以及清人小品，在一九四四年他二十八岁时出版的《文抄》一书中，就已收有《关于〈清史稿〉》、《读〈日知录〉》、《读〈浮生六记〉》等文章；晚年退休后于上世纪九十年代，在选注了《唐诗三百首新注》、《宋诗三百首》、《明诗三百首》以后，曾想继续编选一本《清诗三百首》，并已通读了《清诗话续编》和《清诗纪事》等书，准备选诗，还作有许多札录，后终因清诗数量太多，工程过于浩大，耄耋之年精力实在不济而不得不放弃。

曾经有过的札录，加上因写作《清代宫廷政变录》和《清代笔祸录》时产生的许多心得体会，使他先后写下了许多文章，发表在香港的《大公报》及国内各类报刊上，后也有部分文章由父亲收入他亲自编选的《伸脚录》、《不殇录》、《饮河录》等文史随笔集中。因为他写作时的厚积薄发，文章在“评诗论人议事时，文史结合，常有独见”，具有他独特的风格和魅力，深受读书界的欢迎。

现将父亲有关清代的文史随笔编选成集（凡《清代宫廷政变》和《清代笔祸》中已收文章本书均不再收入），按文章内容大致分为三个门类，每一门类则按人或事所涉时间编次。因自己才疏学浅，对父亲文章或许领会有误，致使编选失当，敬请广大读者方家指正；付梓在即，心中不免忐忑不安，遥问父亲：您是否认同我的编选、校勘？有失当之处，托梦告我，可好？

文集即将编就，但取何书名为好呢？父亲在一九八六年一月十五日所撰《炉边诗话》前言的末尾中曾道：“本书大部分的修订和写作，仍是在炉边完成的，在将近夜半，寒意渐增的时候，有这么一点儿闪着红光的炉火，身心就要温暖得多，舒服得多。”我的编选本集恰也是在寒风料峭的冬季，在将近夜半，寒意渐增的时候，却享受着现代空调的温暖。想象着父亲当年围炉写作的执着和辛苦，一丝暖意、十分敬仰，油然涌上心头。那么，就把本集取名为《炉边话清史》吧，想远在天国的父亲，一定会同意女儿的立意；而读者诸君，是否能理解我此时的心情?!

金文男

2011 年清明

目录

故宫史话

目前的人民首都，已成为国内外人士观光的一个胜地，而观光首都者，又必去游览故宫。但我们今天对于故宫的观点，也已不复是单纯的“为游览而游览”的趣味作用，而应该从它的建筑、创造、设计种种特色上，来重视它在劳动艺术中的价值，它的巨大的历史意义，正如从克里姆林宫的辉煌的建设上，很具象地反映了俄罗斯的民族性一样。同时，我们还应该从封建的潜势力中解放出来，纠正过去一般人错误的看法，而使它成为崭新的人民的文物重心。本文写作的目的，即是在此。但一方面，也提示一点关于故宫的掌故和史料。

一

现在的故宫，大体上都是明代的建筑，明代的宫殿建造，则始于永乐十五年，因为明成祖朱棣，自北平率兵南侵，赶走了在南京的他的侄子惠帝（允炆）以后，便迁都到了北京。迁都的理由，主要因了成吉思汗的后裔，这时虽已退出了中国的本部，但他们在蒙古的老家，却仍然自成部落，对于汉族仍然是一种威胁，所以需要时刻的来防范监视，因此在北方便得有一种强大的力量来控制着。但又派谁去坐镇这样重要的地方呢？如果派异姓的大臣吧，则将来万一拥兵跋扈起来，对中央必贻鞭长莫及之虞，而成尾大不掉之势；如果派同姓的诸王呢，则要是抄他的老文章造反起来，也必致天下纷扰，骨肉相残，故终于只好把京都搬到北京来，由他自己来坐镇。这样到了满清入关，皇宫的主人自然换了爱新觉罗氏了。但除了更改几个宫殿的名称，及增筑一部分殿宇外，整个的皇宫轮廓，还是明朝的旧筑，而且连宫廷中的制度习惯，大致也是沿明代之旧。在这六百余年来封建帝皇盘踞的过程中，就发生了许多荒淫奢侈的故事，竭天下的民脂民膏，以供奉他们一人一姓的享受。单是清慈禧太后那拉氏六十岁生日时，所消耗的珠宝金银，就达四百三十多万两银子，约合小米二万万多斤，等于十余万农民一年勤劳的所得。此外，封建统治者对于劳动人民劳力的榨取与奴役，我们在游览故宫的时候，也随处的可以见到种种遗迹，这里先拿故宫的陛石和琉璃瓦来说吧。

所谓“丹陛”的形式，凡到过故宫的人都已见过不少，用不着我再来说明了。我所要说的，是它所象征的封建制度的精神，它不但构成了统治者和人民之间的深远的隔离，而且连得普通官僚也不容易接近皇帝了。在汉代还有三公坐而论道的事，到唐宋臣子见皇帝还比较自由一点，到了明代，正是封建政权最严峻的朝代，朱元璋厉行中央集权，皇帝一不高兴，就可打大臣的屁股，于是大臣觐见皇帝时，只有远远地伏在丹陛之下，连头也不敢轻易的抬起来，以造成天威咫尺的专制空气。从前在丹墀内还列着“品级石”，用黄铜范成山形，上刻一品到九品的官员职位，硬生生地用权力来分出人格的等级，构成森严的壁垒，制造各种的奴性与低能，像《官场现形记》中所说的“多磕头、少说话”的名句，借来形容那些跪在丹陛之下的官僚，刺猬似的缩做一团的情景，正是非常的切贴。但同时还要指出的，这些陛石的雕筑和搬运，又是榨取了多少劳动人民的智力和体力，消耗了多少人民的财富。像元代因北京附近为产石之区，即有采石局之组织。德胜门内的铁影壁，即是元代的石刻之一。明代的大石，则取于涿州房山，花斑石取于徐州，目前遗留的太和殿的丹陛，恐怕还是明代的旧物，而从丹陛的正中央所雕刻的花纹上，我们可以看到过去的劳动艺术的高度的成就，但却为封建帝皇所掠为专有，因为在从前，这一部分是只许皇帝自身才能践踏的。

其次是故宫的琉璃瓦，这也是中国建筑中一个美丽的特色。如果站在煤山的高处，向故宫作一鸟瞰，尤其是在黄澄澄的太阳下，琉璃瓦泛着一片灿烂的金色，实在瑰丽极了。从前宫殿屋顶上的砖瓦，大都是着上颜色的，如汉代就用漆瓦，因那时候的陶器已有着釉的了。但正式的采用琉璃瓦，见于著录的则为北魏。到金人时应用最广，在营造燕京宫殿时，曾动员兵士四十万，民夫八十万的力量。元代则专设机关经营，一共设立四窑，材料采自西山，由水道运至正阳门外的琉璃厂，到明代则派太监们来专司其事。清代的琉璃瓦分青黄紫蓝翡翠等等色泽，准许用的只限于宫殿、王府及寺宇如关帝庙、孔庙之类。其中蓝色的一种，是盖在皇帝守制或斋戒时所居的屋顶上。但琉璃瓦除了盖屋顶之外，还有应用到别的建筑物上的，其形式也更为炫丽生动，最著名的如北海及故宫的九龙壁、香山静宜园的琉璃碑坊、大高玄殿的琉璃亭等。听说目前一方明代的琉璃瓦，特别是黄色的，放在古玩铺中可以卖上好几万块钱，买主多是西洋人，大概想由此而观察中国工艺作品的遗迹。不过琉璃瓦最初还是从西域所传来，后来再经过中国的改良，其原料是用太行山脉中的矿产。这跟六朝华表上的具着双翼的石兽一样，或许也是从希腊或西亚所传入。在这些地方，也可以考见中国民族对于外来文明的吸收融化的优点，而表现了劳动工艺者的特出的智慧。但从前一般统治者，一面对他们加以利用奴役，一面又给以卑视冷待，以致他们都成为无名人物，比起今天天安门华表搬动时，对带头的徐荣同志大事表扬的例子来，就是一个极好的对比。

二

北京的城门，一共有四道，即外城、内城、皇城、紫禁城。皇城的南向的正门叫天安门，旧时叫承天门，顺治八年重建改名。门凡五阙，“阙”字的意思是好让皇帝对之，时时引起补阙之心。从前有所谓伏阙上书的，就是指在这些地方。而到了故宫以后，才知道原来是怎么一回把戏。不过古代陵墓前面的神道也谓之阙，汉代即有墓阙名。大约最初门观之阙，指的宫门御道，石柱之阙，指墓门神道，《古诗十九首》中已有“双阙百余尺”的话了。

天安门的名字，在目前特别显得响亮，尤其经过修葺后的那一片雄伟宽阔的广场，更有气象一新之感。在落日余晖之下，信步的在那里溜达溜达，抬头看看那澄碧如洗的北国的高空，和在夕照中闪闪作光的琉璃瓦，头上也许有成群的宫鸦，一路聒噪而来，然后又走向金水桥上，俯视那绿幽幽的太液池的碧波，风来时又吹起一片绿绉，那种恬静而阔大的气象，可以使人流连久之。就是在夜里，当林荫大道的街灯放着明光时，这种夜色也很可欣赏，因为它把古与今的色泽调排得很是和谐，也可算得新北京的一个新的游览目标了。

在清代，天安门也是一个很重要的地方，逢到国家有大庆典的时候，于门楼上的垛口正中处，设一木制的金凤，将诏书由金凤口中徐徐地衔之而下。日本人印的《唐土名胜图会》中，还留着这图像。满清末代统治者儿童皇帝溥仪登位之初，也是用这仪式，那一天臣民还都到金水桥下去听宣读登位的诏书。由天安门再里面的一道南向的城门叫午门，即是紫禁城的正门，前接皇城之端门。午门上阁道明廊，盘回高出，旁筑翼然的两观。那正中的一座楼门，即俗所谓五凤楼。京戏的《珠帘寨》中李克用唱的“忆昔当年五凤楼……万岁爷一见龙眉皱，推出了午门就要斩首”

的唱词，固然未必可靠，但在明清两代，午门却是大臣们遭殃受辱的地方。明代的“廷杖”，即是在这一走道上举行的，而廷杖却是朱明的酷刑之一。魏禧《魏叔子文集·姜贞毅先生传》中，有记用刑的情状云：“众官朱衣陪列午门外西墀下，左中使，右锦衣卫，各三十员。下列旗校百人，皆衣襞衣，执木棍。宣读毕，一人持麻布兜，自肩脊以下束之，左右不得动，一人缚其两足，四面牵曳，惟露股受杖，头面触地，地尘满口中。”据说在成化以前，受廷杖者皆不去衣，用厚绵底衣重毡叠帊，借此以示辱而已。但被刑结果，还得卧床几月而后痊愈。至正德初年，太监刘瑾弄权时，因憎恶廷臣，才去衣扑打，所以有就此被杖毙的。朱元璋在位时，还曾经在文华殿中，亲自鞫审过大臣，鞫审时即大加拷打。那些被打的大臣，如果昏迷过去时，据说饮以人尿可以醒过来。上引《姜贞毅先生传》中又云：“杖数折，公昏绝不知人，公弟垓时官行人，口含溺吐公饮之。名医吕邦相夜视公曰，杖青痕过膝者不治，吾以刀割创处，七日而痛，为君贺矣。半月去败肉斗许，乃苏。”明代的皇帝，素有十昏九暴之号，其中所设计的种种别出心裁的酷刑，今日在书册上读之，犹有毛骨悚然，如游修罗场，如进大屠门之感。而这时候的士大夫的尊严，也给这恐怖的独裁政权所摧毁了，所以有些人就设法隔绝宦海，逃避征召，然而朱元璋却偏不放过他们，不准士人不做官，使得他们有进退无门，而又动辄得咎之苦。

到了清代，觉得廷杖是明人的一种虐政，于是乃改用跪受申饬。申饬照例是太监们执行的，这里面就大有出入。被申饬的大臣，如果事先能向太监行贿，则到时候，太监就只说几句门面话了事。否则，就可以让你直挺挺的跪在坚硬石板上，从祖宗三代骂起，骂上大半天。据说有一个年老的大臣，在午门前饱受申饬回来，就此气得一病而亡。其实就是用屁股挨打的改用膝踝来受罪而已。我们今天在游览午门时，还依稀的可以看到那历史的黑影呢。

其次，五凤楼之在明清两代，又是献俘的场所。在明代，曾经举行过一次极盛大的献俘礼，那就是正德帝之亲征宸濠归来，文武百官先迎接于正阳桥（今已拆去），将所俘之从逆者及其家属数千人陈列两旁，有些人则被绑着裸体反接，以白帜标姓名于首。其所俘馘的首级，也标白帜悬于竹竿，长达数里。正德戎服乘马，立在正阳门下亲加巡阅。其后行正式的受俘礼时，则在午门楼上。至鸣鞭讫，百官遂趋前朝贺，献俘而退。

还有那午门的门阙，俗解“明三暗五”，实际这暗门只具形式，不能开启。至于三道明门，出入也有严格的限制，中间的一道，自然只限于皇帝一人的，左门由文武大臣出入，右门则惟宗室王公才能进出。明代皇城以内，外人例不得入，紫禁城以内，朝官不得入，奏事者只能至午门而止。现在的午门广场上，还立有“官员人等至此下马”的石碑，而所谓赏紫禁城骑马云云，实际只是坐在竹椅上，由人舁着以代步而已；但从前一般大官们却看作是了不起的恩荣了。《大清会典事例》中，载着王公大臣进紫禁城的四道门时，所带仆从人等，均有限制，并勿许走进景运门和隆宗门停立。而这种森严的限制和对立的结果，只是使深居宫闱的封建统治者，徒然成为一些特种囚犯，要他们怎样的对民间疾苦，能够了解或接触，自然是梦想了。

三

从午门再一直进去，现在称为中路的游览地方，便是太和、中和、保和的三大殿。这三大殿中，除了一点简单的机械的摆设之外，只是空荡荡地一座大屋子。但它的性质，在清代却是最重要的，皇帝们在平时是不常去的。只有逢到元旦、冬至、万寿节日等日期才去。同时我们还要注意的，清代的培养官僚人材，牢笼智识分子的一个最高的评骘机关，也是在这地方——这便是殿试。在清初考试士子的地点原在天安门外，后礼部请试于太和殿之东西阶下，若遇风雨，则试于殿东西的两庑。雍正元年十月那一科殿试时，天气甚寒，乃特试于殿内两旁，并传谕总管太监，多置火炉。此为殿内考试之始。乾隆五十四年，谕令改于保和殿考试，又准许令校尉代携考具，送至殿内，以后遂为定制。殿中设考桌，东西列十数排，因殿深檽密，光线又不充足，坐后排者遂阴暗不能辨字，只好纷纷迁出至殿廊了。而这些考桌，则像炕几模样，只能盘膝趺坐，南方籍的士子因之就大不习惯，于是有些人就自携特制的考桌入场。但自中左门受卷，须自负以入，而保和殿的殿基又高达数丈，石阶三层，上转数十级，始得升至丹墀，那些峨冠博带的考相公们，大都气吁吁地叫苦连天。

由保和殿复向北进，是为乾清门，进了门就是乾清宫了。明清宫廷，即以乾清门为内外廷之分界，所以乾清宫也为内廷诸宫之首席。而皇帝平日的办公也多是在这地方。康熙雍正以前，本以乾清宫为寝殿，到了乾隆，则以乾清门为御门之所。御门即唐代之常朝，以每五日为期，凡题本大除授皆于此降旨。咸丰时因他有病，此典遂辍。至同治朝，连这虚应场面的故事，也已无再请踵行的了。

乾清宫建于明永乐年间，正德九年毁于火。起火的原因，则因这个纨袴天子，每岁以张灯为乐，内库中贮满了黄白蜡，而宁王宸濠又别作各式奇巧的纸灯，献入宫廷，悬挂壁上，宫廷中复多毡毯，而贮火药于其中，于是一勿小心，遂延烧宫殿了。起火时，正德犹往他的行乐窝“豹房”省视，回顾光焰烛天，还戏着向左右说，“是好一棚大焰火!”皇帝们的趣味就是这样的残忍奇特的。后来到万历二十四年三月，乾清宫又遭了一回火灾，翌年二月重建，阶墀皆以西山的白玉石为之，每一块长一丈，阔一丈二尺，厚二丈五，又凿为五级，以万人拽之。还日凿一井，以饮拽夫，名曰“万人愁”，可见这一役对于民间苛扰的程度了。

清代乾隆时，以乾清宫为视事之所，他的日常生活行动，差不多可以成一公式。今特录《国朝宫史》中所载的以见一斑：“皇帝每日视事，夙兴御养心殿暖阁，或御乾清宫西暖阁，及弘德殿，阅《列朝实录宝训》一册。辰刻进膳，阅王公大臣名牌，颁赐克食。既彻，乃披览内外臣工奏摺，批发俟进止讫，下所司，随召见诸臣。奏事太监承旨下外奏事处引进乾清门，以次赐见毕，乃升宝座，宣引见管部旗大臣，引见者各以前后为次，捧名签至御榻前跪呈，引班官按序引各官至丹陛上北面跪奏履历毕，退；皇帝降旨以签授大臣承旨退，皇帝还便殿。若幸瀛台等处，进膳办事亦如之。每日未刻进晚膳，阅内阁所进各部院及督抚提镇本章，上披览裁决毕，内阁票签酌用之，付本房照答硃批清字，翌日下内阁硃批汉字施行，日以为常。”用现代眼光来看，这套公式，正是集官僚作风之大成，而皇帝则又是官僚集团中最高的首领而已。其次是每日召对各大臣时，由军机大臣先入，至子时部院各以一笔帖式持摺至东华门外少俟，门启，即随奏事官以入，至景运门内九卿房，以摺匣及本衙门印片一纸，同交奏事官，奏事官登之于簿。少顷乾清门启，奉之以入，至内奏事处，交奏事太监以达御览。因这时还在深夜，所以乾清门的石栏上置有白纱灯一盏，递事者以此灯为表缀，若灯移至阶上，则即表示“事下”才不久，接着奏事官徐捧摺而出，高呼着“接事”，于是就群集以俟，奏事官呼某衙门，某衙门的官员便上前，这就是清代内廷奏事之制。后来移至西苑，“接事”也在西苑门外侍卫处檐下举行了。

另外还有一件关于乾清宫的掌故，在晚明天启一朝。天启帝的父亲是泰昌帝，只登位一月就死去，于是乃立朱由校（天启帝）为嗣皇，这时他还只十六岁。但却被泰昌的选侍李氏（时称西李，因尚有一东李）所阻住，乃由青宫旧侍司礼太监王安强抱而出。大学士刘一燝以乾清宫方停着泰昌的遗体，请嗣皇暂居慈庆宫。其后吏部等衙门疏请安梓宫于仁寿殿，移李选侍于后殿，因这时李氏还强居在乾清宫中，而一班大臣却坚决的要她出乾清宫。御史左光斗上疏中曾说，“内廷之有乾清，犹外廷之有皇极，惟皇帝御天得居之，惟皇后配天得共居之。”科臣杨涟以次日嗣皇即将登基，更力争非要李氏立刻离去不可。天启也在敕书中对李氏说了许多坏话。结果，李氏自然斗不过这般男性的士大夫，一面又由王安等从中恐吓李氏，她遂没法再逗留，手抱所生的八公主徒步以行，临行时情形颇为仓皇狼狈，连所戴的簪珥之类，都为群阉所夺，哭哭啼啼的到了哕鸾宫。此即晚明宫闱三大案中的移宫一案，也正暴露了男性中心社会的特权思想和纲常主义。而晚明三大案中，嗣皇跟妃嫔的冲突即居其二，则也是封建皇朝中多妻制度贻下的恶果了。

四

乾清宫之前，其东出者为景运门，西出者为隆宗门，是顺治十二年所重建。隆宗门的椽桷上，着铁箭镞数枝，门内外均有之，即嘉庆间林清之变时，林军杀入宫内时所遗留的。在内左门之东，内右门之西，有周庐各十二间，东西各有侍卫的直宿房，其西为内务府军机处的直舍，复西则为军机满汉章京的直舍。军机处（现在故宫内立有木牌指引），本为内阁的分局，雍正年间因用兵西北两路，以内阁在太和门外儤直者众多，恐防漏泄机密，始设军机房于隆宗门内，选内阁中书之谨密者入直缮写，后遂名军机处，因地近宫廷，可以便于宣召。军机大臣的召见无一定时刻，一日或一次或数次。军机大臣至时，预敷席于地，算是“赐坐”。而在乾清宫的东面，还有一个地方，值得游览者注意的，即是昭仁殿（原名弘德殿），明代崇祯帝在李自成大军攻进北京后，就在昭仁殿中手刃其昭仁公主于此。当时周皇后已在坤宁宫自缢，公主的年龄还只十五岁，对之号泣不已。“上叹曰，汝奈何生我家，左袖掩面，右手持刀，主以手格，断左臂，闷绝于地，未死，上手栗而止”。腐败政治的结果，使十五岁的女孩子也未能免于此劫。到清代，乾隆下敕，将内府藏书中的宋金元明旧板书籍四百部，庋藏于殿内。其西为宏德殿，同治帝就在这里读书的，右为懋勤殿，则为康熙帝的读书之处，光绪帝变法时诏开懋勤殿，也即在这地方。

因为乾清宫在明清两代都是内廷的首殿，所以历来的故事也很多。像乾清宫的丹陛下有一“老虎洞”，虎中甃石成壁，可通往来。明天启帝曾于月夜率内侍玩迷藏，即潜匿其内。而这位蠢才皇帝少年时的顽皮，一向很有名。据说他性好走马，又好看武戏；喜欢盖造房屋，自操斧锯凿削，又好作油漆匠。每天与近臣辈朝夕营造，造成而喜，不久而弃，弃而又成，不厌疲乏。当他在斧斫刀削，解衣盘礴之时，非素所昵近的人即不得窥视。因此有些佞臣乘这时节，即从旁传奏文书。奏听毕，他即说："你们用心行去，我知道了。"所以朝政便逐渐的给魏忠贤等所操纵蒙蔽了。后来魏阉跟王国臣争宠天启的乳母客氏，即在乾清宫的西暖阁。在争哄时两人都直叩天启的御榻，天启乃询客氏的意向以为依归。明末宫廷风气之丑恶邪曲，于此也可概见了。同时，明末的万历、天启和泰昌、崇祯四个皇帝，平日就居住在乾清宫的东暖阁与西暖阁的。明代每到腊月二十四日至正月十七日，例于丹墀内昼夜放炮及放烟火。魏忠贤弄权时，还在室中阅看过文书。

最后，顺便说一说清廷垮台以后的故宫概况。

故宫的开放游览，始于民国成立以后，但最初所开放的只限于中路的三大殿，并接收清室的古玩文物等，设一古物陈列所。但这时溥仪还是居住后宫，而将保和殿旁的后左门后右门堵塞，由此以南的归民国管理，由此以北的仍归溥仪居住。大致是以乾清门为界，放出入皆由神武门。

然而在溥仪居住时间，宫内一样是称孤道寡的小朝廷组织，一般清室的奴才们，终年依然是如蝇之附膻，而旧北京的封建残余的势力，因此也始终相当的顽固浓厚。最可笑的，像徐世昌因为曾任过清室重臣，民国八年他任总统时，表示不敢僭居宫禁，乃将办公处迁出中南海，与国务院互易其地，也可见得奴性之重了。所以在民国十三年以前，景山、神武门等地方，随处可以见到戴红顶、垂花翎、蓄长辫的遗老们，在故宫走进走出。而且又不奉民国的正朔，逢到有什么节日庆典，居然到宫中去请安谢恩，而事实上，那时的溥仪，还正是个游兴甚浓的小孩子呢。

这样到了民国十三年，冯玉祥将军终于将这个小朝廷驱逐出故宫之外了。在办理查封手续的时候，在养心殿的东侧门，曾发现“宣统十六年十月初七日”的封条，也可算得民国的怪现象了。要说冯玉祥将军生前的进步而令人痛快的举动，这应该也是其中之一了。

（原载 1951 年 5 月《旅行杂志》，署名闻蛩）

故宫三大殿

秋高气爽时节，站在景山高处，举目凝望，就可以看到一大片坡形的金色，在黄澄澄的阳光下泛着鳞片似的光泽。屋顶斜度逐渐徐缓，形成三段曲线，左右两端则向上翘起，饰以奇异的动物图形。于是一种崇高、庄严与稳定的美感，立即升起，又仿佛瞥见了神话中的世界。难怪有人说，看了中国式的大面积屋顶，再看西洋那种平面型的，便觉一览无余了。

这些屋顶的色彩，又与古代五行说相结合：黄在五行中属土，土生金，土的方位为中央，黄又是力的表现，所以帝王的服饰皆用黄色。

随着时间的淘汰，阿房宫等建筑，已经无法看到了，今天还能看到的最宏伟的建筑，当推故宫三大殿，即太和殿、中和殿、保和殿，而尤以太和殿为特出。三大殿的前身为明初的奉天殿（又名皇极殿）、华盖殿（又名中极殿）、谨身殿（又名建极殿）。太和殿是皇帝即位、命将出征、殿试进士、元旦赐宴的地方。洪武四年，明太祖策问会试中式者即在奉天殿，清顺治时试于太和殿东西两阶下，遇风雨试于殿的两庑，至乾隆时改试于保和殿，后便沿以为例。

但明代的三大殿，都毁于崇祯末年甲申战火，至清顺治时，乃先修建乾清宫，后重建太和、中和二殿。乾清宫为皇帝召见大臣及元旦宴请诸王之所，清世宗所书“正大光明”匾即悬于宫中。明清时宫与殿的区别：前面的称殿，后面的称宫。明初燕王朱棣（即后来的成祖）至南京觐见其侄建文帝时（当时明都尚在南京），有“殿下行君臣之礼，宫中叙叔侄之情”之语。但从大范围说，凡皇帝所居的屋宇皆统称宫，如故宫。而外廷和内廷之别，即以乾清门为界。在民国十三年前，故宫所开放者实只限于三大殿，乾清门以北仍是溥仪的小朝廷所有。到了一九一四年“逼宫”后，乃全部改组为故宫博物院，后又开放景山和太庙（即今劳动人民文化宫）。太庙在王宫之左，其右为社稷坛（后改中山公园），也即《周礼·考工记》所谓“左祖右社，前朝后市”。抗战前开明书店曾出版过《民十三之故宫》图片集，犹可见小朝廷君臣仓皇出宫的情状，记得其中有一幅照片，内容为某一妃子啃了半枚的果子，因当时正在吃水果，闻讯遂弃果惊走。这果子后来还浸在防腐剂中保留着，供游客赏览。

（原载 1982 年 1 月 4 日《新民晚报》，署名鲁乙庸）

庶吉士的来历

上海古籍出版社的《明清进士题名碑录索引》下册，有周福清一名，下注：清同治十年第三甲第十五名进士。他就是鲁迅的祖父，也即周作人文中常提到的介孚公。

周福清中进士后，又经过朝考，列为第一等四十一名，钦点翰林院庶吉士。散馆后先选授江西金溪知县，后又纳资捐任内阁中书。周氏辛未科殿试小金榜，今尚保存在第一历史档案馆。这里就谈谈庶吉士。

严格来说，庶吉士还不能算是正式的官职，只能算是一种过渡，略如今之研究生，到毕业后才能分派职务。但在明清两代，庶吉士却是拜相的必经之途，明代尤其重视，对庶吉士也有视为“储相”的。庶吉士之名，则起于洪武初采《尚书·立政》中“庶常吉士”之义，所以后来也称其馆为庶常馆。开始时，六科及中书都有庶吉士，永乐初才专属翰林院，于二甲选五十人为翰林院庶吉士，又选才资英敏的二十八人就学文渊阁，以应二十八宿之数。那个《十五贯》里的都堂周忱，这时便以庶吉士资格，自陈年轻愿意就学，希望也进文渊阁，成祖嘉许其有志气即增为二十九人，成祖自己也常至馆中召试。

庶吉士肄业三年后，成绩优良的留在翰林院为编修、检讨，其次任以给事、御史。清代庶吉士散馆（毕业）后而作知县使用的，由吏部以实缺优先选任，俗名老虎班，意思是说，只要逢到机会，就可以像老虎那样的择肥而噬，和须到省里去候补的不同。也有用为主事、中书的，如上述的周福清，虽则他是捐的。

嘉庆、道光以后，庶吉士在馆肄业的制度逐渐松懈，到同治、光绪间，就只到馆应付三五课，便告假回原籍候散馆那年才回京销假，实徒存虚名。光绪二十七年，下诏变法，次年改设庶吉士讲习馆，科目也有政治、时务等笔记及学习外语，即所谓讲求实用之学，大体上和后来的大学堂相类，即以进士馆代替过去的庶常馆。

（原载1982年1月15日《新民晚报》，署名鲁乙庸）

年号与庙号

建元始于汉武帝（公元前 140 年）。在这之前，只用高帝几年、惠帝几年，或前元、后元等字号记录，所以，这在史学上也是一种创建。但武帝建元后，先是六年改一次元，后是四年改一次元，年号多至十一个。

年号的第一年叫元年，就像夏历的第一月叫正月。元是吉词，有善之长、大之始的意思。由于年号都取吉祥字眼，所以历代重复的很多。宋太祖的年号是乾德，以为自古所未有，后于宫中见一镜，上有“乾德四年”字样，便问窦仪，仪答曰：“蜀少主（王衍）之号。”经查问，这镜子果自蜀中来，乃叹曰："宰相须用读书人。"①

宋徽宗改元宣和，有人说宣字是一家有二日，后来徽钦同帝。钦宗改元靖康，有人说只能立十二月，后来一年即失国，也有人说是十二月立康王之兆。这当然是附会之谈。明万历四十八年神宗卒，不想光宗立一月而卒，乃立熹宗，便以是年八月以前仍为万历八月，以后为泰昌，明年为天启，于是一年而有二三年号。

以年号代替庙号，如称明成祖为永乐，清世宗为雍正，只对明清两代才适用。从史学体例上说，是不够规范的。但现在已成习惯，用成祖、世宗，人家反而觉得陌生了。

为什么对明清才有这种称谓？这与明清各帝年号的固定而不改元有关（明代唯一例外是英宗复辟后改元天顺）。以宋代而论，太宗的年号就有五个，真宗也有五个，这就难以用一固定的年号来称呼。唐玄宗在位四十余年，年号算少了，也有三个，民间虽有"开元天子"之称，只是俗称。清代自道光至光绪时，外患内乱接踵而来，如按过去例子，就得改元几次。反过来，同治时太平天国被消灭后，号称中兴，倒也可改元。

文宗出奔热河病殁，穆宗即位，起先想用"祺祥"的

① 窦仪官至礼部尚书，太祖欲为相，为赵普梗忌而未果。

年号，后因两字重复而改为“同治”，即慈安、慈禧两太后垂帘而治之意，王闿运还写了一篇《祺祥故事》（据说印上“祺祥”的铜元也已铸成）。所以，同治并不能说是改元。

清人在关外时，太祖努尔哈赤以“天命”作年号，太宗皇太极先用“天聪”，后改“崇德”。但开始时只是作尊号以自娱，如“天聪皇帝”。他们的正式年号，应自太宗崇德开始，因这时才改国号为清，后来演义小说所谓清宫十三朝，以皇帝名额来说，自太祖至溥仪，实际只有十二帝，由于崇德改元，便成十三朝了。

用年号代庙号，还有一个缺点，如“康熙十年康熙下谕”，就易使人混淆，因而只好写作“康熙十年康熙帝下谕”。

现在写到中国历史时，有的只写年号，如明洪武元年；有的只写公元一三六八年。前者不能使人明了，这时是几世纪，如逢到并立的南北朝、（南）宋金之交，更需用公元来联贯；但如只写公元，又不能使人明了，究竟是哪个朝代以及具体的年份？如一六四四年，既是明崇祯十七年，又是清顺治元年，所以必要时应将两者兼写。

（原载《不殇录》，汉语大词典出版社 1997 年版）

督抚掇录

清代的官制，大体沿袭明代，但在官员的实际任务上，也有因时因地而变革出入、名同实异的，如清代的一省或几省的最高军政长官为总督，也即拥有一方的封疆大员，为常设的实官，明代却是临时性的差使，用关防（长方形）不用印（方形），任务完毕即回京师，期限不太久长。“总督”原指一种行为，如“总督蓟辽保定等处军务兼理粮饷”，其中包括管辖事宜。总督、巡抚奉派之前，皆先命为兵部尚书、侍郎及都御史，其本职（今所谓“编制”）为部院。所到之处，按钦差部院官之体制相待，也就是代天巡狩的钦差大臣了，略如民国后期的中央特派员。清代的总督，初期也是专派，后成定员，例兼右都御史衔，正二品，其兼兵部尚书衔的为正一品。清代总督以直隶及两江二缺最重要，故由重臣任之，而直隶总督居各省总督之首席。直隶本非正式省区，明以直隶于京师地区者称“直隶”，两江指今江苏、安徽与江西。直督驻保定，晚清时又授北洋大臣，江督驻江宁，授南洋大臣。总督有节制（调度管束）地方文武之权，明清皆通称制台、制军。

明代的巡抚，也指一种行为，如“巡抚浙江等处地方兼提督军务”。《明会要》卷三十四：“巡抚之名，起于（洪武二十四年）懿文太子陕西之行。其分遣大臣，自永乐十九年始。”按，《明史·成祖本纪》：永乐十九年夏四月，“蹇义等二十六人巡行天下，安抚军民”，巡行、安抚，不等于官制上的正式巡抚。《历代职官表》卷五十，亦以王彰奉敕为明设巡抚之始，亦非①。宣德时，升监察御史于谦等为侍郎，巡抚两京、山东等地，自此一省乃有一名或数名巡抚，但仍是差使。

明巡抚本身无品秩，品秩皆依出差前的原官，如都御史、侍郎等，即是朝廷（中央）的派出大员。如海瑞出巡时的布告：“钦差总理粮储提督军务兼巡抚应天等处地方都察院右佥都御史海瑞为巡抚事。照得本院谬膺简命，督抚

---

① 详见黄云眉《明史考证》第五册。

南畿。”其自称固为“本院”（都察院）。又如嘉靖十二年王相奏疏亦云：“都御史列衔内台，奉敕巡抚一方，非在外守土之臣可比。”

明代以举人而仕至巡抚者，隆庆朝只有一个海瑞，万历朝为张守中、艾穆。崇祯朝破格求才，得丘民仰、陈新甲等十人。

清代的巡抚为固定的地方实官。直隶地区初设顺天巡抚、正保巡抚、宣府巡抚，后并为直隶巡抚，然后裁撤，仅设总督，这以后直隶只有总督而无巡抚。清代中期，有八督十二抚，后期复有增减，如光绪十一年（1885），台湾建行省，乃改福建巡抚为台湾巡抚，兼学政事，其福建巡抚事归闽浙总督兼管。

巡抚的品级虽稍次于总督，但属平行，非上司与下属的关系。有些省份，有巡抚而无总督，巡抚固可自主大计，但若一省之内，有督、抚而又同驻一城，权限区分不甚明确，就容易相互摩擦。总督有提督军务之权，巡抚加兵部侍郎衔的同样有军权。据薛福成《叙督抚同城之损》所记，清代督抚同城者有四处：闽浙总督与福建巡抚同驻福州，湖广总督与湖北巡抚同驻武昌，两广总督与广东巡抚同驻广州，云贵总督与云南巡抚同驻云南府（故城在今昆明市。但至光绪十三年裁撤，由总督兼管巡抚事）。薛氏又云：

"厥初总督不常设，值其时其地用兵者设之，军事既平遂不复罢，亦俾与巡抚互相稽察，所以示维制防恣横也。然一城之中，主大政者二人，志不齐，权不壹，其势不得不出于争。"总督官秩较尊，敕书中又有节制巡抚之文，巡抚之强硬或有后盾者间能相抗，余者虽隐忍自安，而意气未平，仍有龃龉。

同治五年，郭嵩焘有《督抚同城急宜酌量变通疏》云："大致以兵事归总督，以民事归巡抚，此国家定制也。而巡抚例归总督节制，督抚同城，巡抚无敢自专者，于是一切大政悉听主持，又各开幕府，行文书，不能如六部尚书侍郎同治一事也（尧注：侍郎虽为尚书的副职，明清皆为正二品，与尚书同为堂官），而参差杌陧之意常多。"嵩焘于同治二年署广东巡抚时，因与总督瑞麟不合而被黜，此疏自有感而发。他罢官后曾作《由粤东归述怀留别》诗云："积雨翻成曀曀阴，刺桐拂槛影萧森。粤台嫛洞龙蛇窟，虞苑销沉草木林。无踪诡随民疾亟，是何濡滞主恩深。谁言肺腑戈矛起，惭愧平生感友心。"嵩焘与左宗棠为湘阴同乡，宗棠在湘幕被劾时，嵩焘营救甚力，至嵩焘被瑞麟所劾时，朝廷命宗棠核实，宗棠因避嫌不敢直白，嵩焘由是罢黜，遂成私憾，此诗末二句的"谁言"云云，即隐喻宗棠事。刘成禺《洪宪纪事诗本事簿注》卷二云："叶遐翁

(恭绰）先生曰：元代鉴于唐藩镇跋扈，宋州郡积弱，乃师古罗马制度，设各路中书行省（尧注：意即中央派出机构），统大权于中书省。明仍其旧，各省委主权于藩司，而以巡抚加其上，惧尾大也。明代设总督管兵，与巡抚同等。清设总督、巡抚于各省，而以兵部都察各衔领之，大权仍在中枢，可谓善师罗马制度者，辜说甚当云。”附录于此，亦可供谈督抚掌故者之助。

（原载《不殇录》，汉语大词典出版社 1997 年版）

明清的清算豪门案

上

豪门一词，虽是近几年所新起的，但其事实及其阶级，却是由来已久。孟子“为政不难，不得罪于巨室”云云，这“巨室”恰好拿来作今之“豪门”的注脚。至于豪门的流毒天下，更是古今一辙。而它的被政府制裁清算，单是清明二代，就数见不鲜。史书之所谓“籍没”或抄家一部分即是历史上之“清算豪门案”。但其规模之大，当以本篇中所述为最（指明清两代）。其财产清单上所载仅纯金一项，若易为今日之“条子”，其数已足惊人听闻了。

本篇所述的是明嘉靖时之严门（严嵩及儿子世蕃）及清嘉庆时的和（珅）门和其结局。但因限于篇幅，故只能志其梗概而已。

严嵩（字惟中，分宜人）及其儿子世蕃，在张廷玉《明史》中，是列于《奸臣传》中的，说其“济恶贪蕾无厌”，又说其“窃政二十年，溺信恶子，流毒天下，人咸指目为奸臣”。世蕃则“剽悍阴贼，席父宠，招权利无厌”。综观其全传所载，其父子劣迹约如下述：欺君蒙上，独揽要政，植党营私，包庇嬖佞，通谋外寇，贪污好货，鬻卖官爵，诬害贤良，纵子不法，恣情声色，残虐百姓，强夺民物……及私生活之荒淫糜烂。

自来一切权奸之起家，不外能对主子之谀媚蒙蔽，甚至“济恶”。严嵩之最初见悦于世宗，由于当皇帝将加尊谥时，嵩即乘机凑趣奏言，“庆云见，请受群臣朝贺，又为《庆云赋》《大礼告成颂》奏之”。这一来，就立下他日后接近君侧，专政弄权的地盘，而且接着又加衔太子太保，赏赐乃与辅臣相埒。宗藩中有向帝请恤乞封的，也得走嵩门路，嵩便要挟取赂。而此后中央政权即被控制在严氏父子手中，且“非嵩无当帝意者”。至嘉靖廿一年八月，乃拜武英殿大学士，入直文渊阁。时嵩年六十余，而其精神却爽健不异少壮。其间虽也有被皇帝疏远憎厌的时候，然因其擅长逢承，结果终得弥补成功。如当世宗要加嵩以上柱国衔时，他即以似逊而媚的口吻辞谢说：“尊无二上，上非人臣所宜称。国初虽设此官，左相国达功臣第一，亦止为左柱国，乞陛下免臣此官，著为令典，以昭臣节。”主子听得这样几句话，自然逗得“大喜”的了！

反之，如碰到于他不利的事情时，则就用口蜜腹剑的手段，不惜眼泪鼻涕，下跪作揖，向可以为他利用包涵的人，钻营求援，而其居心又极阴狠叵测。如最初他的位置还在夏言之下时，即对言倚而事之，旋因其子世蕃横行公卿间，夏言欲发其罪，于是闻而大惧，连忙赶到言处“长跪榻下，泣谢乃已”。后知陆炳①与夏交恶，遂勾结炳以倾言。而一窥及言失帝宠，即假故构言之罪，置言于死地，夏言终至悲惨的被“弃市”了。又如他被西华门门者所阻，不得入内时，回到家里，父子二人竟会对泣起来。像这种患得患失，反复诡谲，喜怒无常（如他之对赵文华），而又险诈毒辣，以怨报德的行品，正是一个善于纵横捭阖，玩弄手段的权奸典型——也即中国地主性格中最阴险之一面。《明史》所写严嵩的个性，倒确极为生动。

这样的结果，于是就造成了严门声势之炙手可热，士大夫之趋附者，真有门庭若市之概。《明史》有云：“士大

---

① 陆炳，在京剧《审头刺汤》中所演出者，似为一清廉明正且不直于世蕃之循吏，而《明史》所述则与严嵩父子亦勾结甚密也。

夫辐辏附嵩，时称文选郎中万寀，职方郎中方祥等为嵩文武管家。尚书吴鹏，欧阳必进，高燿，许论辈皆惴惴事嵩。嵩握权久，遍引私人，居要地。”以国家堂堂命官，而却来做严门的“管家”，其气焰自不难概见。世蕃则因嵩晚年的放纵溺爱，遂益骄横贪墨，卖官鬻爵，胡作妄为，史称：

嵩耄昏，且旦夕直西内，诸司白事，辄曰以质东楼，东楼世蕃别号也。朝事一委世蕃，九卿以下，浃月不得见，或停至暮而遣之。士大夫侧目屏息，不肖者奔走其门，筐篚相望于道。世蕃熟谙中外官饶瘠险易，责贿多寡，毫发不能匿。其治第京师，连三四坊，堰水为塘数十亩，罗珍禽奇树其中。日拥宾客，纵倡乐，虽大僚或父执，虐之酒，不困不已。居母丧亦然。好古尊彝奇器书画，赵文华、鄢懋卿、胡宗宪（都是严门走狗，文华且是嵩义子，曾失欢于嵩，乃厚赂嵩妻得解）之属，所到辄辇致之，或索之富人，必得然后已。①

这里显明的勾出了一副豪门生活的剪影，而其间不知耗费了多少的民脂民膏！还有如严嵩生日，总督诸公，皆以紫金镌为文字，缀以锦绮，以珍珠为缨络，珊瑚为阑干，杂以宝石，袭以香药，网罗围绕，彩绣灿烂，眩目骇人，

① 京剧《雪杯圆》所演，或由此衍化。

而世蕃则饰美人为队伍，以代樗蒲。其种种暴殄和奢汰，恐连今天一般豪门阶级也为之自叹勿如！同时，那些向严门攀龙附凤之流，也莫不狐假虎威，恣情纵欲。如鄢懋卿因严嵩保举他总理两浙、两淮、长芦、河东盐政，尽握天下的利柄，于是“所至市权纳贿，监司郡邑吏膝行蒲伏。懋卿性奢侈，至以文锦被厕床，白金饰溺器。岁时馈遗严氏及诸权贵，不可胜纪，其按部常与妻偕行，制五彩舆，令十二女子舁之，道路倾骇”。复因向淮商苛敛，几至激变，弄得“咨怨载路”。虽经御史林润的弹劾，然因“朝中有人”，皇帝也就置之不问了。至于劾严氏父子本人的，则多被谴或被陷害，如叶经、沈炼、杨继盛等，前后死的达十余人。

然而常言说得好：“严嵩的势力也有倒的一天！”这里且让我们跳开一段，来说严门的获谴及其抄家的财产记录吧。

严氏父子最先获罪的原因，由于嘉靖四十一年，御史邹应龙的抗疏弹劾，且以极严正态度向皇帝保证道：“臣言不实，乞斩臣首，以谢嵩、世蕃！”而结果仅处世蕃等以戍边。翌年，御史林润奏：“江洋巨盗，多入逃军罗龙文严世蕃家。龙文居深山，乘轩衣蟒，有负险不臣之志。世蕃得罪后，与龙文日诽谤时政，其治第役众四千，道路皆言两人通倭变，且不测。”于是乃下诏论斩。圣旨有云（按此旨未载《明史》）：

这逆情，你每既会问的确，严世蕃罗龙文便会官决了，盗用官银财货家产，著各该巡按御史严拘的亲儿男，尽数追没，入官送部，不许亲识人等，侵匿受寄，违者即便拿问。严嵩父子畏子欺君，大负恩眷，并伊孙见任文武职官的，都削职为民。有司拘管当差，余党逆邪，尽行逐治，毋致贻患。①

一时坐严氏党被论罪者，有兵部魏谦吉，工部刘伯耀，刑部何迁，副都御史董威，佥都御史张雨，应天府尹孟淮，光禄卿胡植（与嵩同乡，尝劝嵩杀杨继盛），光禄少卿白启常，右谕德唐汝揖，太常卿王材（白唐王三人俱为世蕃狎客。白氏至以粉墨涂面，供欢笑。而唐王二人俱出入嵩卧内，关通请属，尤为人所恶），太仆丞张春，及嵩婿广西副使袁应枢等数十人，黜谪有差。前述鄢懋卿及万寀因隐没逆产银八万两，皆先后戍边。

对严门逆产的处置，由都察院转行江西御史，将所有袁州、南昌、分宜等地房屋田地金银珍宝财货家私，责行

① 明代“圣旨”文字，往往鄙俚不文，吾人读永乐谕旨，尤为可笑也。

地方官亲诣尽数查出，一面开造各项细数，送部查核，一面先将金银珍宝奇货细软之物，差官解赴户部，其房屋田地并家私器用等件，即行变卖价银，一体解部。

关于纪录严氏父子产业的册子，原有木板的《天水冰山录》，后来神州国光社曾加翻印。兹姑以排列之字数计之，用五号铅字排，每面十四行，每行三十八字，每行约载财产名目（及分量件数）二件至四件，共计二百六十面有强。请想这该是怎样“浩大”的一笔数字！若在今日，足抵金圆券发行总额一倍以上。其中以纯金及金器二事观之，计金共重一万三千一百七十余两。纯金器皿共三千一百八十余件，重一万一千零三十余两，连金厢，坏金器共三千八百零五件，重一万三千二百三十九两余。其他珍宝、书画、田地、珠玉、绸缎、布帛、古玩，……不及备载。房屋则合南昌、宜春（袁州府属）、分宜各地，计为第宅、楼铺、房店各共五十一所，六千七百余间，共估价基地银八万六千三百五十余两。要之，在这些财产表中，凡奢侈品、日用品、娱乐品、不动产之类，每类都积有一个惊人的数目。无怪严嵩的孙子尝对人说：一年尽费二万金，尚苦多藏，无可用处。而事实上，其抄没的家产，犹不及十之四五，再加赂于权要及顿寄于亲戚者，又均占一半。论者乃曰：“若并其婿妇之家及鄢懋卿诸党而尽发之，则所得又当百十此也。足国裕边，斯亦良策，又何必丈量疆土加赋困民也哉！”后数语所论极精辟。

这一桩清算豪门案，发生于嘉靖四十四年（1565）八月。此后虽亦时有豪门的被制裁清算，如张居正、江彬、刘瑾等，然其规模及牵连，犹无过于严门一案。其次，尚有人民直接发动向豪门“斗争”的，如松江董其昌一案，亦是当时一件著名的地方民变。董氏的书画虽卓绝一时，论其品格，实为一土豪劣绅。又如明末江南一带，时常发生有奴变，也即被压迫者和豪门正面斗争的史实，为写豪门演变史者可取之材，此处则不必赘言。

然而从严门一案看来，使我们还有几点感想：严嵩和本文下篇所说的和珅之被处分，都在明清两代的中叶，而这些时代，比较的还有些升平气象。这原因，或者为了升平之世，文官无从恃功而骄，武官无从割据自固，皆不能有所挟持，故较为易于解决。次则这些豪门之受到如此严重之打击，痛快固然痛快的了，但在“逆产”方面，起先既然是向人民头上搜刮来的，论理事后也得还诸人民——移之于充实民生的用途，但结果依然是一齐给皇家“接收”去了，也便是从一个大号仓库移到另一个特号仓库而已。这使人民感到：严门诚然是“失败”了，然人民可并没有享到这“胜利”之果。这是说，凡是豪门的利益跟皇室

——他的主子利益相冲突对立时，于是始有这种现象发生，而其本质并非真是什么“福国利民”的。昔人诗云，“养鸡纵鸡食，鸡肥乃食之”，正好说明那些皇帝对付豪门手段的真相。

下

前记：

本文上篇说的是明世宗时严嵩父子被抄家一案，此篇则谈清仁宗时和珅获谴的事。盖就明清两代而言，豪门之被制裁与清算，其情节与规模之重大，殆无逾于此者矣。

和珅字致斋，钮祜禄氏，满洲正红旗人，少贫无籍，初为满洲官学生。乾隆三十四年承袭三等轻车都尉，四十年直乾清门，擢御前侍卫，兼副都统。此后即骎骎致用，扶摇直上，由户部侍郎，军机大臣，加太子太保，充经筵讲官。如四库全书之编纂，在当时是何等庄严浩繁，一代“文运”所关的文苑大事，而珅以一生员出身居然得充四库馆正总裁，其“恩荣”可见。其他爵位赏赉，也无不冠诸朝列，炙手可热，如乾隆四十八年之赐双眼花翎，充国史馆，清字经馆正总裁，寻又由一等男爵晋三等忠襄伯，赐紫缰，旋又赐黄带四开禊袍。“十全老人”八旬万寿，命珅偕尚书金简专司庆典事。夫以清代对科举之严格与重视，而和珅又不以什么了不起的科第郡望起家，不但参预密勿，还俨然膺国家学术之重寄，踞文会之要津，兼功名爵秩风雅而有之，其“恩眷”确是非常罕见了。

不但他本人显赫一时，且连其子丰绅殷德也高攀起天潢贵胄，尚（娶）了固伦和孝公主，由细民一升而为贵族，并由此擢都统，兼护军统领，内务府大臣。这样，豪门一跟皇家发生了裙带之亲，自然更其“如虎添翼”；“姊妹弟兄皆列土，可怜光彩生门户”，——这也即所以构成“豪门”的条件之一；而促成他更易于接近君侧，蒙蔽主子，左右逢源，上下其手，紧紧的控制着枢政，并且大量的以官僚资本与民争利（有史为证）。而官僚资本之与豪门经济又正是相互辉映，支配着整套中国历史一种顽强不拔的传统势力！

这中间，虽因廷斌试举发策，奏对不实一案，被诏斥“护过饰非”，受到革职留任的处分，但后来因教匪王三槐就擒，珅以襄赞之功，反又高升一级，一跃而为公爵。民国十九年间北京大学研究所印行的《嘉庆三年太上皇帝起居注》（此书得于《清代内阁档案》中）所载八月初九日一则有云：“奉敕旨，本日勒保奏扫荡安乐坪贼巢，生擒逆首王三槐一折，览奏嘉慰。（中有铺陈战功语，略。）军机大臣大学士伯和珅，襄赞机宜，承旨书谕，一手经理，夙夜宣劳，著加恩晋封公爵。”不过这一次晋封，实际已是和珅的将近黄昏的夕阳，因为翌年（嘉庆四年）高宗去世，和珅就遭伏法（另详下文）。但在这之前，因为他善于谄谀逢迎，所以在高宗柄国时，虽也曾加以裁抑，然以其巧为弥缝，终也得以无事。而当时一般言官，非与和门沆瀣，即反因劾他而得咎（如曹锡宝，尹壮图等），于是就无人再敢昌言其罪了。

至于和珅种种欺君蒙上，胡作妄为的劣迹，除后面嘉庆谕旨中宣布的二十款大罪外，复可从《清史稿》中见其一二。如记其因敕刻《石经》，与尚书彭元瑞作对事，即可看到他胸襟及手段：

五十六年，刻《石经》于辟雍，命为正总裁。时总裁八人，尚书彭元瑞独任校勘，敕编《石经考文提要》。事竣，元瑞被优赉，和珅嫉之，毁元瑞所编不善，且言非天子不考文。上曰：书为御定，何得目为私书耶。和珅乃使人撰《考文提要举正》以攻之，冒为己作进上，訾提要不便士子，请销毁，上不许。馆臣疏请颁行，为和珅所阻中止，复私使人磨碑字，凡从古者尽改之。

这正是古今权奸的典型：器量小，居心险，手段辣。又为了个人要想操纵一切，因此就最怕也最恨别人跟主子接近，一接近，即有取彼而代之的危险，遂不惜运用险诈手段从中加以欺蒙，破坏，其气度行径实无异于“妾妇之道”。孔子所谓“唯小人与女子为难养也”。《史稿》又记乾隆欲召两广总督朱珪（旧嘉庆的师傅），为大学士，也遭珅之嫉忌，密加倾陷，珪卒以他事被降。可与上记参览。要之，凡豪门权奸，其攫取权利之策略不外“独占”与“排他”。盖一面唯恐权利落在别人手里，一面又唯恐别人地位超过自己，终于明枪暗箭，交相倾轹，而这也即是造成中国官僚政治的一个焦点。

《清史稿》复记和珅的弄权舞弊，营私党恶云：

和珅柄政久，善伺高宗意，因以弄窃作威福，不附己者伺隙激上怒，陷之。纳贿者则为周旋，或故缓其事，以俟上怒之霁，大僚恃为奥援，剥削其下，以供所欲。盐政河工，素利薮，以征求无厌，日益敝，川楚匪乱因激变而起，将师多倚和珅，糜饷侈，久无功。

此段末所云的川楚匪乱，曾由嘉庆严旨斥责带兵各大臣之贻误军机，另详下文。此外，又记珅之贪污好货云：“令奏事者具副本送军机处，呈进方物，必先关白，擅有准驳，遇不全纳者，悉入私家。”综观以上二段所记，豪门之误国滋乱，驱民为匪，蒙蔽君上，似亦足以资读史者之鉴惕矣。按照史例，此类人物，似汇置诸《奸臣传》中，如上篇所记的严氏父子，即为张廷玉收入明史《奸臣传》，而

《清史稿》也许为了出清代遗老之手，对于“故国”前辈亲贵，或不欲过彰其恶吧？

然而和珅最初以一介无名细民，何以后来忽然受乾隆宠幸如此其极呢？清史稿对此语焉不详，只有野史曾记过“和珅获宠原因”，大意说：乾隆为太子时，某次入宫见一美妃（雍正妃）对镜理发，遽自后以手掩其目与之戏，妃不知为太子，惊而持梳向后还击，中其额，遂舍去。旋雍正后见其额有伤痕，严结乾隆，始具以对。后疑妃调太子，立赐妃死。乾隆欲白其冤，逡巡未敢。乃以指染朱，迅往妃所，乘间以朱印妃颈，且曰：我害尔矣，魂而有灵，俟二十年后，其复与吾相聚乎。迨乾隆中叶，和珅以满洲官学生，在銮仪卫选舁御舆，因事适中乾隆应对，乃唤起其旧日之印象，恍然于珅貌与妃相似，因密召坤入，视其颈，则赫然指痕宛在，因默认珅为妃之后身，叹为“宿缘”，遂如汉哀之爱董贤，由是而累擢显爵矣。(事见《清朝野史大观》)

这段记事，既失诸怪诞迷信，且近乎猥亵，果尔，则“十全老人”原来还是一个乱伦的恶少，而和珅则是以狎客的身分登场，恐怕只能作姑妄听之的材料。和珅获宠原因，或者自别有在，但总之不会是这样荒诞离奇的。

这里且不谈他的“获宠”，单记他的“获谴”吧。

原来当嘉庆未即位时，就素恶和珅之不法了，但因乾隆“春秋已高，不欲遽发，仍优容之”。盖乾隆虽云内禅，实际仍要干涉朝政，而和珅于是遂有挟太上皇帝以号令幼主之势，这结果，便大大的造成乾隆与嘉庆间的水火，而使嘉庆愈益痛恨和珅刺骨。《太上皇帝起居注》中有朱希祖氏一序，曾云：“是太上皇帝训政之日，其政务皆为和珅一人把持，彰彰明甚。太上皇帝信之愈深，皇帝恨之愈切，太上皇帝愈以为功高，皇帝愈以为罪大！不除和珅，则祸害无已；欲除和珅，则投鼠伤器。是以史载太上皇帝于正月初二日辛酉不豫，初三日壬戌辰刻即崩。清代学者，多疑其非令终，亦非无因。”故唯有速太上皇帝之死，而后方能痛快无忌的去此巨憝耳。本文前节所云嘉庆痛责剿匪各大臣的谕旨，即是紧接乾隆驾崩的第二天（正月初四日）所颁发，大有剑及履及之势。其中所陈“军营积弊”，如轻忽军务，玩兵养寇，婪索地方，靡费军饷，托词请假，藉端牟利，冒功升赏，以及“每次奏报打仗情形，小有斩获，即铺叙战功，纵有挫衄，亦皆粉饰其辞，并不据实陈奏。……伊等（指各将领）节次奏报杀贼数千名至数百名不等，有何证验，亦不过任意虚捏”云云，表面虽泛责带兵各臣，实际却针对和珅而发，谕末所谓“勿谓幼主可欺也”一语，尤堪玩味。同时，乾隆晋封和砷公爵时旨中所称剿匪军事如何顺利奏捷，将士如何用命，武功如何煊赫一类话，一和嘉庆这个上谕相对照，就觉得完全是粉饰与铺张，其于和珅尤可说是“有意栽花”了。——而这在嘉庆心中，自然更引起了反感，更非置和珅于死地不快？用现代术语来说，这就是所谓“人事问题”，而“人事问题”一弄僵，又往往可以牵涉到整个政局之变化出入。虽在皇家，也不能免。古今来因主观上对某一人物爱憎之不同，恩怨之殊异，而影响了家庭骨肉间的感情意气，甚至激为磨擦斗争者，实已数见不鲜。易言之，倘不是为了乾隆与嘉庆意见对立之甚，则和珅说不定不会落得如此凄惨之结局。因此，和珅只是弘历与颙琰父子相持下一件牺牲品而已。

但“清算和门”之正式的发端，据《清史稿》载，说是始于给事中王念孙之弹劾，且略而未详，而《殛珅志略》中则记录得比较详尽：

“翌日（正月初五日。即上述嘉庆于苫次所颁痛责各将领一谕之翌日），御史广兴具疏劾珅诸不法状；大学士刘墉亦于造膝时奏请究治。初八日（朱希祖氏序文中刈谓“十一日即宣布和珅罪状，革职治罪”）奉旨革和珅职，拿交刑部收禁，诏仪亲王，成亲王，七额驸，大学士刘墉，董诰籍和珅家，列单具奏，命王公大臣会同三法司鞫审。珅初犹诿诸刘马二家人，再讯始承。惟克扣军饷二万余万，娶放出宫女为妾，压匿军报，私放府道学政五款不认。诸臣以供词抄单进呈，钦禀上谕：和珅受大行太上皇考特恩，由侍卫洊至大学士，在军机处行走多年，叨沐深恩，在廷诸臣无有能比者。……今和珅罪情重大，科道诸臣列款提奏，实在难以刻容。……兹录罪状二十款，特谕众知。"这二十款的罪状，原文颇长，为篇幅计，略经摘裁，志其大要于下：

一、泄漏册封皇太子机密，邀拥戴之功。二、骑马直过宫殿，无父无君。三、因腿疾肩舆出入宫门，毫无忌惮。四、将出宫女取为次妻，罔顾廉耻。五、高宗（原称皇考）在日，于各路军营奏折，任意延搁，以致日久未竣。六、高宗圣躬不豫，毫无忧戚，谈笑如常，丧心病狂。七、高宗批文时，字画间有未真之处，口称不如撕去，意在另行拟旨。八、一人把持部务，变更成例，不许部臣参议一字。九、隐匿地方官奏报，不以边务为重。十、不遵帝（仁宗）旨，令蒙古王公一体来京，不顾国家体恤外藩之意。十一、宠用私人，如大学士苏凌阿，因系其弟和琳姻亲，侍郎吴省兰等，皆曾在珅家教读，保列乡阶，兼任学政。十二、将军机处记名人员，任意撤去。十三、查抄家产中有楠木房屋，其楼阁园亭格式，有仿照宫殿及御园者，僭侈逾制，是何肺肝。十四、蓟州坟茔，开设享殿隧道，附近有"和陵”之称。十五、家藏珠串，竟有二百余串，较大内多数倍。又大珠亦较御用冠顶为大。十六、宝石顶并非珅应戴之物，而所藏有数十个，而大块宝石则为御库所无者。十七、家内银两衣物等数逾千万。十八、夹墙私库及地窖藏埋大量金银。十九、通州蓟州均有当铺钱店，以首辅大臣与小民争利。二十、刘马二家奴，资产各有二百余万，及珍珠等，显系纵令需索。此外，尚有银号当铺，犹未抄毕，已有数千余万两，似此贪纵营私，实从来罕见罕闻者。

平心说来，以上大部分罪状，就专制时代一个拥高位的亲贵而论，（何况现在！……）其实也未必真是如何大逆不道。其罪状之最大者，亦不过（五）款延搁各营剿匪奏折，及（八）款一人把持吏、户、刑部，务擅作福威，招贿殃民二端（朱氏序语）。假使能够追念“旧勋”，卖个“人情”，也未始不能贷其一死的。然而不幸嘉庆因跟和珅积有宿怨，一定要装他“榫头”，和珅自也只好作了他小主子上台后“打虎”扬威的供具了。而这一点，严嵩却能得保首领以没，要比他幸运些了。

至于和门的家产，根据清单所列，虽不及严门之浩大繁琐，但确也是历史上所“罕见罕闻”。清单上分类之法，是以每一种物件的类别为一库，即每库为一单位，下则填其总数，如赤金库项下，计五万八千两（夹墙内藏匿二万六千两），银库项下，计元宝五万五千六百个，京锞五百八十三万个，苏锞三百一十五万个，洋钱五万八千元（地窖内银一百万两）。又如人参库项下，大小支数未计，重即达六百斤余。其他玉器、珠宝、古玩、绸缎、磁器、珍馐等库约占十五六库，“应有尽有”。住屋，田地，银号，当铺不赘述。

至此案的牵涉人物，却较严门一案为少，廷谕亦说：“凡为和珅荐举奔走其门者悉不深究，勉其悛改，咸与自新。有言和珅家产尚有隐匿者，亦斥不问。”结果除和珅本应斩决，姑念其曾任首辅大臣，为恤国体起见，免其肆市，著加恩赐令自尽，及福长安秋后处决外，计为珅弟和琳革爵，丰绅殷德为体念公主夫妇之情，革去公爵仍留伯爵。苏凌阿、吴省兰等，虽系出珅引荐，但都没有遭到刑法的处分。且复诏诫内外臣工，此后不得再藉此案相互“攻讦阴私，摘发细故”。

有人估计和珅家产，已估价者约值二百二十三兆余，未估价者以三倍半为比例算之，当得八百兆有奇，可抵甲午、庚子两次赔款总额。而最后自然一塌刮子给内府“接收”去了。故时人为之语曰：“和珅跌倒，嘉庆吃饱。”笔者在上篇结末，曾说严门之遭籍没，不过是从一个大号仓库“移交”给特号仓库而已。（真正天字第一号！）对于小民，则一样叨不着半分的“跌倒”之光。对于过去的严门，和门之被清算固是如此，对于这以后的 A 门 B 门……还不是“如出一辙”？而被剥削“劫搜”的份倒是常常有之。

然而圆明园和义和团一役，取和珅二十年之搜刮而转贮于宫中者，这时也无法使爱新觉罗族（一个最大的豪门）永远据为已有了。盱衡今昔，又岂止所谓沧桑之感而已。

（原载 1948 年 11 月 1 日、16 日《论语》第 164、165 期，署名辛沃）

己丑脞识

前记：

近来文思日益枯竭，兼之时局混沌，心境尤觉闷损，以致本刊稿件，已接连脱了两期。今日适逢立春，因叨“一年之计在于春”之说，于灯火昏黄中，决心驱走睡魔，作一小文。惟以一时不得适当题材，乃从旧日读书札记中整理出若干则（其间或有署以年月者），以实本刊。盖以此类文字，小大由之，不拘一格：古今中外，忆则书之，于本刊作风似尚无不合。名《己丑脞录》者，则求行文之便，以发刊之年标题，且当是今岁第一篇之作也。犹忆陶靖节记五柳先生云：“好读书不求其解”，孟子舆亦谓“尽信书不如无书”。实则读书作文，皆可循此标准，互相发明也。

某月日，晴，微热，有风，夜，月色甚佳。因忆唐人“冰纹珍簟思悠悠，千里佳期一夕休，从此无心爱良夜，任他明月下西楼”之诗，似与眼前境界差相吻合，然苦不能言传耳。又思新文人中工于旧诗者数不在少，尤以周（鲁迅）郁（达夫）王（统照）沈（尹默）……诸氏称最，我且久有以《新文人的旧诗》为题，作一论文，然终不敢率尔操觚，盖旧诗之妙处，正在“可意会而不可言传”中也。且就余所见，新文人而为旧诗作理论者，其恰到好处之作，则反不多觏也。至此乃复记友人K君日前示余沈尹默“乡居终日水车鸣，我自平生爱此声，风月一时××（此二字已忘）却，杖藜聊复寄诗情”一绝，大为叹赏，此诗且由沈氏作行书，以珂罗板影印分贻友好，其书法亦苍劲秀逸，令人流连不置，在当代书家中，沈氏固亦大家之一也。余室中挂有其立轴一幅，系沈氏在沪任孔德图书馆馆长时，托K君所恳求者。又沈氏和知堂之打油诗数首，亦佳。其中“斜阳流水干卿事，未免人间太有情”句，尤觉意义深长。

旋又读赵瓯北诗。诗中颇多戛戛独造之句，其“尺波将涸鱼先散，一骨才投犬共争”一联，描绘世态，尤为冷隽，余绝爱之。又为“古有长生今亦死，天如可上地无人”，亦颇有趣致。赵诗特色，即在其对人情世态，能尽“婉讽”之妙。商务印书馆辑有《清儒学术讨论集》一帙，中有陈柱之《赵瓯北诗之哲学》一文，系从哲学立场而评骘赵诗者，谓“其诗中弥满哲学思想，非如寻常诗人之仅仅伤时忧世，悲贫悼贱者而已也。当杜甫之诗，忧世忧民，敷陈时事，世称为诗史，若瓯北之诗，发挥哲学，可不谓为诗哲邪?”虽不无“偏嗜”，然瓯北诗固未许以寻常眼光视之也。又谓瓯北能在科学尚未昌明之时代，而在诗中流露打破迷信之思想，尤为难能。此则确道着瓯北诗之长处，由前引第二联可见：使彼生于今日其在思想上学说上之见解，必更有其超越恒流者也。

某月日晴转凉。夜小雨，旋闻雷声，至此益觉天地萧森。余侷处斗室中，心中虚飘飘如空无一物，欲作文而无题材，乃下楼往箧中取《越缦堂日记》读之，其光绪九年十月二十四日论及母妻两党间之称呼云：

夜，得沈子培书，问姑母而兼外姑者，寿文当何称?略以意答之云：古人禁姑舅子女为昏姻，然世家大族，亦时有之，南北史诸书可证，其文之称谓，则无征也。以鄙意论之，姑之服重于外姑，其党亦尊于外姑。而自唐以后，妇为舅姑递增，至服斩称情以报婿之报缌非也，故议礼家皆有加隆之议，亦从宜从俗意也。礼言姑姊，妹有受我而厚之者，则妻者我受而厚之者也。妻之父母，礼亦有舅姑之称，其名亦尊矣；姑本无母称，其恩亦稍杀矣。今者之议，似宜称外姑而不必兼及姑。至见面相称，各从其俗，其服则从姑之本服，庶乎情礼兼致也。

沈子培与李越缦，在同光间俱为浙人中之佼佼者，故当时称为沈李，而二人交谊亦颇相投分。沈李并皆博极群书，沈为此称呼问题向李请教，尤见平日对李之推崇矣。而李于答书中所陈之见自亦足采行，盖若从姑（母）而不从外姑，则不足以明其妻之所自来矣。今日以内侄而兼作婿，或表兄妹联亲者民间仍属繁有，识此以备参稽。至此，余又忆及称呼方面之二事：一、余供职某商行时，有人向上级机关呈文，中需述及具呈人之姊某氏。而其称呼，“敝姊”既不通，“家姊”亦不文，苦思不得，因来问余，余曰，然则唯称“胞姊”较为适分耳。其人称善，遂用此称。二、某次代人撰联挽其弟妇，因而对称呼煞费考虑，直称“弟妇”（俗称弟媳妇）既觉俚率不文，又以其年逾六旬，若举其名而称“某某贤妹”，似又不妥，且旧式女性本无称其名者，最后只得称为“弟夫人”，虽出杜撰，而意尚可通也。因由上文触忆及此，合并识之。

某月日，午前曾雨一阵，薄暮天色澄清，洵当“如洗”的形容。夜来风势甚大，蚊虫“攻势”已缓和多矣。不但省却一笔蚊香及D·D·T之类费用，且耳畔无扰攘，身上免扒搔之苦，正可安心夜读。时局若斯，来日安危未可逆料，能偷得一日闲读几行书，此时尚不失为一种“清福”，初不必再做什么红袖添香的肉麻春梦也。

续读《越缦日记》。李氏腹笥极宽，日记中处处可见其“渊博”，不仅于读者学问上裨益良多，即在朝章国故方面亦颇有钩索价值，对研究同光掌故者尤不可不时加浏览也。唯越缦在生前作日记时，已准备后世刊布，故不免做作之气，字行间颇可觇其矜才使气之处也。其对当时人物，又少所许可，一不如意，即诟詈满纸矣。余读《越缦日记》，虽取其笔记式之轻松而自成段落，然半亦缘记中颇多清末政治、社会、文物、科举等等资料故也。今日读其光绪九年十一月初七日，其中所记有关胡雪岩（光墉）一则云：

昨日杭人胡光墉所设阜康钱铺忽闭。光墉者东南大侠，与西洋诸夷交。国家所借夷银白洋款，其息甚重，皆墉主之。左湘阴西征军饷皆倚光墉以办，凡江浙诸行省有大役大赈事，非属光墉，若弗克举者。故以小贩贱竖，官至江西候补道，衔至布政使，阶至头名顶戴，服至黄马褂，累赏御书。营大宅于杭州城中，连亘数坊，皆规禁籞参西法而为之，屡毁屡造。所畜良贱妇女八百数，多出劫掠。亦颇为小惠，置药肆，设善局，施棺木，为饘粥，时出微利以饵杭士大夫，杭士大夫尊之如父，有翰林而称门生者。其邸店遍于南北。阜康之号，杭州上海，宁波皆有之，其出入皆千万计，都中富者自王公以下，争寄重资为奇赢。前日之晡，忽天津电报言其南中有亏折，都人闻之竞往取所寄者，一时无以应，夜半遂溃，劫攘一空。闻恭邸文协揆等皆折阅百余万，亦有寒士得数百金，托权子母为生命者，同归于尽。今日闻内城钱铺曰四大恒者，京师货殖之总会也，以阜康故，亦被挤危甚，此亦都市之变故矣。

胡雪岩之为人及其商业手腕，时人对之毁誉不一，越缦对杭人又素不相洽，其同治五年四月二十三日记中，对胡亦加轻视，盖不免有浙东西畛域之见，然从越缦所记中，亦足以见胡之起家及其失败之大略焉。要之，吾人就胡氏整个事业而论，实可代表晚清社会的一个“金融巨人”（阿英称胡氏语），并可由胡氏所设各种商号上而对清末中国的商业活动作一剪影。《近代名人小传》（沃丘仲子作）货殖部分云：“同治间足以操纵江浙商业为外人所信服者，光墉一人而已。”非夸语也。犹记马克思在《资本论》中述及中国明代某一经济家之生平，因而考得当时中国之经济情况，（此得自郭鼎堂氏所作某篇论文中，曾刊战前《光明》半月刊，此处以无原书查稽，详情已不能记矣。）则胡氏之商业活动，尤足反映十九世纪末叶中国社会经济上之一大变故，而足为研究我国经济史者之取材矣。同时，在今日所谓“豪门经济”、“官僚资本”云云，胡氏彼时之商业手段及其私人生活，又恰恰为此二语之注脚，易言之，即已得其风气之先耳。兹再就此申言之：

胡初为贾竖，旋受左宗棠之知遇及提携，使筹饷购械，倚畀甚深，赏识尤力，左氏家书中谓“其人虽出于商贾，却有豪侠之概”，又称其“商贾中奇男子也”，以是一登龙门，声誉大隆，加以胡之长袖善舞，于是得以官商两栖，左右逢源，不仅积赀巨万，且晋头品顶带黄马褂，“福至心灵”，财缘势生。他书记其“江浙丝茧向为出口大宗，夷商把持，无能与竞，光墉以一人之力，垄断居奇，市值涨落，外国不能操纵，农民咸利赖之。国库支绌，有时常通有无，颇恃以为缓急之计”，于此乃征当时外商的经济侵略已极严重，而胡氏则藉其官僚资本又从而操纵抗衡之。又从前引《越缦日记》中所记京师巨官显宦，多向胡之钱铺存储，如所云恭邸即恭亲王，文协揆则协办大学士刑部尚书文煜，存阜康银数多至七十余万，后曾被给事中邓承修所弹劾者也，并见官商勾结之风，由来久矣。而中国官僚资本声势之甚，尤若一脉相传者。

其次，如《越缦日记》所谓胡又“颇为小惠”，如同治十年，直隶患水灾，胡奉其母金氏之命，捐制棉衣前后达一万五千件，并捐牛具籽种银一万两。光绪四年，陕省亢旱成灾，饥民待赈孔亟，前后又捐实银五万两解陕备赈，其他如捐赈苏、鲁、晋、豫等地各款，“合计银钱米价棉衣及水陆运解脚价，估计已在二十万内外，而捐助陕甘赈款，为数尤多”。并以丸散药材解往西北陕甘各地。因此乃大受左宗棠之器重，曾迭次具折奏请清廷奖赏恩施，胡之得膺显衔，邀廷赏，即出左之竭力抬举也，而胡之各项捐输，其中亦有如今日之所谓变相的“救济特捐”者，此亦今昔豪门阶级市惠沽誉之一法门也。

胡之败也，当不外私人生活之过于糜烂，现金周转不灵，国库又被其亏空甚多，对洋商又屡食言，兼之各地商号主持者皆乘机中饱自肥，以致信誉日堕，由外强中干而至一败涂地，但在客观环境方面，则当时外商之经济侵略及买办资本之抬头，当亦为一重大打击。书史虽未明言，而考察彼时之经济情况，则其为一主要因素，可无疑也。

关于胡之私人生活，各家颇多渲染，大抵皆写其纵情声色荒淫奢汰等等“豪举”，且有敷陈为说部者，如署名大桥式羽（实孙假托）之《胡雪岩外传》，及陈得康《胡雪岩演义》；又《海上花列传》所写之黎篆鸿，闻即影射胡氏。《外传》写其杭州花园，为一具体而微之西湖，即大假山一项，已耗去八万金，院门并建十六院，以分居姬妾。其事或者有据，然亦颇涉夸张失实，穷形极状之处，此又晚清若干小说家之通病也。兹撮录李伯元《南亭笔记》所记胡之私生活以为作结：

胡好骨董。……一日有客以铜鼎出售，索八百金，且告之曰：此系实价，并不赚钱也。胡闻之颇不悦，曰，尔于我处不赚钱，更待何时耶？遂如数给之，挥之使去，曰：以后可不必来矣。其豪奢皆类此。每晨起，取翡翠盘盛青黄赤白黑诸宝石若干枚，凝神注视之，约一时许，始起而盥濯，谓之养目，洵是奇闻。胡有妾三十六人，以牙签识其名，每夜抽之，得某妾乃以某妾侍其寝。厅事间四壁皆设尊罍，略无空隙，皆秦汉物，每值千金，以碗砂捣细涂墙，扪之有棱，可以百年不朽。园内仙人洞，状如地窖，几榻之类，行行整列，六七月，胡御重衣偃卧其中，不复知世界尚有炎尘况味。花晨月夕，必令诸妾衣诸色连翩而坐，胡左顾右盼，以为乐事。……胡尝观剧，时周凤林初次登台，胡与李长寿遥遥相对，各加重赏，胡命以银千两，倾之如雨，数十年来无有能继其后者。

不但胡本人起居如此奢侈，即其所雇仆役等因受豪门生活之影响，举措亦多骄纵逾分者。如：

胡之舆夫，相随既久，亦拥巨赀。舆夫有家，兼蓄婢仆，入夜舆夫返，则佥呼曰：老爷回来了，快些烧汤洗脚。

一舆夫而至于此，真是千古奇闻！

李记所述胡之行事犹不止此，此处摘录片段，亦已觇胡之私生活铺扬至于如何程度，信如所言，则暴殄若此之甚，宜其晚境弗保矣。惟其中或多恍怪不经，言过其实之处耳。盖胡在当时有“活财神”之称，以此里巷侈谈，流俗震炫，而若干对胡有私怨者，又辄编造其细行以逞一快，而文人“生花之笔”，尤喜摭拾琐闻，渲染谈资，因之遂有种种悖于情理之举止流传于世矣。舍此不论，则胡雪岩及其事业之盛衰消长，谓之十九世纪末中国经济史上之一沧桑自无不可。而就盛极时声势言之，则又今日“豪门”阶级之“先进”也。易言之，胡雪岩虽死而几十年来胡氏之典型固仍长存于中国之阛阓中，特手魄气度，后来者或视胡犹不免逊色耳。

醒醉生（汪康年）于《庄谐选录》中于综论胡一生之余而评其败曰：“综胡一生言之，抑亦一时无两人也。……及其败也，此方以侵蚀库款被县官封闭告，彼即以夥友无良挟赀远遁告，身败名裂，莫为援手，宾客绝迹，姬妾云散，其后判若两人。呜呼，何其哀也。岂生平所获皆不义之财，故悖入者亦悖出欤？抑务广而荒，受逾于器，人满则天概之，故及身而败欤？梁武帝有言曰：自我得之，自我失之，亦复何憾？其斯人之定论也夫。”所言虽不脱因果道德上之陈说，然亦足以资拥金自满者之警惕也。

又：

作者曾于前此《论语》中著有《明清的清算豪门案》一文，当时本欲兼及清末之胡雪岩［虽胡之结局并非如严（嵩）和（珅）之被清算］，因就中国历史上豪门而论，雪岩固亦其中之特出者，但以材料一时费检而未果。今乃据旧日札记略加排比，先写一轮廓于此。

（原载1949年2月16日《论语》第171期，署名辛沃）

王鸿绪的密折

最初知道王鸿绪之名，只是由于他与《明史稿》的关系，对他的人品尚不详细。近阅邓之诚《清诗纪事初编》，中有云：“鸿绪于徐乾学为门生，于高士奇为姻戚，三人奉密谕以逐余国柱、明珠，复自立党相角，遂至俱败，后俱再起。徐已先没，高亦不寿，唯鸿绪兄弟保持富贵。终康熙之世，世或以其专任史局著《明史稿》之故，而不知实充耳目侦伺之役，今故宫尚存所缮密奏，故李光地《榕村语录续录》以奸猾钻刺目之，真小人之尤也。”

旧藏中适有民国十九年故宫博物院出版的《文献丛编》第二第三两辑，内有王鸿绪“密缮小折”一辑。据说明，小折有三十封，密谕三封，共储一小匣，匣有七小屉，旧藏故宫懋勤殿，年份由康熙四十四年至六十年五月。

王鸿绪于康熙时曾充左都御史，后被劾休致，后复为工部、户部尚书。康熙于四十四年南巡，六十年幸热河，事前曾委鸿绪任此耳目之职，其第一折中有云："伏念臣至愚昧，何足比数，乃仰荷天恩，破格密加委任，惟有竭尽犬马，力矢忠诚，以仰报圣恩于万一。至蒙恩谕谆诲，虑臣稍露风声，关系甚大，臣益感而欲泣，永永时刻凛遵，三缄其口，虽亲如父子兄弟，亦决不相告，自当慎之又慎，以仰副天心委任之至意也。自后京中可闻之事，臣随时于恭请圣安内缮写小折，密达御览。"从这里可以看到，当时君臣之间高度的保密心态，也标志着皇帝对王鸿绪的高度信任，折中的话因而也决非游词，而是句句实话。平心而论，任何大臣，接到此项任务，也一定是把自己当作犬马来效忠的。

然而王鸿绪也由此而增加了心理负担。

有一个候补道范溥，在苏州强买女子，王鸿绪向康熙密奏后，范溥曾向程姓亲戚说："有汉大臣说我不好，我不去送驾罢?"程姓说："是太监与你的信么?"范溥说："不是太监，是御前第一等人与我的信。"王鸿绪得悉这番对话后，"心中畏惧异常"，托人打听这"第一等人"究竟是指谁；又因范溥交游很杂，神通广大，王鸿绪又耽心"臣将来必受其中伤，谨预为奏明”。实在令人可怜可笑。像强买女子这种事，有什么必要向皇帝密奏呢？当然也因为康熙对密奏内容，不管大小轻重，都爱闻之故，因而成为合适的搭配了。

王鸿绪曾疏劾江湖异人朱方旦、广东巡抚李士桢等，并见于史传，为什么对一个候补道范溥这样害怕？一半怕范中伤，一半也因告密者心里有几分虚，毕竟不是光明磊落的事情。一方面唯恐皇帝知道得不多，一方面唯恐给别人知道，告密者的心理，大概都是这样。

满洲侍卫官员在刨挖人参，这是违禁的，这些人又是有恶势力的，王鸿绪密奏了，却又在折末说：“此事最真，但干涉甚大，稍露风声，臣之身命，将来必为人倾陷。伏祈圣主至慎至密，缓缓细访，自得真情。”我们倒真替他难受，本来不是他职务范围内的事情，却为此而过着提心吊胆的日子。

最滑稽的是：“京师人传言，傅作楫出口子，解役八人，向他讨赏……据副都御史汪晋征亦说此事是真的。谨密奏。”既是“京师人传言”，不就是大家都晓得的了？为什么还要“谨密奏”？

知府的儿子与父妾通奸，被人发现，逼诈银两甚多，这难道也要向皇帝“谨密奏”？又如“京师小盗，大半系外来强盗，潜从前三门等处，或四五为群，带有器械，从房上夜入人家……”下面又像说故事那样，把强盗如何抢劫的细节说得清清楚楚，“一交冬令，天寒夜长，家家防盗，不得安枕。谨密奏。”亏得康熙有兴趣有耐性，朱批道：“朕亦闻得。”可见他也认真看过的了。

他调任户部尚书时，曾上一折，其中说：“缘初到任，其中弊窦，不能明晰，未敢冒昧密陈，伏祈圣鉴。”康熙朱批道：“部中之事，不可苛求。”康熙可能有些不耐烦了。不久，他又为户部大买草豆案写成密折：“此虽非臣任内之事，然既知之，不敢隐而不言，合应密为奏明。谨密奏。”康熙朱批道：“此不过小事，今大事已成。”

他的职务是尚书，但真正的职业是密奏，并且已成为一种嗜好。尽管这差使是康熙委任的，但从他告密的手段来看，还是可以看出他的人品。这里且举一事。

约在康熙二十八年（1689），都御史郭琇，曾劾奏少詹事高士奇、左都御史王鸿绪等表里为奸，植党营私，贪赃枉法，依媚大臣诸大罪，甚至称他们“豺狼其性，蛇蝎其心，鬼蜮其形”。

高士奇等因而被罢官。这时又被起用，而且委以重任，这一大起大落，自必给他以极大的刺激，于是感泣之余，甘为犬马而不惜，冒着身命之险而密奏了。

据昭梿《啸亭杂录》卷四，王鸿绪还参与了康熙朝的储位之争："理密亲王（允礽）既废，储位久虚，仁皇帝（指康熙）因命众王大臣保立东宫。时允禩党羽布满中外，王鸿绪后至，掌书'八'字以视众，众遂共保廉亲王（允禩）为储位。仁皇帝震怒，问首谋之人，众莫敢对，以马太傅齐首衔，故问拟大辟。因谓众曰：'朕必立一刚坚不可夺之人为尔天下共主。'盖谓宪皇帝（指雍正）也。"又据孟森《明清史论著集刊续编·朱方旦案》云："王鸿绪参奏（朱方旦）在当时或博持正卫道之名。其实鸿绪为佥邪，后世自有定论，不但当其生时经郭琇严劾，有罪名可指也。礼亲王昭梿《啸亭杂录》称鸿绪党附皇八子廉亲王允禩。魏源《明史稿书后》指其污蔑建文，夸张靖难，意在鼓吹廉亲王之拥兵夺嫡。凡此皆可见鸿绪之为人矣。……鸿绪身与允禩之谋，处人骨肉，不以其正，决非端士。乃以修史重任，出私意以乱是非，致使前朝事实不为信史。读书论世之士，视此等舞文作奸，其罪更浮于一时之结党矣。允禩后由世宗改名阿其那，疾之如此其甚，而于鸿绪不过不甚礼之，身后特命勿予谥典而已，初未尝一网打入党案之内。盖鸿绪以富贵为本怀，而允禩无成，即倾心于世宗，且没于雍正元年八月，后来党祸已非鸿绪所能预。"然则鸿绪之缮写密折，当亦因其"以富贵为本怀"之故。结党营私、党附允禩、犬马效忠，在鸿绪原是一以贯之。乾隆四十三年（1778），国史馆进王鸿绪传，乾隆命以郭琇劾疏载入，使后世知鸿绪辈罪状。但他的这些密折，如果不是故宫博物院印行，后人就无法见到。当时写这类密折的人，不知是否只是王鸿绪一人，今天也难以查问了。

（原载《饮河录》，中国社会科学出版社 1997 年版）

太真生共可怜宵

马嵬之变，杨妃死难，时为天宝十五载（756）阴历六月十五日，年三十八。由此上推，她的生年为开元七年（719)，但她的生日是哪一天？史无明文。乐史《太真外传》说：“（天宝）十四载六月一日，上幸华清宫，乃贵妃生日。”乐史是宋太宗时人，所言当有根据。

事有凑巧，传奇《长生殿》作者洪昇忌辰也在六月初一，年份为康熙四十三年，洪氏自江宁经乌镇，酒后登舟，堕水而死，年六十。剧中《进果》一出，渭城驿的驿子也说：“只为娘娘爱吃鲜荔枝，六月初一是娘娘的生日，涪州、海南两处进贡使臣，俱要赶到。”这是将杜牧的“一骑红尘”名句和贵妃生日捏合在一起了。

洪昇卒后，其友人王蓍有挽诗二首，其第二首云："苕溪流似沅湘遥，又为骚人赋《大招》。漫把哀音翻《薤露》，便将新曲谱鲛绡。长生殿角薰风暖，小部歌声乳燕娇。此日沦亡君莫恨，太真生共可怜宵。"王氏原注："杨妃以六月朔日生，明皇于是日命梨园小部奏《荔枝香》新曲于长生殿上，今昉思适以六月朔日死，故及之。"小部指梨园中设置的班子，共三十人，都是十五岁以下。

曹寅也有《读洪昉思稗畦行卷感赠一首兼寄赵秋谷赞善》："惆怅江关白发生，断云零雁各凄清。称心岁月荒唐过，垂老文章恐惧成。礼法谁尝轻阮籍，穷愁天亦厚虞卿。纵横捭阖人间世，只此能销万古情。"

赵秋谷即赵执信，官至右春坊右赞善，为王士禛甥婿。凡是谈到洪昇及《长生殿》的，往往涉及赵秋谷，即因当年京城演奏时，好多文士皆因此获谴，也是清初文坛一件大公案。

康熙二十八年七月，康熙帝孝懿皇后佟氏病逝。八月，洪昇招伶人于宅中演《长生殿》，都下名士多醵份往观，因这时尚未除"国服"，给事中黄六鸿劾洪昇等于国脩时张乐为"大不敬"，康熙亦恶此剧，乃将洪昇下狱，后释出，革去国学生籍，参加观剧的赵执信等革职，查慎行等亦革去国学生籍。康熙时南党北党倾轧如水火，因洪昇与南党中人接近，北党借此兴狱，所以这一案件，实有党争上的背景，秋谷赠查慎行诗有“与君南北马牛风，一笑同逃世网中”句，慎行答诗有“欲逃世网无多语，莫遣诗名万口传”句。秋谷又有《听歌口占》云：“牢落周郎发兴新，管弦闲对自由身。早知才地宜江海，不道清歌误却人。”《寄洪昉思》云：“垂堂高坐本难安，身外鸿毛掷一官。独抱焦桐俯流水，哀音还为董庭兰。”皆赋罢官事，故词意哀怨。

都人又有口号云：“国服虽除（实未除）未满丧，如何便入戏文场？自家原有三分错，莫把弹章怨老黄。”又云：“秋谷才华迥绝俦，少年科第尽风流。可怜一出《长生殿》，断送功名到白头。”为什么末句有“断送功名”的话，据梁绍壬《两般秋雨庵随笔》卷四：黄六鸿由知县行取给事中入京时，以土物及诗稿遍送名士，至秋谷处，答以柬云：“土物拜登，大稿璧谢。”黄遂衔之次骨，后便有此弹劾。

但经章培恒兄《洪昇年谱》考证，是附会之词，由演《长生殿》一案而引起的好些传说与猜测，如说剧中有影射顺治帝栋鄂妃的，实是越说越离奇，《年谱》中皆作了精确的纠辨。

洪昇生于顺治二年，即甲申之变次年，此剧又为康熙所恶，《年谱》中曾举了他人题《长生殿》的几首诗，以为剧本中或隐寓易代之际的兴亡之感，这其中张奕光《回文集·书洪昉思先生长生殿传奇后》云:“长恨有歌悲国破,返魂无术少仙游。伤心最是铃淋雨,读罢常呼大白浮。”倒读之为:“浮白大呼常罢读,雨淋铃是最心伤。游仙少术无魂返,破国悲歌有恨长。”末句的用意尤为明显。洪昇和《桃花扇》作者孔尚任有南洪北孔之称,《桃花扇》写南明福王朝故事,《年谱》云:“其后孔尚任罢官,世多疑其系以《桃花扇》贾祸。”

康熙三十九年正月,《桃花扇》上演于京城,颇受名士的赏识。三月初,孔尚任升任户部员外郎,十余日后,即被罢去,一时成为疑案。

(原载《不殇录》,汉语大词典出版社 1997 年版)

两遭帝怒的沈德潜

“文革”时期，出版社的编辑，要向资料室借钱谦益的文集，必须经过工宣队的批准。当时奇谈，原不止此，只得按下不表。近年来，钱谦益的《初学集》、《有学集》，已由上海古籍出版社先后出版。《有学集》中的诗文，都是钱氏于入清后所作，正如出版说明所说：“从中可以看到钱谦益进行的抗清宣传、活动和其他有关人物的事迹，也可以看到他对自己身仕两朝的自惭自悔与深刻责备。”他的《病榻消寒杂咏》云：“年老成精君莫讶，天公也自辟顽民”，就是自比于殷顽，又如“莫叹曾孙憔悴尽，大梁仍是布衣僧”，简直是对新朝的怨诅了。他的《吕留侯字说》，还要吕留良改字留侯，以隐合张良为韩报仇故事。他的《答吴江吴赤溟书》，直书“本朝养士三百年如此其久也”，此书作于清顺治十八年辛丑，此“本朝”指明朝，吴赤溟即吴炎，后罹庄氏史案之难。陈寅恪的《柳如是别传》中的“复明运动”一章，亦论钱氏在行事上的种种反清活动。

对于钱谦益本人来说，固可由此而略明其“顽民”心事；对清人来说，自然十分痛恨，高宗尤为切齿，凡是有钱谦益作序跋的文集，不是销毁就是抽毁。高宗对死节的史可法、黄道周等以为各为其主，特加表彰，对钱谦益、吕留良、屈大均、金堡（僧澹归）等则一再斥责，声色俱厉，并以钱谦益为自附清流，以吕留良等为诡托缁流，恋生惧死，这却是不公道的。吕留良等能躲则躲，但并不怕死，是随时随地准备着这条命的。

就诗论诗，钱谦益固不失为清初一个大家，沈德潜为此而选入《国朝诗别裁集》，又为此而失欢于高宗。

沈德潜在六十岁时还是一个诸生，次年始中进士，后却成为晚达的显宦，在籍晋尚书衔、太子太傅，食正一品俸，享年九十七岁，其《甲申除夕》诗有“此身剩有筋皮骨，明日居然九十三”语，但他的诗缺少才情，别无特色。

《国朝诗别裁集》共选诗人九百九十六人[①]，而第一个

---

① 钱名世诗也见于《江左十五家诗选》，邓之诚《清诗纪事初编》中钱诗即据此书选录。

赫然为钱谦益，选录的多至三十二首，仅次于王士禛（四十七首）。小传中又多推崇之词，如说“推激气节，感慨兴亡”等。这里试举入选的钱氏《奉谒少师高阳公于里第感旧述怀》为例：“苍黄出镇便门东，单骑横穿万骑中。拊手关河归旧服，侧身天地荷成功。朝家议论三遗矢，社稷安危一亩宫。闻道朝廷饶魏绛，早悬金石赏和戎。”诗中的主人公为孙承宗，高阳人。崇祯十七年，清兵攻高阳，承宗率家人拒守。城破，自缢死。

这样的诗，如果是别人写的，高宗倒不一定计较，出于谦益之手，就要引起敏感，讥为“自附清流”，高宗是看到钱谦益的名字就讨厌的，特别是结末的“赏和戎”云云，又置已入主中土的清人于何地？

《别裁集》卷一中，将钱谦益、王铎、龚鼎孳等专列一卷，等于是首卷，在凡例中说成“我朝从龙之佐”。但清人只把他们看作贰臣，怎么会当作“从龙之佐”？而钱、王、龚诸人也未必恬然自安于这一啼笑皆非的称谓。又因诸人既列于首卷，而在这一卷中，将钱谦益安排在第一名，也是顺理成章，“从望所归”。

乾隆二十六年，沈德潜还请高宗为《别裁集》作序。高宗审阅后，乃命儒臣重新编选后而为之序。这序其实是在训斥：“因进其书而粗观之，列前茅者，则钱谦益诸人也。不求朕序，朕可以不问，既求朕序，则千秋之公论系焉，是不可以不辨。夫居本朝而妄思前明者，乱民也，有国法存焉。至身为明朝达官，而甘心复事本朝者，虽一时权宜，草昧缔构所不废，要知其人则非人类也，其诗自在，听之可也。选以冠本朝诸人则不可，在德潜则尤不可。……谦益诸人，为忠乎为孝乎？德潜宜深知此义。……因命内廷翰林为之精校去留①，俾重锓版，以行于世。所以栽培成就德潜也，所以终从德潜之请而为之序也。”

有些话还是言之成理的，如说“不求朕序，朕可以不问”，亦平心气和之论。又如被高宗之父世宗斥为“名教罪人”钱名世之诗②，居然也选在里面，还在注中说：“因未见稿本，所收独略。”这时德潜年近九十，故高宗斥其“老而耄荒”。

但高宗对德潜的谴责也仅止于此，还是有些情谊的。后来南巡过常州，德潜偕钱陈群往接，还赐以诗。

沈德潜最后之受重惩，是在他身后。

---

① 解放后改为《清诗别裁集》，实为清前期诗。

② 据孙殿起《贩书偶记》，乾隆二十四年精刊之《国朝诗别裁集》为三十六卷，乾隆二十六年翰林院删定重刊本为三十二卷，知所删者为四卷。1981 年上海古籍出版社出版的《清诗别裁集》，系据乾隆二十五年教忠堂重订本为底本，也是三十二卷，但仍有钱谦益等六人，可惜找不到三十六卷本与翰林院删定本作一对比。

乾隆四十三年，即沈德潜逝世九年后，经人告发，逆犯徐述夔的《一柱楼集》中，有沈德潜所作之传，并称其品行文章皆可法。高宗震怒，乃追夺德潜阶衔谥典（文悫），撤出贤良祠内牌位，扑毁所赐祭葬碑文，存殁恩荣，一网打尽。

上谕云："是沈德潜于徐述夔悖逆不法诗句，皆曾阅看，并不切齿痛恨，转为之记述流传，尚得谓有人心者乎。……且伊为徐述夔作传，自系贪图润笔，为囊橐计，其卑污无耻，尤为玷辱缙绅，使其身尚在，虽不至与徐述夔同科，亦当重治其罪。"但德潜退休后，仍食一品俸，何至贪小到这个地步。

到了次年，却又御制《怀旧诗》，把德潜列为五词臣之末，与钱陈群并称为东南二老，末段云："其子非已出，纨袴甘废弃。孙至十四人，而皆无书味。天网有明报，地下应深愧。可惜徒工诗，行阙信可济。"方浚师《蕉轩随笔》卷八，载有此《怀旧诗》之注云："德潜无子，其嗣子种松不知何所来，人甚不肖，狎邪作恶，曾命该抚就近约束之，幸而未致生事抵罪，而德潜暮年所得谀墓财，皆被其荡费罄尽，娶妾至多，养子至十四人，其因德潜赐举人者，不久即夭，其余无一人成材者，实德潜忘良负义之报也。"

从《怀旧诗》及其注语看，沈德潜原先的罪名是属于政治的，中间却转为“贪图润笔”，似乎是属于经济的，最后又归结为子孙的品德上，而所谓“忘良负义之报”云云，实也含有幸灾乐祸的心理，所以，这不是“怀旧”而是怀仇。又如说德潜的嗣子“不知何所来”，简直是市井间的播弄阴私，大失人君的体统，与上引《别裁集》的序文比起来，气度上就差得远了。

我们试将德潜选钱谦益诗和为徐述夔作传两罪比较，应是前者重而后者轻：谦益久为高宗痛恨，德潜是深知的，因而是明知故犯；德潜为徐述夔作传时，又怎知道自己死后九年述夔会被剖棺戮尸？上谕说德潜曾看过述夔的悖逆不法诗句，并不切齿痛恨，不正说明徐述夔诗并无悖逆不法的嫌疑么？

萧一山《清代通史》卷中云：“或谓德潜以诗学致卿贰，告归时弘历（指高宗）以己所作诗集，委之改订，颇多删润。德潜死，调其诗集进呈，则平时为之点窜及捉刀之作，咸录焉。弘历大恚，始有革爵撤祀之令。又阅其咏黑牡丹诗，有‘夺朱非赤色，异种也称王’句，指为逆词，令剖棺锉尸。”印鸾章《清鉴》卷八亦云：“帝每有所作，经德潜推敲者为多，尝语人曰：‘朕于德潜可谓以诗始以诗终矣。’后德潜卒，帝微闻其以捉刀语告人，由此衔之刺骨。”此皆流俗相传的妄语。当时为高宗捉刀的也不止沈德潜一人，如赵翼《檐曝杂记·圣学》云：“寻常碑记之类，亦有命汪文端（军机大臣汪由敦）具草者，文端以属余，余悉意结构。既成，文端斟酌尽善。及进呈，御笔删定，往往有十数语只用一二语易之转觉爽劲者，非亲见斧削之迹，不知圣学之真不可及也。”高宗在《乐善堂全集序》中也说：“自今以后，虽有所著作，或出词臣之手，真赝各半，且朕亦不欲与文人学士争巧，以贻后世之讥。”则高宗自己也不讳言其所作有他人代笔。至于“夺朱”二句，更是言人人殊，究竟是谁所作，至今也不知道，近于齐东野语，但沈德潜绝对没有写过这诗，也未被“剖棺锉尸”，颇疑是后来的好事者所作，借此以泄其反满之恨。

总之，就当时文网高潮而言，沈德潜既选录钱诗，后又为徐氏作传，生前身后之遭帝怒，原是很普通的惯例，与为高宗捉刀绝无关系，流俗附会之说实不可信。

（原载《一盏录》，山西古籍出版社 1998 年版）

雍正帝之死

雍正生前，因骨肉相残而充满传奇色彩，他的死，后世也有种种传说，较为流行的是被侠女吕四娘刺死。

传说吕四娘是吕留良的女儿（一说是孙女）。吕留良死于康熙时，至雍正十年，因曾静案牵连，留良、葆中父子被戮尸，孙子充军，全家遭祸，吕四娘侥幸漏网，身携老母逃亡，在江湖上学得一身武艺，潜入宫中刺死雍正。

1981 年，曾发掘雍正地宫，未打开即作罢，外间却传说棺已打开，雍正有尸身而无头颅，可见被人所杀。

侠女复仇的故事，清代颇为流行，《儿女英雄传》中的何玉凤即其一例。《聊斋志异》卷二的《侠女》，也写浙江一女侠，父亲被仇人陷害，籍没其家，她只得负老母出走，后来终于将仇人的头颅割下。

为什么雍正之死有奇异的传说呢？主要原因由于他是暴卒的。

据起居注，雍正十三年：

八月二十一日，上不豫，仍办事如常。

二十二日，上不豫，子宝亲王、和亲王朝夕侍侧。戌时（午后七时至九时），上疾大渐，召诸王、内大臣及大学士至寝宫，接受遗诏。

二十三日子时，龙驭上宾。大学士宣读朱笔谕旨，着宝亲王（即乾隆）继位。

这说明从患病至逝世前后仅三天，而在二十一日，“仍办事如常”，于是使人感到蹊跷。但清代官文书中记录皇帝逝世的情节原很简单，康熙自畅春园卧病至驾崩也不过七天，这之前他还在出猎。又如高宗、仁宗、宣宗自“不豫”至逝世也不出二天。

雍正之死，所以引起后人的猜疑，和他生前的残忍阴鸷，树敌过多也不无关系，对他不满的人借此发泄内心的夙怨，等于是一种诅咒。

高宗嗣位后立即下谕，将原在宫中炼丹道士驱逐回籍，“若伊等因内廷行走数年，捏称在大行皇帝御前一言一行，以及在外招摇煽惑，断无不败露之理。一经访闻，定严行拿究，立即正法，决不宽贷”。谕中又说，世宗对炼丹之术，只是当作“游戏消闲之具”，而对那些道士，“圣心视之与俳优人等耳”，“且深知其为市井无赖之徒”，但由此也向我们透露，雍正生前，对这些炼丹道士是很亲昵的，而能够被皇帝当作“游戏消闲之具”，也需要有特别巧妙的伎俩。正因为这样，乾隆就生怕他们在外面传播雍正的隐私。杨启樵又结合其他资料，推断雍正是“服饵丹药中毒而亡的”（见《清代帝王后妃传》）。帝王有三宫六院，服丹药而中毒促寿的，原不止雍正一人。金梁《清帝外纪·世宗崩》亦以为雍正之死，“相传修炼饵丹所致，或出有因”。说得明白些，雍正是死于纵欲的。乾隆说这些道士是“市井无赖之徒”，虽出于贬斥，却也说中了点子，但以帝王之尊而狎“市井无赖之徒”，其故亦可得而思。

（原载《闲关录》，上海古籍出版社 2004 年版）

一士谔谔曹先生

《上海县志》曹一士传云："曹一士慷慨敢言，高宗即位，言奸人挟仇告讦，指摘诗文字句，诬为大逆，株连罗织，宜悉禁绝。"但语焉不详，全祖望《鲒埼亭集》卷二十五，有记曹氏生平及其奏疏内容。

一士原籍上海，为诸生时，"海内穷乡下里，兔园学究，以是靡不知有曹先生者"。后任编修，曾得世宗召见，充文颖馆纂修官。高宗嗣位，诏群臣轮班奏对，一士乃首上言：

以武健严酷，不恤人言而谓之能，则劳于抚字，拙于锻炼者谓之钓名沽誉，才力不及而摭拾细故以罢之矣。（中略）若夫赋诗作文，语涉疑似，如陈鹏年任苏州府知府游虎丘作诗，有密奏其大逆不道者，圣祖明示九卿，以为古来诬陷善类，大率如此①。……比年以来，小人不识两朝所以诛殛大憝之故，往往挟睚眦之怨，借影响之词，攻讦诗书，指摘字句，有司见事生风，多方穷鞫，或致波累师生，株连亲故，破家亡命，甚可悯也。臣愚以为，井田封建，不过迂儒之常谈，不可以为生今反古。述怀咏史，不过词人之习态，不可以为援古刺今。即有序跋，偶遗记年，亦或草莽一时失检，非必果怀悖逆，敢于明布篇章。使以此类悉皆比附妖言，罪当不赦，将使天下告讦不休，士子以文为戒。……嗣后凡有举首文字者，苟无的确踪迹，以所告本人之罪，依律反坐，以为挟仇诬告者戒，庶文字之累可捐，告讦之风可息矣。

史称"千士诺诺，不如一士谔谔"，故曹先生字谔庭。从这一奏疏看，倒也名副其实，果有虎口拔牙的胆量。

曹先生此疏，亦见《清史稿·本传》（当据全氏文采录），传又记上疏后，"皆下部议行，一士病哽噎，即以是年（乾隆元年）卒。一士晚达，在言官（由御史迁给事中）未一岁而所建白皆有益于民生世道，朝野传诵，闻其卒，皆重惜之"。我们谈上海掌故的，就不要忘记这位梗直仗义

① 陈诗"代谢已怜金气尽"及"一任鸥盟数往还"，前者密奏为"金"字暗指入关前的"后金"，后者被指为与台湾郑经私通。圣祖以"诗人讽咏，各有寄托，岂可有意罗织入人命"而释其事。密奏者为江南总督噶礼（见钱泳《履园丛话》卷一）。

的曹先生，也要欣仰高宗践位之初善纳谠言的宏度，使一士得以一再倾其衷情而皆上达帝座，并使其奏疏得以流传于世。沈德潜《国朝诗别裁集》云："谔庭诸生时名满大江南北。既为黄门（给事中），所条封事皆去积弊、培元气者。艺林吐气，赖有斯人，奏疏可复按也。"

曹氏又能诗，有《四焉斋诗集》。袁枚《随园诗话》记曹夫人陆氏，奁具之旁皆文史，尤爱楚辞，针线之暇，必朗诵之，侍婢私语曰："夫人所诵，与在家时何异？"一士乃作诗曰："幽意闲情不自知，碧窗吟遍楚人词。添香侍女听来惯，笑说书声似旧时。"

其次，一士奏疏中说的"比附"，即由此及彼的类推，这也是造成用刑枉滥的一个恶端。《晋书·刑法志》曾载刘颂上疏云："又律法断罪，皆当以法律令正文，若无正文，依附名例（总则）断之，其正文名例所不及，皆勿论。"但明清时比附断狱之风泛滥，如清律公开主张"若断罪无正条者引律比附"，即以律无正条之行为而以比附致人于罪，就像赌博有胜负，弈棋也有胜负，就可使弈棋者比附于赌徒，结果必造成大量的冤狱。清末法学家沈家本对此曾作了警辟的论断，并以为戴名世《南山集》之狱，株连无辜，骇人听闻，就因"漫为比附"之故。

（原载《闭关录》，上海古籍出版社 2004 年版）

嘉庆帝与和珅

和珅是清代超级豪门，儿子丰绅殷德为清高宗额驸（驸马）。后来获罪处死，为当时一大案件，公私史乘记载颇多，其中也有事涉怪诞的，如说和珅为清世宗妃子的后身。

和珅为满洲正红旗人（一度改隶正黄旗），少贫无籍，初为三等侍卫，后竟晋公爵，拜首辅。仁宗（嘉庆帝）禅位时，高宗尚为太上皇而健在。嘉庆四年正月初三日高宗逝世，至初八日和珅即被言官广兴、王念孙所劾，旋即下诏列数罪状二十条，第一条为仁宗由高宗“册封皇太子，尚未宣布，和珅于初二日在朕前先递如意，以拥戴自居”。这如果是事实，确是和珅的致命伤，也最触历来帝王之大忌，又置新君于何地呢？即使是事实，也只能讳莫如深，莫逆于心。所以后来上谕中曾严禁王公大臣进贡如意，“诸臣以为如意，而朕观之反不如意也”。他对如意这样深恶痛绝，不难于此中窥其“天机”。

和珅籍没时，若干笔记中曾载所抄财物清单，但所列数字是否正确，后人已疑之，洪煨莲氏且以为是赝造。当时副都统萨彬图却以为必有人为之隐寄，并曾向和珅家掌管金银内账的四名使女审问，而仁宗对此反而大怒，严斥萨彬图辗转根求，多事株连，近于搜括，“且开列使女之名，形之奏牍，实从来未有之事”。并说“岂萨彬图视朕为好货之主，以此尝试乎”？因为和珅被抄财物如尚不止此，就易使人疑为已入内库，这与当时流传的“和珅跌倒，嘉庆吃饱”的民谚合而观之，实大可玩味。

和珅原是个不学无术的人，却竟任四库总裁、国史馆正总裁等职。英国人斯当东著的《英使谒见乾隆纪实》一书中，对这位“和中堂”的性格才能，有具体详明的记述。他知道和珅出身低微，后来所以升到高位，就因一切国家大事都掌握在高宗个人手中，故而既可以马上使人贵，又可以马上使人贱。同时，他已看到和珅处境的危险：树大招风，官高遭忌，这个特殊的宠遇引起了皇族及一切忠君者的不安，所以有人便奏请速立皇太子，以绝将来纠纷。和珅最后的结局，竟被这个外国使臣谈言微中了。

（原载 1982 年 2 月 1 日《新民晚报》，署名鲁乙庸）

“二皇帝”和珅

今燕京大学北部旧址，本为和珅之赐园，通称淑春园，和珅改名十笏园。珅败后，园之西部仍赐和孝公主及丰绅殷德居住，东部则赐成亲王永瑆。成王与公主皆卒于道光三年，淑春园遂归内务府管理。

和珅生于乾隆十五年（1750），死于嘉庆四年（1799），实际为仁宗一登位立即被处死。因为自嘉庆元年至三年冬，高宗仍以太上皇而过问军国大事，宫中时宪书仍用乾隆年号。高宗之卒，在正月初三，次日，即褫夺和珅军机大臣等职，并禁止自由出入。初八日，和珅即下狱。

古语有“功高震主者危”之说，和珅自然谈不上功高，却同样是震主。珅本为三等侍卫，后竟拜相，子尚公主。

遭遇之奇，自非本人始料所及，这主要由于高宗的出格的厚宠。孟森《明清史讲义》下册云：“据此则内禅以后，依然政由太上，而和珅为出纳帝命之人，对外使且然（指朝鲜使臣），一切政务可想。但多一已显明之嗣皇帝，到处侍游侍宴，以全神贯注太上、和珅喜怒而已。此为仁宗动心忍性之日。”因此，仁宗对和珅表面上非常尊重，呼相公而不名。珅之出纳帝命，左右也有不满的，仁宗说：“朕方依相国理四海，何可轻也。”此亦动心忍性之一端。

所以，这时候的统治中心是由三驾马车组成，英国人斯当东著的《英使谒见乾隆纪实》中，便称和珅为“二皇帝”，仁宗反成为象征性的一驾。“政由宁氏，祭则寡人”，自非嗣皇帝所能容忍。朱希祖在《嘉庆三年太上皇起居注》中说：“太上皇帝信之愈深，皇帝恨之愈切；太上皇帝愈以为功高，皇帝愈以为罪人，不除和珅则祸害无已，欲除和则投鼠忌器。”而这时太上皇已年近九十，神志自大不如前，和珅更可以为所欲为，太上皇批谕中字划有未真切处，和珅居然声称不如撕去另拟。

斯当东是和和珅接触过的，他已看到和珅处境的危险，因为对和珅的忌惮，原不止仁宗一人，还包括其他王公大臣。

昭梿《啸亭杂录》卷一，记仁宗曾作《唐代宗论》，中云："代宗虽为天子，亦如燕巢于幕，其不为（李）辅国所逸者几希。及帝即位，若苟正辅国之罪，肆诸市朝，一武夫力耳。乃舍此不为，以天子之尊，行盗贼之计，可愧甚矣。"（李辅国为代宗遣侠士于深夜刺死）暗示自己的处分和珅，必用光明正大的正罪办法，所以昭梿说："乃知睿谋久定于中矣。"

据孟森《明清史论著集刊》续编《清高宗内禅事证闻》引朝鲜书状官徐有闻《闻见别单》云："皇帝初欲剐杀之，皇妹之为珅子妇者，涕泣请全其支体，屡恳不止，大臣董诰、刘墉，亦乘间言曾任朝廷大臣，请从次律。正月十八日，赐帛自尽。珅临绝作诗曰：'五十年来梦幻真，今朝撒手谢红尘。他时水泛含龙日，认取香烟是后身。'遂缢而死。"这首诗的末两句很费解。一说似用夏后龙漦故事，为孝钦祸清先兆。香烟后身云云，指孝钦或有烟瘾，而和珅于嘉庆初已染此癖。未免附会过甚。这当是指和珅自己与高宗的关系。香烟即佛家语香火，而香火因缘常譬喻前生的契合，意为死后如与高宗相见于九泉之下，犹能认取香火，即仍不忘故主之意。

和珅籍没后抄得的财产，也是谈豪门故事者所盛传，常与明代的严嵩并比。《殛珅志略》中附有家产查抄清单一份，但与他书记载的不同。萧一山《清代通史》中册云：

“和珅家财，以比例推算之，殆不下八万万两，甲午庚子两次赔款总额，仅和珅一人之家产足以当之。”美国学者费正清《美国与中国》第五章，记和珅被查出的财产，“照当时美国货币推算，要值十亿美元以上，这大概是空前绝后的最高纪录了”。《洪业论学集》中有《和珅及淑春园史料札记》一文，以为故宫博物院的《史料旬刊》中颇载和珅案文件，但“既无籍没清单，而世传清单中之月日及物品数目，复辄与案件冲突，其为赝造无疑矣”。换言之，和珅生前对民脂民膏搜刮之多，自不容怀疑，只是世传的那些抄家清单却不可信。

当时副都统萨彬图以为必有人为之隐寄，并曾向和珅家掌管金银内账的四名使女审问，仁宗对此反而大怒，严斥萨彬图辗转根求，多事株连，近于搜括，“且开列使女之名，形之奏牍，实从来未有之事”。又说：“岂萨彬图视朕为好货之主，以此尝试乎？”此语实在大可玩味：民间已有“和珅跌倒，嘉庆吃饱”的谣谚，如果和珅被抄的财产尚不止此，就易使人认为已流入内库了。

仁宗未尝不好货，但他与和珅的冲突，还是在于权力之争。事情本来很明白，权力夺到手后，财产就迎刃而解，和珅本人的财产，就是当权时猎取的。

（原载《伸脚录》，辽宁教育出版社 1996 年版）

洪亮吉遗成案

黄仲则与洪亮吉为生死至交，黄之诗情，自非洪所及，但困于贫病，享年不永，以异才而无达命，故其诗亦如咽露寒虫，拼作秋声。洪则在风操、认识、学术上皆远过于黄。他在《平治篇》与《生计篇》中，已为生活资料的供应跟不上人口的繁殖而忧虑，而供求的矛盾必然促使物价的上涨。他最痛恨僧尼道士为死去的亲人诵经，这些经文，又必为解冤释罪之语，这样，等于将吾亲看作罪恶丛集之人。在《守令篇》与《吏胥篇》中，对当时官场鱼肉小民的现象，也作了痛切的揭露。他本人是官，却能以官骂官，而且骂得很凶，并非出于个人意气，只为了发发牢骚，这在当时已非易事。

乾隆中叶以后，政局已日趋中落，仁宗即位后，白莲教起事遍及数省，洪亮吉在《征邪教疏》中指出，这都是地方官激成逼出的，“今日州县之恶，百倍于十年二十年以前，上敢毁天子之法，下敢竭百姓之资”，小民都是保身家，恋妻子的，谁愿意犯法呢？

这一奏疏，因深中时弊，颇为人传诵。

嘉庆四年四月，他以翰林院编修，充实录馆纂修官，自念既蒙恩遇，不当知而不言，又以翰林无言事之责，便上书成亲王及座师吏部尚书朱硅、左都御史刘权之，希望他们转达仁宗。大旨是，励精图治，宜法祖者未尽法，用人行政，宜改图者未尽改。风俗日趋卑下，赏罚未能严明，言路似通而未通，吏治欲肃而未肃。其中有云：“十余年来，士大夫渐不顾廉耻，有尚书侍郎甘为宰相屈膝者，有大学士七卿之长，且年长以倍而求拜门生为私人者，有交宰相之僮隶，并乐与抗礼者。太学三馆，风气之所由出，今则有昏夜乞怜，以求署祭酒者，有人前长跪以求讲官者。翰林大考，国家所据以升黜词臣，今则有先走军机章京之门，求认师生，以探取御制诗韵者。行贿于门阑侍卫，以求传递，代倩藏卷而去，制就而入者。大考如此，何以责乡会试之怀挟代替？士大夫之行如此，何以责小民之夸诈夤缘？辇毂之下如此，何以责四海九州之营私舞弊？”疏中发端还有这样几句话："视朝稍晏，恐有俳优近习，荧惑圣听。"疏文原稿写成后，曾告长子饴孙，当弃官待罪，并与知交相别。

疏入，一班王公大臣希旨播弄，拟以大不敬律斩立决。谕旨说：洪亮吉系读书人，不必动刑。天子怜才，尤足敬佩。

谕旨又云："又称三四月以来，视朝稍晏，恐有俳优近习，荧惑圣听等语。朕孜孜图治，每日召见臣工，披阅章奏，视朝时刻之常规，乃宫府整肃之实事，在廷诸臣，皆所共知，不值因洪亮吉之语，细为剖白。若洪亮吉以此等语言，手疏陈奏，即荒诞有甚于此者，朕必不加之罪责，更当加以自省，引为良规，今以无稽之言，向各处投札，是诚何心？设成亲王等不将各札进呈，转似实有其事，代为隐讳矣。……经军机大臣会同刑部照大不敬律，拟以斩决，实属罪由自取。但朕方冀闻谠论，岂转以言语罪人，亦断不肯为诛戮言臣，自蔽耳目之庸主。今因伊言，唯自省于心，有则改之，无则加勉而已。"所以决定将洪亮吉从宽免死，发往伊犁，交与将军保宁严行管束。

次年闰四月，洪亮吉忽又奉旨释放回籍；不仅如此，上谕中还这样说："从来听言为郅治之本，拒谏乃失德之大。朕从来不敢自作聪明，饰非文过，采择群言，折衷而用，兼听并观，唯求一是而已。去年编修洪亮吉，既有欲言之事，不自具折陈奏，转向成亲王及朱珪、刘权之私宅呈送，原属违例妄为。经成亲王等先后呈进原书，朕详加披阅，实无违碍之句，仍有爱君之诚，唯视朝稍晏，小人荧惑等句，未免过激。……然此后言事者日见其少，即有言者，亦论官吏之常事，而于君德民隐，绝无言者，岂非因洪亮吉获咎，钳口不敢复言，以至朕不闻过，下情复壅，为害甚巨。洪亮吉所论，实足启沃朕心，故铭诸座右，时常观览。若实有悖逆，亦不能坏法沽名，不过违例奔竞，取巧营私之咎，况皆属子虚，何须置辨，而勤政远佞，更足警省朕躬。”

洪亮吉从充军到释放，为时不过一年，这一戏剧性的变化，也使我们发生了兴趣。

就皇权专制的雷霆雨露，俱是恩泽之例而言，洪亮吉自应涕泣感恩，所以他后来有更生斋之名，仁宗亦足称宽大谦抑，无愧仁宗之仁。但若以今衡古，就令人不能无惑：亮吉此疏，到底错了没有？是否有罪？如果有罪，则大不敬的罪人妄言，怎能启沃朕心，铭诸座右，时常观览？如果确是出于爱君之诚，那么，此案就应明文平冤（虽然实际上已是在平反了），官复原职，经办此案诸臣，也应查究其屈成冤案的过失。

然而此案既出于皇权专制的时代，自也不能责之过严，就清代而论，何止嘉庆朝洪亮吉一案，有的人还人头落地呢。亮吉之上此疏，恐也因当时已不同于文网苛密的康雍乾诸朝之故。

洪亮吉是一个人才，也是乾嘉学者中有成就有声望的人之一，他获释时是五十五岁。刀下留人，也留下他不少诗文与专著，如他的纠正杜预之失的《春秋左传诂》，即是在嘉庆十二年完成的。

亮吉为人，固有其锋芒毕露的负气之处，如上述奏疏中的“视朝稍晏”云云，确有些偏激逾分，对皇帝怎么能说这种话？但他一生，力求真率而深恶虚伪，他曾对表弟赵怀玉说：“人孰无病，要自有其真耳。君若后吾死，铭诔当不出君手，幸无失吾之真也。”仁宗想必也看到亮吉之真。

郭嵩焘《使西纪程》光绪五年闰三月十三日日记，有记洪亮吉此疏事云：“然亦唯发端数语云：视朝稍晏，窃恐俳优近习，荧惑圣听，为直陈主德，余亦无甚触忌讳者……廷臣之贡谀导欲，与刑部、都察院执法之吏枉法徇私，无所匡正，有愧古人多矣。”这是明白人的话，但郭氏说这话时，已卸驻英公使之任，被人骂透了。

（原载《不殇录》，汉语大词典出版社 1997 年版）

机声灯影的蒋家楼

中国历史上出过几个贤母，孟母是有名的一个，《三字经》中就表彰了她。母教往往起着学校教育不能起的作用，又为中国妇女史留下光辉的一页。由于中国古代妇女自身有学问的人不多，通常所谓母教，多是属于品德方面，至于学问方面，能够一身而任贤母和严师的就很难得。以清代乾隆朝来说，文学家蒋士铨的母亲钟令嘉，史学家洪亮吉的母亲蒋氏是其中著名的两个。如果在现在，她们不但在母亲节应该佩红花，就是教师节也应当有她们的座位。

蒋氏母子的故事，已由蒋士铨本人写了一篇散文《鸣机夜课图记》，洪氏母子的故事，亮吉本人在他《机声灯影集》及其他诗文中多有记述，如《附塾篇》的“母勤三岁绩，儿受一年经。影小扶帘入，声长隔院听”；《岁歉篇》的“母病逋师俸，儿长着父衣。瘦怜亲串识，贫觉馆僮讥”；《南楼忆旧诗》的“灯下国风还课读，始知阿母胜严师”。洪氏不以诗名，但诗中写到他母子早年艰苦生活的，却都是出自肺腑，化为心的语言，因为这正是他生命中最难忘却的。

乾隆四十五年（1780），他的好友黄仲则，在北京写了一首七古《题洪稚存机声灯影图》：

君家云溪南，我家云溪北①。唤渡时过从，两小便相识。白杨头望何妥居，辛夷树访迂辛居②。君言弱岁遭孤露，却伴双亲外家住。尘封蛛网三间楼，阿母凄凉课儿处。读勤母颜喜，读倦母心悲。不惜寒机杼千匝，易得夜灯膏一瓶。灯灭尚可挑，机断不可续。楼风刮灯灯一粟，书声机声互相逐。屋角时闻邻妪愁③，烟中每撼林鸟宿。老渔隔溪住十年，君家旧事渠能言。打鱼夜夜五更起，蒋家楼上

---

① 明张以宁名篇《送重峰阮子敬南还》开头云：“君家重峰下，我家大溪头。君家门前水，我家门前流。”黄诗或仿此。

② 何妥，隋人，曾住常州白杨头，人称“白杨何妥”。迂辛，指赵怀玉，字味辛，洪亮吉表弟，当时常州有“孙（星衍）洪黄赵”之称。赵为人迂谨，兼用白居易《代书一百韵寄微之》的“闷劝迂辛酒”典。

③ 当时有邻妪听到洪亮吉在晚上的读书声感到厌烦。

灯犹燃①。即今此景空追溯，《蓼莪》已废《白华》补。写声写影工则能，难貌孤儿此心苦。如君独行世无匹，谓我知君一言乞。君名已达荐贤书，母传应归赤心笔。我惭腕弱何能任，忽复思泪沾盈衿。画中咫尺逼亲舍，南望白云②千里深。未能一笑酬苦节，空此春晖寸草心。剪烛题诗意无已，急付横图卷秋水。

黄仲则写此诗时，洪氏三十六岁，洪母已逝世五年。她逝世时，洪亮吉还在戚墅堰途中，当他从别人口里听到噩耗后，立即昏迷，就在八字桥边掉下水去，后来经人救起，人家还以为因避债而跳河，也足见其穷寒。到了家里，七天里面只喝了一点米粥。有母如此，有子又如此，寸草春晖，光照大地。

黄、洪都是常州同乡，分住白云溪南北，又是身世相怜的生死之交。仲则四岁丧父，亮吉六岁丧父。所以黄诗中自有自己的孤露影子。黄氏在《闻稚存丁母忧》中也说："为抚孤雏力已殚，与君两小识心酸。"正是诗人自己想倾吐的哀情，用他自己的泪水写成的。

---

① 陈衍《石遗室诗话续编》卷二，对他人仿《机声灯影图》而作的"节母课读"诗，感到依样画葫芦，但对黄诗"老渔隔溪住十年"数句，却觉得"取径独别"。

② 这里的"白云"有双关意，一指白云溪，一用唐狄仁杰望白云孤飞而思"吾亲所居，近此云下"典。

在两百年前的旧中国，妇女一成为寡妇，孩子一成为孤儿，灾难就接踵而来。然而灾难又能激发人的志气和毅力，所以我们读完全诗后，首先得到的印象是：在这些形象中，饱含着人的力量，人在逆境中又如何使自己硬朗起来。当渔翁在五更天起床捕鱼时，蒋家楼上的灯火还亮着。

诗的情调是感伤的，唯其感伤，才引起对不幸者的同情。洪氏母子遭受这种不幸，在古人只好归因于命运，用今天的话说，却是出于“不可抗”的原因，而同情不幸，怜悯苦难，正是我国古代文学作品中一个特色。

洪父死后，贫无所依，只好寄居在洪亮吉的外祖母家的南楼。当时外祖父已死，蒋家也很穷，外婆龚氏很疼爱他，所以他后来在诗文中常常怀念她①，并著有《外家纪闻》，洪母便以纺织来补贴生活。洪亮吉白天在家塾读书，到了晚上，洪母就要儿子把所读的书重背一遍，逢到错误便一面哭着一面纠正。吕培《洪北江先生年谱》中曾举

---

① 怀外家诗，亦常见之抒情题材，近人于右任先生《归省杨府村（在陕西泾阳）房氏外家》也写得很亲切朴质，如之一云：“朝阳依旧郭门前，似我儿时上学天。难慰白头诸舅母，几番垂泪话凶年。”之二云：“无母无家两岁儿，十年留养报无期。伤心诸舅坟前泪，风雨牛车送我时。”之三云：“记得场南折杏花，西郊枣热射林鸦。天荒地变孤儿老，雪涕归来省外家。”于氏幼时由大伯母房氏抚养，这个外家还不是他的嫡系外家。

“如济河惟兖州，‘兖’读为‘衮’之类”为例。“济河惟兖州”语出《尚书·禹贡》，可见洪母也确有学养。所谓“望子成龙”，对于寡母说来，这愿望尤其迫切，它对孩子们的影响，不仅仅限于学问上的，还贯彻在身心的发展上。诗人要写的，主要还是洪母德性上所起的作用。

洪亮吉果然没有辜负他母亲的期望，无论从政和治学，都是成就卓著（参见《洪亮吉遣戍案》）。这固然并非全出洪母的力量，但洪母确也尽了她培养人才的责任。“不惜寒机杼千匝，易得夜灯膏一瓻”，一个对国家大有为的知识分子，正在机声灯影的摇曳中逐渐成长。洪亮吉也写过一首《法祭酒（法式善）雪窗课读图》，其中有云：“堂中一寸书，门外三尺雪。孤儿读未完，慈母心若结。朝行课读书，暮行课读书。孤儿业甫成，慈母年先徂。衰亲无百龄，积雪不逾月。所以人子心，常思事亲日。感君与我孤露同，六岁七岁称孤童。贫家无师读不得，卒业皆在纱窗中。……吁嗟乎！今年之雪非去年，今日之雪非从前。安得衰亲常存雪不化，儿宁读书终老茅檐下。”诗里也有自己身世存在。这时距洪母之卒已经二十年，亮吉也五十一岁了。积雪是不可能不融化的，衰亲也不可能长存，然而风雪中的小草终于在春天的阳光下成长了有根了，大自然还是充满生机的。

“始知阿母胜严师”。黄、洪的两首诗，值得今天的母亲们读一读，两百年前苦难的母亲是怎样培养子女的。她们的一切都没法和今天比，她们的认识中却包含高深的东西。这两首诗更值得今天的青年们读一读，两百年前的孩子们，又是怎样在困境中苦读的，尽管雪深三尺，母亲心头的热望和温情，终于使他们减少了倦意和寒意。

（原载《不殇录》，汉语大词典出版社 1997 年版）

九原风雨逐人来

乾隆四十六年（1781），即黄仲则写了《机声灯影图》的次年，准备西行入陕，去拜访爱才的陕西巡抚毕沅，旅途中宿于井陉（今山西境）的核桃园中，并作了《核桃园夜起》："梦回小驿一灯红，四面腥吹草木风。身似乱山穷塞长，月明挥泪角声中。"已露出饱经贫病的凄凉情绪。

到了西安，毕沅很赏识他的才情，颇加礼遇。冬天，又回北京，困居于法源寺中，等候吏部铨选（量才授官）。因为他已出钱捐了一个从九品的县丞，却尚未得到实缺。他本来患肺病，这时益发衰竭，自己预感到在世之日无多，只是一息尚存，还想强支残躯，不想债主逼上门来了，只得扶病重赴西安。一路上逾太行，出雁门，备受折耗。到了运城①，病情加剧，便淹留在山西盐运使沈业富官署中。沈任太平知府时，仲则也曾客居于他官署。

他临死时，先写一信给他母亲屠氏。他是一个四岁丧父的孤儿，慈竹当风，寸草承晖，对寡母自然有分外的依恋之情。他在二十岁时作的《别老母》中曾说："搴帏拜母河梁去，白发愁看泪眼苦。惨惨柴门风雪夜，此时有子不如无。"在《别内》中又说："今夜别君无一语，但看堂上有衰颜。"在第一次往西安途中作的《晓发芹泉驿》中也有"谁与高堂寄消息，此身已度井陉来"之语。以书生病弱之身，犹能度此险塞，所以很想将旅情随风尘而遥告高堂。老母之外，他想到的就是洪亮吉。他给母亲的信写好后，两眼已闭，过一会却又苏醒过来，忍死须臾，再致一笺给在西安的洪亮吉，还想以后事相托。亮吉闻耗，立即于五月间借马疾驰，日走四驿，饥饿时就吃干粮。赶到运城，黄仲则已经等不到他了。盐运使署已将遗体移殡于一座古寺中。亮吉一进门，只见遗篇断章，狼藉几案，仲则的衣裘也因医药费而卖去，只剩下凄惨的破帽和名片。仲则很想和亮吉执手诀别，亮吉也希望仲则能睁开眼来看他一下。

---

① 运城为解州治所，所以有的文章说卒于解州。安邑的治所在运城东北，所以洪亮吉挽诗中写作安邑。

然而正如亮吉在《萧寺哭临图》中说的："鬼伯催人兮倏不及待，一书缠绵兮尚附棺盖。"他也只好慨叹命运了。事后，便将仲则的灵柩护送到常州。

据毕沅《吴会英才集小序》中说："人传其《过平遥》绝句云：'疑是晋卿灵未泯，九原风雨逐人来'，词虽警绝，信为诗谶。"九原（山）春秋时属晋国，晋赵文子与叔向游于九原，曾说："死者若可作也，吾谁与归。"后遂以九原作为葬地，所以毕沅说是诗谶。

黄仲则生在鱼米之乡的常州，这样一个文弱书生，却死在千里之外的塞上，死时还是一个未实授的小吏。孙星衍挽《黄仲则少府》故云："方城一尉犹难得①，可有科名到九泉。"这在诗人也许并不希罕，只是结局太惨，既无亲人在身旁，连想见一见相交二十年的至友也难如愿。但也终于有了洪亮吉，使后人还能略知黄氏生命史中最后一点消息。事后，洪亮吉还写了好几篇悼念亡友的诗文，也是他文集中最能表现他情性和风义之作，如《自西安至安邑临黄二景仁》四首云：

生何憔悴死何愁，早觉年来与命仇。

病已支床还出塞，家从典屋半居舟。

---

① 《旧唐书》载杨收怒贬温庭筠为方城尉。这里借喻黄仲则欲屈居卑职尚不可得。

魂归好入王官谷，名在空悬太白楼。

一事语君传欲定，卅年心血有人收。

王官谷在山西永济中条山中，运城在中条之北。太白楼指仲则二十四岁时写了一首《笥河先生偕宴太白楼醉中作歌》七古被人称为“白袷少年”事，郁达夫的小说《采石矶》即写其事。

归骨中条我未安，为怜亲在欲凭棺。

须营江畔坟三尺，好种篱前竹百竿。

空有头衔书尺旐，愁余名纸伴高冠。

才人奇气难销歇，六月松风刮殡寒。

黄仲则病中曾有安葬中条山之愿，他的《都门秋思》有“寒甚更无修竹倚，愁多思买白杨栽”句。

早年猿鹤与齐名，月旦人先赴九京。

共哭寝门思往日，独临遗殡怆生平。

贞孤论尽朱公叔，存没交余范巨卿。

却愧素车来未晚，树头飘雨旐将行。

朱筠对黄、洪有猿鹤之目，后来朱筠在北京逝世，黄、洪在西安，闻讣后曾哭奠于僧寺中。朱公叔即后汉朱穆，其《崇厚论》中有“贞士孤而不恤，贤者厄而不存”语。这里指朱筠，范巨卿用后汉范式以素车白马送张劭之丧典。这一故事，常被人用作对亡友能尽道义的典范，当时人也以此比洪亮吉之对黄仲则。洪诗《运城与沈运使业富话旧》中也有“元伯纵亡留母在，白头朝夕感深恩”语。黄培芳《香石诗话》中曾记张药房（锦芳）与黄仲则友善，并有吊黄诗：“吟魂招傍大江行，呜咽涛声杂雨声。千里素车送范式，百年诗品付钟嵘。”范式谓洪稚存也。

倜傥生平孰可如，遗缄欲发屡踟蹰。

交空四海唯余我，魂到重泉可付书。

庾亮报书疑可达，台卿服友感难除。

伤心昨岁青门道，执手危言未尽纾。

黄仲则性格孤傲，落落寡合，只有洪亮吉最了解他，他的《杂感》也有“十有九人堪白眼”句。“交空”一联写尽生死深情。庾亮为晋之名将，曾都督江荆，镇武昌，此句或指毕沅，因他曾任湖广总督。第一首结末的“一事”两句，即指毕沅将刻仲则诗集事。台卿指后汉赵歧，友指死友。青门道借指西安城门。黄仲则对自己身体不很重视，洪亮吉在西安分别时，又苦口规劝他，他虽点头还是没有做到。

除了挽诗，洪亮吉还写过一副为人传诵的挽联：“噩耗到三更，老母寡妻唯我托；炎天走万里，素车白马送君归。”左辅（也是常州人）也挽一联云：“潦倒三十年，生尔何为，合与沙张同朽质；凄清五千首，斯人不死，长留天地作秋声。”左联的“五千首”不知何所据？黄仲则一生共写诗词二千首，留传下来的为一千余首。

黄仲则只活到三十五岁，他在两当轩故居的实际生活日子，不过十年光景。二十七岁北上后，就和两当轩永别了。

（原载《不殇录》，汉语大词典出版社 1997 年版）

杭世骏故事

王元化先生《清园夜读》的《与友人书·谈掌故》中有云："龚自珍所写的《杭大宗逸事状》就是他记述杭世骏文字狱的一篇掌故。"严格言之，此案似只能看作臣下因直言而得祸，与因文字贾祸的文字狱尚不尽同。前几天我曾写了一篇《洪亮吉遣戍案》，即未作文字狱看待，否则，清一代之文字狱更将不遑记述矣。

舍此不论，且谈杭世骏其人其事，或亦可作掌故看。

此狱因高宗之"意解"而未成，我曾查阅过乾隆二十八年癸未的王氏《东华录》，即未见记载。龚氏的原文，记杭世骏的有五事，今尚须先引一事："乾隆癸未岁，杭州杭大宗以翰林保举御史，例试保和殿，大宗下笔为五千言，其一条云：我朝一统久矣，朝廷用人，宜泯满汉之见。是日旨交刑部，刑部拟死。上博询廷臣，侍郎观保奏曰：‘是狂生，当其为诸生时，放言高论久矣。’上意解，赦归里。”

王昶《湖海诗传》卷五《蒲褐山房诗话》卷上云：杭世骏以事罢归，“沈文慤公（指沈德潜）送之有句云：‘邻翁既雨谈墙筑，新妇初婚议灶炊’①，盖深惜之也。”即惜其不必言不应言而偏要言。徐世昌《晚晴簃诗汇诗话》，记查莲坡（为仁）赠世骏诗云：“致身直是忘新进，得罪终蒙宥小臣”，也因世骏出身举人，因召试博学鸿词而授编修。

《清史稿》未为杭世骏立传，不知何故？于是查《清碑传集》第三编，收有国史馆文苑传稿，其记获谴情节，仅云：“上四事，数千言，语过戆直，又言满洲人官督抚者过多。上怒，抵其卷于地者再。”他书所记，也是宜泯满汉之见一事。后又阅蔡冠洛之《清代七百名人传》（民国二十六年世界书局出版），实亦据国史馆等稿而编缀，但奏疏内容稍详：“意见（此指成见）不可设，畛域不可太多，满洲贤才虽多，较之汉人十之三四。天下巡抚常满汉参半，总督则汉人无一也，何内满而外汉也？三江两浙，天下人才渊

① 邻翁句，典出《韩非子 · 说难》第十二。新妇句，典出《战国策 · 卫策》：邻翁与新妇说的话都没有错，错在没有考虑到自己当时的身分。

薮，边隅之士，间出者无几，今则果于用边者之人，不计其才，不计其操履，不计其资俸，而十年不调者皆江浙之人，岂非有意见畛域？……其论直省藩库，宜有余款存留，以备不虞，亦笃论。”满汉畛域之严，几与清室相终始，但辛亥革命义旗初举时，第一个逃跑的则为满大臣瑞澂。

郭嵩焘《使西纪程》光绪五年闰三月十三日，于记乾隆时洪亮吉戍边案下，即接杭案，并云：“开科以求直言，而以直言见黜，亦一奇也。”嵩焘此时方自使外归，亦几同废黜，故有此不平之词。

但世骏为人，确亦疏懒狂放，嗜钱成癖。龚鉴《橙花馆集序》云：“吾友杭子大宗言不纯师，行不纯德，纯类东方先生之为人。”已可略见其人之生平。洪亮吉《书杭检讨遗事》，记其钱癖云：“性顾嗜钱，每馆俸所入，必选官板之大者，以索贯之，积床下，或至尺许，其幺么破碎及私铸者，方以市物。两手非墨污，即铜绿盈寸。”下又记与里中少年在桥下赌博，为学使钱维城所见，只得以扇自障，颇为狼狈事。铢庵（瞿兑之）《人物风俗制度丛谈》甲集，有《杭堇浦与全谢山》一则，首云：“乾嘉先辈颇有不矜细行薄于友谊者”，下即举杭、谢事：两人同在粤中主持学问，“谢山除束脩外，一介不取，虽门弟子偶以时物相馈，亦峻拒之。而堇浦则捆载湖笔以往，乞粤中大吏函致其僚属，用重价强售之。谢山大不谓然，贻书切戒”，后又告扬州马氏兄弟，堇浦因而被诘责，由此衔恨谢山。谢山没后，其子弟乞堇浦为墓铭，堇浦不答，而刻《鲒埼亭集》序于其《道古堂文集》中，词意多所讥讽。此又可见杭谢流品之异。杭之《榕城诗话》，谢山作七古以代序，末云：“杭生清才如吴钧，史事贯串谁其俦。舟车所过一凭吊，指点历落数所繇。”于堇浦固甚推崇，后之交恶，责任全在堇浦，在谢山犹不失爱人以德。

世骏诗，于清人中无甚特色，彭端淑《白鹤堂诗话》记其《咏芒鞋》云：“桥板霜外迹，红叶雨中声”，尚可读。又有《夏日杂句》十七首，其七云：“维摩经院境清嘉，依旧红尘送岁华。夸道赐衣曾借紫，竹边留客晒袈裟。”袁枚《随园诗话》云：“辛未，圣驾南巡，西湖僧某迎于圣因寺。上以手抚其左腕，其僧遂绣龙团于袈裟之左偏，客来相揖者，以右手答之，而左皆不动。杭堇浦嘲之云云。”辛未为乾隆十六年，较上奏疏尚早十二年，这样的诗倒是可以构成文字狱的。龚咏樵《蒇园诗话》云：“按此事与宋朱勔正相类。朱勔所衣锦袍，徽宗常以手抚之，遂绣御手于肩上。又常与内宴，帝以手握其臂，因以黄帛缠之，与人揖，此臂终不敢动。”（引自《清诗纪事》第八册）世骏未必知道徽宗与朱勔事（朱勔为六贼之一），但僧人绣龙团于袈裟，以此表示荣宠，事固可笑，究非大计所关，世骏以诗讽之，亦可视为技痒。癸未岁的敢面犯天颜而不惧雷霆，其言又切中朝廷弊政，狂者进取，其风操尚有可以嘉尚者。定庵《礼部题名记序》云："诸老前辈目自珍，旧事往往询自珍，皆以自珍为尝闻之也。"其《己亥杂诗》之十二云："掌故罗胸是国恩，小胥脱腕万言存。他年金匮如搜采，来叩空山夜雨门。"定庵此文，恐是最早记杭案之人。定庵曾任内阁中书，军机处发抄文件，皆由内阁领抄，故得接触档案，胸罗掌故也。

（原载《不殇录》，汉语大词典出版社 1997 年版）

九州生气

龚自珍的时代是一个山雨欲来的时代。正是这样的时代，产生了龚自珍这样的人才。不但在清代文学史上占有重要地位，在学术史、思想史上，人们也会想起他。钱穆先生的《中国近三百年学术史》中就说，嘉、道以还，士大夫稍稍发舒为政论的，龚氏“则为开风气之一人”。就诗而论，他也是清代富于语言魅力、回肠荡气的一个诗人。从先秦经子到佛经，无不熔铸融化，得心应手，并使他的个性毕现于创作实践上。他在《病梅馆记》中曾说过“直则无姿”的话，这话的原意并非从正面说的，只是借梅的病态比喻人才的被摧折，倒可借来作为他诗歌特色的象征。

《己亥杂诗》写于道光十九年己亥（1839）龚氏辞官南

归的旅途中。他的只身出都时间为阴历四月，至十二月把家眷接到昆山羽琌山馆。历时九个月，“往返九千里”。每作一诗，便写在旅店的账簿纸上，并丢在一个破簏中，最后居然“得纸团三百十五枚”，即三百十五首。次年庚子，有一位“新安女士程金凤”，为《杂诗》写了一篇跋文，其中说：“至于变化从心，倏忽万匠，光景在目，欲捉已逝。无所不有，所过如扫。”这话当然含有誉扬意味，却很能说明龚氏写《杂诗》时的心理状态。

龚氏辞官的确切原因不知道，笼统地说，可能由于为某些权贵忌恨，因而不得不匆促出京。他在《杂诗》第二首中说：“百年心事归平淡，删尽蛾眉惜誓文。”也是无可奈何的话，他的心其实并不平淡。第五首中就说：“浩荡离愁白日斜，吟鞭东指即天涯。落红不是无情物，化作春泥更护花。”第三首中也有“终是落花心绪好，平生默感玉皇恩”的话。都以落花自比，这落花比盛开时更给大地以活力。诗人在表现自己时，总是选择和他自己心境相接近的事物。

在抵淮浦时，曾有诗云：“只筹一缆十夫多，细算千艘渡此河。我亦曾糜太仓粟，夜闻邪许泪滂沱。”他从一艘运粮船需要十个人拉纤上，想到一千艘船渡江至北京时又需要多少人的劳力。第三句的太仓粟不仅指京城大仓库中储藏的粮食，实隐用《史记·平准书》“太仓之粟，陈陈相因，充溢露积于外，至不可食”的典故。意思是运用这么多劳力运到京城，却任凭它在大仓里霉烂掉。因作者曾任京官，所以这么说。末句用泪滂沱，几乎是号哭了。也许为了凑韵缘故，却夸张得过了分。听到纤夫夜中的吆喝之声，可以使诗人内心感到惭愧，何至于泪滂沱呢？和韦应物的“邑有流亡愧俸钱”比较，韦诗便显得自然质朴而有分寸。此诗之前的第三首，也有“夜思师友泪滂沱”句，这用在亲友上，也勉强可以，用在纤夫的邪许之声上，就觉得感情上不真实。由于旅途中天天要写一两首诗，有时候只好凑泊而成了。

在《杂诗》中，有一首颇为传诵的名篇：“九州生气恃风雷，万马齐喑究可哀。我劝天公重抖擞，不拘一格降人材。”据作者自注说：这首诗是过镇江时，“见赛玉皇及风神、雷神者，祷祠万数。道士乞撰青词”。因作此诗。青词也名绿章，是道士祭神时的祷词。龚氏是相信风神等神灵的，他在《西域置行省议》中，考虑到戈壁一带，水少风大，故建议处处设立风神祠、泉神祠，岁时致祭，以期水出风息。这首诗却由风雷的震动宇宙的强大力量，引起一种积极的联想，迫切希望能给他以理想上的满足，同时表现了诗人审美上的崇高感。在已亥之前的十四年，诗人在

《咏史》中曾说："牢盆狎客操全算，团扇才人踞上游。"虽说的金粉东南的扬州一带，却也可以概括南北的通都大邑。在《杂诗》之二十四中，他又说："谁肯栽培木一章，黄泥亭子白茅堂。新蒲新柳三年大，便与儿孙作屋梁。"全诗讽喻清廷培养人才如儿戏：由于不肯栽培大树乔木，所以到处是经不住风吹雨打的泥亭茅堂；看见只长到三年的新蒲新柳，便急于要为后代作屋梁，即不从百年大计的远景上来打算。此诗自注说："道旁风景如此。"实也是由此及彼的联想，却显得自然切贴。正是由于龚氏平时有这种种感慨，因此，一看到道士请他写青词时，忍不住向天公乞愿。

就在龚氏写此诗的己亥那年，曾纪泽和洪钧出世了。两人都是中国早期的外交人才，后来都出使到英、法、俄、德等国。曾氏尤有"时务"头脑，却又很重视国格和国情。在龚氏诞生的第二年（1793），英国曾遣使马戛尼来华，要求派人居中国管理贸易，并到宁波、天津等地互市，都为闭关自守的清朝政府拒绝，清廷还要英使向这位"十全老人"乾隆帝行跪拜礼。可是就在这一个世纪里面，中国的历史发生了石破天惊的变化，一方面受尽"洋人"的欺侮，一方面促使一些有识之士，睁开眼来看看大洋彼岸的世界，并且承认在所谓声光化电方面，中国确实有不及西洋地方。

《杂诗》的最后一首是："吟罢江山气不灵，万千种话一灯青。忽然搁笔无言说，重礼天台七卷经。”七卷经即《妙法莲华经》，此句则含逃禅之意，实际还是表现他的矛盾苦闷，近于“剃发除烦恼，留须表丈夫”那种尴尬情绪。

己亥的第三年为道光辛丑（1841）。这一年正月，英军侵占了香港。三月间，龚氏父亲丽正逝世了。同年八月十二日，龚自珍也以暴疾卒于丹阳县署（当时他兼主丹阳书院讲席）。他生于七月，死于八月。他在《己亥六月重过扬州记》中曾说他很喜欢初秋，“予之身世，虽乞籴（沦为乞丐），自信不遽死，其尚犹丁初秋也欤？”（“尚犹”二字实可省去一字）想不到时隔两载，年仅五十，快到中秋时，他就离开了人间。

龚自珍确是清代文坛上一个奇才。抱负宏远，意气风发。但也正如钱穆所说：“大抵定庵性格，热中傲物，偏宕奇诞，又兼之以轻狂。”从他的生平和作品看，这些评语也还中肯。他自己在《漫感》中也说：“一箫一剑平生意，负尽狂名十五年。”这种性格，当然有其社会根源和历史背景，却不能作为优点来肯定。他的恃才傲物，以狂自负，和黄景仁有相似处，虽然黄氏的学术成就和政治认识都不如龚氏。

龚氏的诗，长处已为大家所承认，缺点也显著。有的诗，不仅艰涩难懂，为了求奇，却流于怪僻，缺少诗味，如“朝借一经覆以簦，暮还一经龛已灯”，“登乙科则亡姓氏，官七品则亡姓氏”，“公子有德宜置诸，有德公子毋忘诸”，“麟趾褭蹄式可寻，何须番舶献其琛”等等。这些例子，在《杂诗》中不是个别的。宋人议论入诗，已为后人责难，他却比那种“议论化”还不堪。还有几首运用佛典的诗，实在和佛经一样难读。作诗需要奇气，奇气不能泛滥成为怪僻。龚氏对诗文的眼界是很高的，这些诗如果出于别人之手，恐怕要被他大骂了。梁启超在《清代学术概论》中，在指出龚氏对晚清思想之解放的功绩后，又说：“初读《定庵文集》，若受电然，稍进乃厌浅薄。”这话是就龚自珍论著说的，若以此评龚氏一部分诗歌，尤有同感。

（原载《炉边诗话》，上海人民出版社 1988 年版）

定庵《咏史》诗的本事

龚自珍生当山雨欲来、万马齐喑的道光朝，在清人诗文中，最能体现性格化的特色；在善于走偏锋的作家中，他是成功的一位。后人对他的评价，毁誉参差，但誉多于毁。他的《咏史》七律，颇为后人传诵，“文字狱”之名，即始于此诗，但末二句“田横五百”云云，典是熟典，用在这里，却不易解，为了便于说明，只得将原诗重录一遍：

金粉东南十五州，万重恩怨属名流。
牢盆狎客操全算，团扇才人踞上游。
避席畏闻文字狱，著书都为稻粱谋。
田横五百人安在，难道归来尽列侯？

此诗当作于道光五年，也即鸦片战争以前，清廷尚无割地乞和之事，何以忽接以田横岛客典故？如果说诗人为了翻高出奇，以求诗境的悲壮，则田横岛客的典故，又皆人所遍晓，也无奇可出。咏史诗大都有所寄托，“借古喻今”，不欲明言，所以这两句诗我一直感到奇怪。

前阅钱仲联氏《清诗纪事》第十四册中此诗笺释，曾引两则笔记，一为佚名《定庵诗评》：“此惜曾宾谷中丞燠之罢官也。忠州李芋仙言，曾为盐政时，有孝廉某谒之，冀五百金不得。某恚，授以诗曰：‘破格用人明主事，暮年行乐老臣心。’上句谓其谄和珅得进，下句谓其日事荒宴。言官以上诗上闻，曾遂得罪永废。”又云：“程庶常曰，李芋仙之言，闻诸徐稼轩侍讲。”一为裘毓麟《清代轶闻》：“龚以奇才会试举春官，不得入翰林，大恨，因为《干禄新书》以讽世。其所著诗亦多讽世之作，如《咏史》诗，则为曾宾谷而作也。”吴昌绶《定庵先生年谱》也有类似引录，但未引起读者注意。

笔记上的记载，当然不能偏信，因而还须和曾燠的生平相结合而推断。

《清史稿》未为曾燠列传，清《碑传集》三编载有小传，今略摘其要点：曾燠，字世蕃，号宾谷，江西南城人，乾隆四十六年进士，后特简授两淮盐运使，后又官湖南、广州等地。道光二年，宣宗以盐淮疲弊，“特命燠以巡抚衔

（故笔记中称为中丞）巡视两淮盐政。燠前后官扬州日久，提倡风雅，海内想望丰采。寻召还，以五品京堂候补，卒于京师，年七十有二”。著有《赏雨茅屋集》。他书亦记其官盐运使时，辟题襟馆于邗上，与宾从吟赋为乐。

曾燠于道光二年受特命巡视两淮盐政，“寻召还”，“寻”是不久、后来之意（假定为道光三、四年），龚诗作于道光五年，时间上亦相吻合，燠以巡抚而沦为五品京堂候补，道光时京堂已成虚衔，何况又是候补，故亦等于“永废”。曾燠显赫时，东南的诗酒清客、狎客才人多受他的厚遇，这时却无人顾念旧谊，再相交接，诗的末两句就是讽刺这些人；不但如此，诗的前四句也都有了着落，不是浮泛的吟讽，而且首尾照应，只是用田横典微嫌不伦。

曾燠亦能诗，如咏山烧云：“层峦从此瘦，春华发时生”，望岱云：“须知天下雨，还望一山云。”其诗亦尚可诵。他中进士在和珅当权时，谄附和珅，固有损于他的品节，但某孝廉之为“破格”诗，只是为了求金不得，全出私人泄愤，等于索诈不遂，尤为卑劣。定庵所以怜惜曾燠，原因或在此。然则定庵此诗，实亦隐寓着道光朝一段掌故，故以咏史名之。

晚明金銮《除夕》颈联云：“世难久拼鱼雁绝，家贫常为稻粱谋。”下句的“稻粱谋”出杜甫《同诸公登慈恩寺塔》的“君看随阳雁，各有稻粱谋”句，龚诗的“著书都为稻粱谋”，不知是否袭用金诗？龚诗固多独创性，但衍袭前人诗句亦颇多，如“犹及双清好到家”之袭陆游的“犹及清明好到家”，“四厢花影怒于潮”之袭孙星衍前妻王玉瑛的“四山花影下如潮”，学者也已指出。

（原载《伸脚录》，辽宁教育出版社 1996 年版）

嘉庆间冒赈大案

赵翼《檐曝杂记》卷六，有《冒赈大案》一则，记嘉庆十三年（1808年），淮扬大水，地方官冒领赈银事。但很简略，便翻阅了王氏《东华录》，竟是一件骇人听闻的恶性大案。

嘉庆十四年四月辛未，谕军机大臣等，据都察院奏告，山东即墨县武生李清泰呈控，他的胞侄原发江苏知县李毓昌，奉派至山阳县（今江苏淮安）查赈，公事完毕后，山阳知县王伸汉置酒饯别，到晚上回馆，却自缢身亡。李清泰前往探视，未及详细询问，王伸汉便赠以盘费一百五十两。李清泰领柩回到原籍，查看李毓昌箱内的皮衣沾有血迹，因起疑心，就打开棺柩，只见尸身青黑，才知是被毒死。李毓昌带的长随（雇用的仆役）李祥、马连升、顾祥，也被王伸汉荐到他处。

嘉庆览奏，大为惊异，觉得其中疑点很多，必有冤情，例如王伸汉为什么对李祥等安排得如此周到？因此，谕令两江总督铁保，先将王伸汉撤职，连同一干人证，解交刑部审讯，并对铁保等严词斥责。六月间，王伸汉等已解到京城，即令军机大臣会同刑部连日“熬讯”。

原来王伸汉捏报户口，浮冒赈款三万金（自己实得一万余金）。李毓昌亲至乡间，查点户口，得知实情，便具清册将向淮安府告发。王伸汉吓了，向李毓昌行贿，遭到严拒，又托淮安知府王毂说情，也被拒却，因而杀毓昌以灭口，所以嘉庆谕旨中说：“江南竟有如此奇案。”

据铁保奏称，上年王毂禀报李毓昌疯疾自缢时，他已有疑心，原想提毓昌的长随严厉重办，地方官说马连升已回山东，李祥、顾祥都到了苏州，也就不再过问了。这不是糊涂，而是草菅。王毂也是此案要角，他曾经遣仵役验过李毓昌尸体，仵役说尸上有血，王毂一怒而以棍击仵役。王伸汉曾送他一千两（或不止），还说过“不敢忘恩”的话。但从王伸汉手中得到好处的，原不止王毂一人。

李毓昌是被诬为“自缢”的，尸身完整，并非死于刀剑，却有血迹，那末，究竟是怎样被害的？

李祥是李毓昌的长随，因而得知毓昌要揭发王伸汉，便去告伸汉之仆包祥，由包祥再告伸汉，说明王伸汉已将李祥等三个仆人收买了，最后谋害毓昌的就是这四个人，萧一山《清代通史》中册有这样一段记载：

李祥曰："稿册收行箧，奈钥挂主人身，当先盗钥乃可。"包祥曰："是无庸。吾观此人，不可以利动，不可以哀求，欲灭口，计唯有死之耳。"次日，毓昌饮于山阳廨，归渴甚，李祥等以信末（砒霜）投汤中进。毓昌寝，苦腹痛起，仆等急从后持其颈，毓昌张目叱之，李祥曰："吾不能事君矣！"马连升解己所系带缢之。（或谓毓昌夜酌，仆以毒酒进，饮觉之，遂停杯，血流于颐，仆等愈惧，用帛勒之。）

全案经王伸汉等供认后，便对这些罪犯分别处分：王伸汉着即处斩。对王毂，也有拟为斩监候的，谕旨以为，届期（指朝审期）亦难宽宥，又何必稽延时日，但如也处以斩决，则与王伸汉又无分别，故改为绞立决。对于王毂来说，总是死路一条，没有什么区别，但因他的罪行究与王伸汉有别，以此显示执法之平。李祥为此案"紧要渠魁"，先解赴李毓昌坟前，刑夹一次，再摘心致祭。包祥设计狠毒，先刑夹一次，再行处斩。顾祥、马连升各重责四十板，再行处死。总督以下皆贬官。又因李毓昌没有儿子，便将王伸汉儿子发往伊犁充军，“以泄幽愤”。这种报复，倒又是过分了。

对李毓昌，特赠知府衔，嘉庆还亲撰悯忠诗三十韵，勒石墓前，并派地方官往墓前致祭。对李妻今后的生活，也颇表关注。其继子李希佐钦赐举人，一体会试。对李清泰，赏给武举。

这是一场清官与贪官、廉正与腐败的斗争，而王伸汉的贪官，不仅仅是钱财上的营私舞弊，还使一个刚强的清官成为含血的冤魂。我查了《明清进士题名碑》，没有王伸汉的名字，那末，他该是一个举人了，举人也称孝廉，也念过四书五经。李毓昌则有其名，是嘉庆十三年（1808）三甲进士，此案也发生在这一年，就是一中榜即放知县(这也是进士通例)。他死时尚无儿子，可见他还年轻，正好是替朝廷出力的有为之年。他没有想到做清官会丧命，更没有想到谋害他的是他的长随，而且是三人合谋。

这一案件，本来已在蒙混包庇中含糊了结，旁人还以为李毓昌真的是自杀，最后能使全案水落石出，却是由于这位嘉庆皇帝除恶伸冤的英断。他一接到都察院的奏章，就亲自披阅批示，并责令地方官一定要彻底根究，“不容凶手漏网”。通过这一案件，使他认识到当时“吏治败坏之极”，不但官官相护，而且官内相残，有些人则软弱无能，形同木偶，“若无告穷民，衔冤负屈，又岂肯尽心推鞫，为之伸理，其草菅人命之事，不知凡几矣”。而在铁保折内，“尚铺叙神鬼之词，以为破案来历”。同时，嘉庆还引咎自责，“朕知人不明，误用汝辈，诚朕之咎”。从第一份谕旨开始，他的态度就非常严峻坚决，雷厉风行。当然，这些话也只有他能说敢说，一言重于万言，别的人怎敢攻击督抚，批评皇帝“知人不明”呢？

从这件大案看，自督抚至吏胥，不是草菅渎职，就是同恶相济，几乎没有一个人站得直，没有一个人不可骂的，幸而还有一个好皇帝。尽管嘉庆朝的政局已逐渐颓唐下堕，内乱纷起，但在处理这件大案上，嘉庆帝还不失为善恶分明的有道之君。大家自然记得，他即位之初，就惩办过权臣和珅。一个皇帝，一生中能够做几件深得民心的好事，历史是不会忘记他的。

（原载《饮河录》，中国社会科学出版社 1997 年版）

多寿多才的赵翼

赵翼（1727～1814）是乾嘉学者中多寿多才的一位大家。身经三朝，享年八十八。《九秩》诗中有“九秩开筹鬓已皤，壮心尚拟旧提戈”语。他以探花入翰林，曾预修《御批通鉴辑览》，《辑览》中所谓“御批”，也有与他《廿二史札记》中论点相同的，可见“御批”都是词臣所作，高宗本人绝不可能有此才识。

我写此文时，涉猎的有《廿二史札记》、《陔余丛考》、《瓯北诗钞》、《瓯北诗话》四种。中华书局版的《廿二史札记》，有一篇王树民作的前言，说是李慈铭在日记中说：“常州老生皆言此书及《陔余丛考》，赵以千金买之一宿儒之子，非赵自作。”王氏固已有辨驳，再从我上述《札记》

论点与若干“御批”相同一点来说，亦可证明李说之诬。《瓯北诗钞》中有一首《一灯》云：“出身早脱子衿青，堪笑丹铅尚不停。头白一灯孤馆里，廿三部史十三经。”下注：“四库馆新颁《旧五代史》，遂成廿三史。”说明当时尚缺《明史》，至乾隆六十年作《札记》初稿时，才将《明史》补入，且于诸史中特别详细，又可证明是赵翼一手完成。

明太祖之戮功臣，杀文士，素为物论所轻。全祖望就不喜欢他，即因其好杀，近人钱振锽（名山）也有“我恨高皇杀戮多”语。赵翼很推崇《明史》，认为近代诸史，除《新五代史》外，“未有如《明史》之完善者”，《札记》卷三十三，对太祖颇多微辞。我们现在知道文字之祸在太祖时已到恐怖程度，主要是看了《札记》中的有关几则而获得的，也难为他有此热心，平日肯将这些资料关心积累，其中还有这样的话：“明祖通文义，固属天纵，然其初学问未深，往往以文字疑误杀人，亦已不少。”这话是在文网森严的乾隆时代说的，尽管说的是前明，弄得不好，也会有不测风云，何况清是紧接明之后。帝王喜怒，每有出于常情之外的（对研究“皇帝心理学”的人倒是好题材），如《札记》中所举的那些案例，哪一条不是满怀赤忱向开国君主颂扬祝贺的呢？

明祖所以频兴大狱，《札记》曾作过解释："按是时文字之祸起于一言。时帝意右文，诸勋臣不平，上语之曰：'世乱用武，世治宜文，非偏也。'诸臣曰：'但文人善讥讪，如张九四厚礼文儒，及请撰名，则曰士诚。'上曰：'此名亦美。'曰：'《孟子》有士诚小人也之句，彼安知之？'上由此览天下章奏，动生疑忌，而文字之祸起云。"

这事情不知是否可靠，太祖何至如此蠢陋，如此容易受人欺弄，只好姑妄听之了。

卷三《吕武不当并称》云：武后"杀唐子孙几尽，甚至自杀其子孙数人，以纵淫欲，其恶为古今未有"。吕后则尚以汉家为念，"以视武后之改周灭唐，相去万万也"。接下来却有这样的话："即其以辟阳侯（审食其）为左丞相，令监宫中，亦以辟阳侯先尝随后在项羽军中，同患难，虽有所私，而至是时其年已老，正如家人老仆，可使令于阃阈间，非必尚与之昵。《史记·刘泽传》，太后尚有所幸张子卿(《汉书》作张卿)，然如淳注谓奄人也，则亦非私亵之嬖，以视武后之宠薛怀义、张易之兄弟，恬不知耻者，更相去万万也。"这是以两后的隐私而定是非，不妨看作史论中之插科，瓯北似于吕后多恕辞，吕武于此等处即令略有区别，亦何至"相去万万也"。

卷七《借荆州之非》云：荆州本刘表之地，非孙氏故物，孙刘同心破曹，无所谓借，“借荆州之说，出自吴人事后之论，而非当日情事也。……抑思合力拒曹时，备固有资于权，权不亦有资于备乎?”这也不为无见，因为荆州的江南四郡，原是刘备所取得，江夏则原为刘琦所有，由孙吴于战后占领。刘备曾表刘琦为荆州刺史，孙权未有异词，所以赵翼以为曲不在蜀而在吴。

《陔余丛考》较为琐碎浅俗，不及《札记》之有体系，但也有其学术意义，卷三十五《关壮缪》云：“鬼神之享血食，其盛衰久暂，亦若有运数而不可意料者。凡人之殁而为神，大概初殁之数百年则灵著显赫，久则渐替。独关壮缪在三国、六朝、唐、宋皆未有禋祀。……今且南极岭表，北极塞垣，凡儿童妇女，无不有震其威灵者，香火之盛，将与天地同不朽。何其寂寥于前，而显烁于后，岂鬼神之衰旺亦有数耶?”这话说得亦庄亦谐，作者对关羽也是崇拜信仰的，关羽身后的运气，实在也是一种怪现象，现在商店还把关帝当作财神供奉。

卷四十一《唐中宗复位由张易之兄弟》，比陈寅恪的“中宗复辟实由张易之之力”的论说要早上二百年①，《丛考》末云：“凶秽之朝，欲济大事，固有非正人所能为，反

① 见《金明馆丛稿初编·记唐代之李武韦杨婚姻集团》。

而藉嬖幸以集事者。”这也是怪现象，原不止中宗复辟一事，只是张氏兄弟所以欲使中宗复辟，其实是为自己留余地，他们又何爱于中宗呢？

瓯北的诗，与袁枚、蒋士铨并称三家，《随园诗话》卷四，记桐乡程拱字，曾画《拜袁揖赵哭蒋图》，其人非三人之书不读，此虽系误传，亦见其在当时享名之盛。这里只凭个人印象，摘录几首七言近体诗，《悼亡》云：

扁舟才到暮春中，凄绝秋闺罢女红。千里赴京如送死，十年为妇正奇穷。瓦灯犹照空床簟，缌帐谁扶削杖桐。（原注：“生一子殇”）正是蓟门摇落后，泪和残叶洒西风。

急景俄惊逼岁阑，残冬随例作消寒。老亲摒挡迎年酒，弱女经营饯腊盘。爆竹声中虚暖热，烛枝泪下共汍澜。剧怜萧寺冰霜夜，冷骨孤眠七尺棺。

《梦亡内作》云：

生前心事有余悲，入梦依然泪暗垂。从我正当贫贱日，与君多半别离时。纸钱岂解营环珮，絮酒难偿啖粥糜。一穗寒灯重怅忆，帘前新月似愁眉。

《耒阳杜工部墓》云：

手撷溪毛荐拾遗，空山客过有余悲。生无一饱人谁恤，死有千秋鬼岂知。瘦削仪容传饭颗，飘零魂魄傍湘累。公名不藉丰碑表，何必真阡认偃师。

在历代吊杜甫的诗中，这也是较好的一首。

《江上逢归雁》云：

几点春云雁北飞，首涂故与客相依。渡江一样从南去，我是出门他是归。

《赤壁》云：

依然形胜扼荆襄，赤壁山前故垒长。乌鹊南飞无魏地，大江东去有周郎。千秋人物三分国，一片山河百战场。今日经过已陈迹，月明渔父唱沧浪。

袁枚评云：“此题绝唱。”也确实好，爽快而雄浑。

《题元遗山集》云：

身阅兴亡浩劫空，两朝文献一衰翁。无官未害餐周粟，有史深愁失楚弓。行殿幽兰悲夜火，故都乔木泣悲风。国家不幸诗家幸，赋到沧桑句便工。

末两句为传诵的警句，犹杜甫“庾信文章老更成”之意，子山苍劲之作，多成于被留北周时。此首之后，即有《题吴梅村集》：

国亡时早养亲还，同是全生迹较闲。幸未名登降表内，已甘身老著书间。访才林下程文海，作赋江南庾子山。剩有沉吟偷活句，令人想见泪痕斑。

保泰评云：“梅村得此，可以无憾矣。”按，程文海即程矩夫，元集贤学士，曾上书荐赵孟等。

《桥公墓》云：

累朝耆旧末流中，想见群伦仰下风。生有只鸡留戏笑，死犹两女嫁英雄。识同许劭能评士，名比康成并号公。荒冢已无人腹痛，乱鸦古木夕阳红。

第三句用曹操《祀故太尉桥玄文》中语，而误以二乔为桥玄女，我在拙著《伸脚录》中已有辨正。第四句当是指《世说新语·识鉴》所载，桥玄曾对曹操有乱世英雄，治世奸贼云云，却是《世说》误载。当时桥玄要曹操去见许劭品评，许劭便说了这些话，桥玄自己并没有说。

《闻心余京邸病风却寄》第二首云“木有文章原是病，石能言语果为灾”，后来龚自珍《释言》的“木有彣彰曾是病，虫多言语不能天”，当是胎息于赵句。

瓯北诗法白（居易）陆（游），在风格上表现得很明显，但其缺点是味不醇，有的粗俚浅俗，如《纳凉》的“我比齐人有妻妾，专房偏宠竹夫人”，《咏古》的“杜兰香本仙家女，一点春心便谪凡”，皆流于恶趣。《耳聋》的“与其瞎也不如聋，聋亦难堪窍不通”，真是粗作大卖，为此老惋惜了。

（原载《饮河录》，中国社会科学出版社 1997 年版）

张文祥刺马案

同治九年庚午七月，张文祥行刺两江总督马新贻一案①，引起朝野的极大震动，后人与小白菜案、杀子报等案并称为晚清奇案，起因皆由于女色。

陈其元《庸闲斋笔记》卷四云："贼张文祥，河南人，奸狡凶恶，各官严刑讯问，无一实供。……所奇者，伊自供出妻女所在，毫不隐讳。提到妻女严鞫，亦无一供词。余戚钱慎庵太守时署江宁府事，慎庵受公（指马新贻）知甚深，极欲究出实情，为公雪恨，乃殚精极思，研讯两月之久，卒不得要领，发愤卧疾者累日。此案，慎庵为余详

---

① 清廷于"逆犯"之名例改恶名，故文祥被改为汶祥，其子福康改为幅糠，甚至孙文也改为孙汶。

细言之，故知外间之谣传，均不足据。”这一段写得离奇惝恍，疑问多端：张文祥自己为什么要供出妻女所在，此案和他妻女有什么关系？既供之后，为什么使陈其元感到奇怪？钱慎庵既对陈其元详细言之，《笔记》中为什么不引录？外间为什么有谣传？

旧时曾看到《张文祥刺马》的戏剧，大致是：马新贻、窦一虎、张文祥，本结为异姓兄弟，马任总督时，两人仍呼马为“大哥”。后马诱奸窦妻，并假传圣旨，将窦斩首，张得知后，遂愤而刺马，为窦报仇。今从《笔记》中揣摩，似马与张之妻女有关。

又据邸报所载，文祥妻罗氏，曾被吴三少爷炳燮诱逃，文祥欲借巡抚威力倾陷吴炳燮，马新贻掷还呈词未准，吴炳燮得知后大为得意，张因此对马怀恨。又说“张犯为漏网发逆，复通浙江蓝田海盗”。这是故意从政治上来加重张文祥的罪名。

张之刺马，蓄谋已久，刀上还敷着毒药。被捕后经熬审二十余天之久，屡次绝食。如果说，张文祥因马新贻未准其呈控而刺马，那末，为什么不直接杀死吴炳燮？杀吴要比刺马方便得多，更加理直气壮。

刺马案发生后，清廷命江宁将军魁玉，饬令藩司梅启照审理，后魁玉调任成都。邓之诚《骨董琐记·三记》云：

“湘绮（王闿运）所谓隐事，当即霸占妇人，莫（友芝）与王皆与督抚纳交，所闻必较确。尝闻友人费润生言：魁玉后调任成都将军，润生先德彬如先生，客其幕中。一日，魁骂其材官之有淫行者曰：‘马制台尚为女人丧命。’此一语可与所谓阴事，互相发明。”难怪翁同龢在八月初三日日记中说：“此三百年来未有之奇也。噫！衰征也。”

新贻被刺后，上海梨园曾编有《刺马传》，安徽巡抚英翰立即具文上海道徐宗瀛禁止，当时流传着两句诗：“群公章奏分明在，不及歌场独写真。”清亡后，刺马的戏剧始得公开演出。不肖生的《江湖奇侠传》也渲染其事。

（原载《闭关录》，上海古籍出版社 2004 年版）

关于张佩纶

张爱玲在解放前写的散文中，没有提到过她的祖父，只提到她的父亲，但没有说出他的名字。她到海外后，曾在《忆胡适之》文中说：“他（指胡适）讲他父亲认识我们祖父，似乎是我祖父帮过他父亲一个小忙。我连这段小故事都不记得，仿佛太荒唐。原因是我们家里从来不提祖父。”胡适的父亲叫胡传，官衔为“三品衔在任候补（江苏）知府（前）台湾东直隶州知州”。台湾建行省后，改福建巡抚为台湾巡抚，张佩纶曾会办福建海防，帮胡传的忙当在这时候。由于她家里从来不提祖父，所以她会把张佩纶（字幼樵）与张荫桓（号樵野）误混为一人。

《清代碑传全集》中，收录了两篇张佩纶的墓志，一为陈宝琛写的，一为劳乃宣写的。据碑文，张佩纶前后娶了三位妻子，元配朱氏，继室边氏，汉军闽浙总督边宝泉之女。佩纶谪戍次年，殁于京城，其《塞上和（陈宝琛）前诗》中有“雨夜梦回疑妇叹，竹林酒熟忆朋欢”句。释归后，乃续娶李鸿章幼女。李氏嗜《兰亭》，收藏颇富，佩纶有《和内人自题二绝》，可见她能诗工书，所以《孽海花》第十四回中捏造了她的两首诗，佩纶有三子一女，第三子名志沂，即张爱玲的父亲，女儿就是张文中常提到的姑姑。这两人都是李氏生的。志沂有异母兄志潜，张爱玲《私语》中的“胖伯母”，当是志潜之妻。张文中提到的她的继母，则是北洋时代内阁总理孙宝琦女儿。

《忆》文中又说：“我看了《孽海花》才感到兴趣起来，一问我父亲，完全否认。”《孽海花》中的张佩纶（庄佑培，字仑樵）形象，也实在太猥琐伧陋；伯夫人不愿将幼女嫁与“四十来岁的囚犯”，也是情理之常，但何至于泼辣到这个程度，虽然这是小说家言，写的却都是真人，这就不仅仅是技术上的笔无藏锋问题。《孽海花》中写赛金花也过了分，难怪赛金花要恨死曾朴，反过来又说曾氏的坏话，虽然赛金花这种人的话也是不可靠的。

张佩纶的父亲名印塘，官安徽按察使，卒于军。李张两家，原有世谊，王赓《今传是楼诗话》云：“合肥与张氏世好綦笃，绳庵（佩纶别号）以故人子，夙荷器重，谪居察罕，存问尤殷。其赐环台费数千金，均合肥所寄，且集中自述，亦有‘先君子与合肥师为患难三十余年，申以婚姻，古义也’之语。”佩纶因而有《释戍将归寄谢合肥相国》诗。他的《涧于日记》可惜今已不在我架上了，否则，也可看看他对李夫人和志沂印象如何。

佩纶有《雁诗》之二云：“一雁何殊色，空群世所惊。萧条仍北乡，艰辛为南征。叫且冰难解，悲秋月自明。主人终不杀，矜昔尚能鸣。”这是谪戍时借雁以自况，略有老杜神味。

他与陈宝琛是挚友，同属清流党，又是主战派李鸿藻同治辛未科所得士，后来却成为浊流李鸿章之婿。陈宝琛对李张联姻，起先也不赞成。陈母逝世后，佩纶曾挽一联云：“狄梁公奉使念吾亲，白云孤飞，将母有怀伤陟屺；孙伯符同年小一月，东风无便，吊丧持面愧登堂。”上联当指宝琛会办南洋事，下联指二人皆生于道光二十八年戊申，张小于陈一月，犹周瑜之小孙策一月，下指马江之败，“持面”即俗语的“老着面皮”之意。语颇高华，为人传诵。张卒后，陈有《入江哭篑斋》云：“雨声盖海更连江，迸作辛酸泪满腔。一酹至言从此绝，九幽孤愤孰能降。少须地下龙终合，孑立人间鸟不双。徒倚虚楼最肠断，年时期与倒春缸。”陈衍《石遗室诗话》云：“尝谓弢庵诗，为谢枚如（谢章铤）、张幼樵作者，常工于他诗。”此首为伤逝，句句入情，尤为怆痛。

晚清谈到清流党的，常以“翰林四谏”相称，唐振常先生《张佩纶徒事空谈》(9 月 27 日《新民晚报》)中以张佩纶、黄体芳、宝廷、张之洞实之。陈声聪氏《兼于阁诗话》以为是张佩纶、宝廷、黄体芳、何金寿，并引陈宝琛“同时四谏接踵起，欲挽清渭澄浊泾”句自注云：“时称张（佩纶）宝何黄，文襄尚在讲职也。”又引佩纶次子志潜（举人，内阁中书）《涧于集》识语，亦指此四人有四谏之目。何金寿为同治元年榜眼，江夏人，授编修，《清史稿》未立传，《碑传集》录《湖北通志》，仕历极简单，且治绩皆在外地，因贫不能归，葬于扬州。其人清廉正直，但未见有向朝廷敢言之举，故《诗话》谓“惟何编修之名稍晦耳”。

（原载《不殇录》，汉语大词典出版社 1997 年版）

骂名穷九州的郭嵩焘

光绪元年乙亥（1875）二月，二十八岁的英国副总领事马嘉理，在中国的云南境内被人伏击死亡，英国向中国索取赔偿。次年，清廷以兵部侍郎衔、钦差大臣郭嵩焘赴英国道歉，也即中国驻外的第一个使臣。十月，郭嵩焘由上海的吴淞口乘轮启程，至光绪三年十二月初八日抵伦敦（后兼任驻法公使）。十余日后，向维多利亚女皇递了道歉信，并设立了公使馆。光绪五年三月，郭氏回国。他的出使经过和所见所闻，都记在《使西纪程》中，长达七十余万字。解放后，岳麓书社曾出版过钟叔河的整理本。

清人入关后，对夷狄一类词眼最为敏感，乾隆修《四库全书》时，见到夷狄等词眼就挖改，有的甚至酿成文字狱。历史常常会令人发出会心的微笑，与此同时，大清君臣对东西洋一些国家，又以汉唐的夷狄视之，俨然以天朝上国自居，还硬要叫到北京见乾隆大帝的外国使臣下跪。曾几何时，到了晚清，外国人却以轻蔑的态度在嘀咕：这个老大帝国算不算文明国家？可是中国的好多士大夫，还是沾沾自喜，总觉得形而下的（物质），外国或许优于中国，形而上的（精神），也即意识形态方面的，中国不知高出外国多少，哪怕是在割地丧师、创巨痛深之后。

郭嵩焘在出国前，就认为要和洋人交涉，一定先要通洋情，“不知洋情，所向皆荆棘也”，中国的士大夫只知骂洋人以为快（发泄），却不愿求知，“此洋祸所以日深，士大夫之心思智虑所以日趋于浮嚣，而终归于无用也”（光绪二年二月初一日日记）。郭氏的有些思想，确有偏激之处，这几句话，还是切中时弊的平心之论。

郭氏到英国后，不但对外国的政治、经济、工业、军备以及议院、反对党等发生很大的兴趣，以积极态度细心观察，求取了解，连文学、艺术、科技、教育以至水族馆、植物园、复写纸、捕蝇草、化石标本等等，凡是他看作新事物的，都具体地记载在日记中，并且含有欣赏意味。他对外国妇女一些交际活动，也不像某些死硬派那样借此唾她们一口。如光绪四年四月廿一日日记云：“晚赴柏金宫殿跳舞会，男女杂沓，连臂跳舞，而皆着朝服（礼服）临之。西洋风俗，有万不可解者。……跳舞会动至达旦，嬉游之中，规矩仍自秩然。其诸太子及德国太子，皆与跳舞之列。以中国礼法论之，近于荒矣。而其风教实远胜中国，从未闻越礼犯常，正坐猜嫌计较之私实较少也。”他承认这样的交际活动，在中国是万难想象的，而外国所以能够做到，并且“规矩仍自秩然”，即始终能够保持文明精神，就因外国的风俗文化优于中国，也等于是对中国式的“礼法”之否定。这种论调，出于二百年前的士大夫，实在是可惊又可佩。他在出使时，带去的是妾梁氏，日记中称为梁姬，抵英后，还生了一个儿子，且由画家画了肖像，四月廿七日日记云：“鼓得门为梁姬及英儿作小照，以西洋画非中土所及，数万里来此，欲借以流示，不惮烦费为之。”① 但他

① 除郭妾梁氏画像一事外，戈公振《中国报学史》第四章第九节注文中，曾引《上海闲话》所记画师顾曼言：郭氏在英国时，画师欲索观其手，“大人置诸袖中，坚不肯示。余必欲挖而出之，大人遂愈形踧踖矣。既定，大人正色言：画像必须两耳齐露，若只一耳，观者不将谓一耳已经割去矣”。此事后来曾引起严重交涉，认为是报纸(《申报》)造谣侮弄，后由郭氏随员充翻译之英人马格里更正道歉，才始息怒，成一不了了之的案局。郭氏光绪五年三月十八日日记有记云：“吾本无意深究梅渣，得其误听谣言一语，亦可以不加苛论矣。”故此事或并非完全捏造，《申报》谓“英国新闻纸言及中朝星使，每涉诙谐”，即是含嘲讽之意。

的这种举动，必然遭守旧派之忌。

在郭嵩焘时代，对外国的军舰大炮火车的称赞固不乏其人，但如果说外国的人才胜于中国，那就要犯众怒了。郭氏在致沈葆桢的信中却说："彼土人才，实胜中国，为能养之而使尽其学，用之而使尽其职也。"在光绪三年二月初八日日记中又说："东西洋人才之盛，百倍中国，岂国运然耶？抑使人才各尽其用，而遂勃然以兴也？"在四月十四日日记中说："中国求如此人才（指赫德），固不可得矣。"道理其实很简单：一切声光化电、坚甲利兵都是通过人才才能发达进步的。中国人的智力并不低，但束缚智力的绳索却是千丝万缕。就当时摇摇欲坠的晚清政权来说，这些话并不过分，倒是流露了一个处于觉醒状态的士大夫的痛切之情；他最憎恨的是南宋和明代士大夫的大言逼人、虚骄浮躁的习气。他由进士出身而升为代表国家尊严的钦差大臣，一粥一饭，都是大清朝赐予的。这时年已六十，身负重任，他怎么不希望中国能及早发愤图强呢？

同年十二月十八日，他和李凤苞谈论西洋两党制时说："吾谓西洋君德，视中国三代令主，无有能庶几者，即伊、周之相业，亦未有闻焉。而国政一公之臣民，其君不以为私。其择官治事，亦有阶级资格，其君一与臣民共之。朝廷之爱憎无所施，臣民一有不惬，即不得安其位。自始设立议政院，即分同异二党，使各竭其志意，推究辩驳，以定是非，而秉政者亦于其间迭起以争胜。……庶人上书，皆与酬答。其风俗之成，酝酿固已深矣。世安有无政治教化而能成风俗者哉？西洋一隅为天地之精英所聚，良有由然也。”这些话如果译成白话，非但不觉得陈腐迂陋，说不定会被看作出格，对于当时政出宫闱的老佛爷及其重臣，不啻是在挑战了。

人们很容易料到，这样的先驱人物，在当时是很难得到朝廷原谅的，梁启超的《五十年中国进化概论》中有这样一段话：“光绪二年，有位出使英国大臣郭嵩焘，做了一部游记，里头有一段，大概说，现在的夷狄和从前不同，他们也有二千年的文明。嗳哟，可了不得。这部书传到北京，把满朝士大夫的公愤都激动起来了，人人唾骂……闹到奉旨毁板，才算完事。”

郭氏回国后，乘轮返乡时，长沙官绅就不许他的轮船驶至省河，省城中谣言四起，说他全家避居省城，主要罪名是勾通洋人，他自己和曾国荃对比后说：“沅甫惠泽遍及亿万生灵，嵩焘骂名穷极九州四海。”他以《罪言存略》题为书名，人家说他负气，他说二字出于杜牧，由来久远，并非负气，实际当然是负气。郭嵩焘死于光绪十七年六月，老佛爷还是不肯给他立传赐谥。

郭嵩焘出使时，副使为刘锡鸿，字云生，广东番禺人。到国外后，两人思想上分歧极大，并相互参奏攻讦，郭氏日记中称之为“广东生”。我起先只看到郭氏一面之词，无法判断曲直。后来看了刘锡鸿的《英轺私记》，觉得郭、刘之间的矛盾确是无法调和，这里倒真真用得上“世界观”三个字了，也即两人对中国以外的世界的认识，存在着根本上的差异。例如刘就反对中国造铁路，相信万世不变的仁义忠信可以抵御洋人的大炮兵舰，强调夷夏之辨，却不想一想，他全身的顶戴朝服，脑后那条辫子，原非夏服而正是夷服。他参奏郭嵩焘的十款罪状，今天看来，实在可笑：(一) 折奏列衔，副使上不加“钦差”字样，为蔑视谕旨；(二) 游炮台披洋人衣，即令冻死，亦不当披；(三) 擅议国旗，谓黄色不当；(四) 崇效洋人，用伞不用扇；(五) 以中国况印度；(六) 效洋人尚右；(七) 无故与威妥玛争辩；(八) 违悖程朱；(九) 怨谤；(十) 令妇女学洋语，听戏，迎合洋人，坏乱风俗。以第二款来说，实因那天郭、刘因应邀参观炮台，乘小船看搭浮桥，时寒风凛冽，英国提督见郭年迈寒噤，便取一氅披其身，而刘却视为把柄。这使我们想起《孟子·离娄》中说的故事：男女是授受不亲的，那末，如果嫂子掉在水里应不应用手去援引她呢？刘锡鸿如果生在那个时代，一定不会去援引，“即令淹死，亦不援手”。从他所参奏的十款看，足够说明其人的头脑，他之成为郭嵩焘势不两立的对头，也就无足奇怪。在晚清官场中，刘锡鸿那样的士大夫还是占着优势，郭嵩焘因而只能骂名穷九州了。

（原载《不殇录》，汉语大词典出版社 1997 年版）

曾朴乡试掇录

四十年代时，曾得曾朴光绪辛卯（十七年）科江南乡试卷，开头有曾氏简历：“曾朴，谱名朴华，字孟朴（按，亦作孟璞），号铭珊，行一。光绪乙亥正月二十二日吉时生。江苏苏州府附生。民籍。著有补续汉书艺文志并考证十卷。”乙亥为光绪元年，则他的考乡试为十七岁。江南包括江苏、安徽两者。曾氏的原籍为常熟，清属苏州府。附生为附学生员的省称，指尚未取得廪生、增生资格的生员。清代凡童生入学者皆称附生，即秀才。

其下列举先世之履历，自始迁祖至兄弟姊妹。古代科举考试，关系士子一生荣枯，故对士子家世极为重视，民籍指属于士农工商的四民，算是家世清白的，娼优隶卒则在四民之外（但乞丐的后代仍可应试）。孟朴父之撰，字圣与，号君表，即《孽海花》中之曹公坊，字以表。同治庚午副贡，光绪乙亥举人，著有《虚灵居诗集》、《群玉楼读碑记》等，为时文名手。曾之撰中举人在光绪乙亥，恰巧是生曾朴的那一年。

1935 年，《宇宙风》社曾刊行曾虚白之曾孟朴年谱，其字号略有小异："曾先生名朴，初字太朴，后改字孟朴，又字小白，又字籀斋，笔名东亚病夫。江苏省常熟县人。生于公历一八七一年。"按，1871 年为同治十年辛未，相差四年，当是年谱误记。

祖父熙文，亦举人，著有《明瑟山庄诗集》。年伯之知名者有李慈铭、吴大澂（兼内母舅）等，俞樾则为太年伯。

曾朴于光绪十七年随其父乘帆船至江宁应秋试，时新夫人怀孕已数月。船至中途，忽吐泻交作，寒热骤增。之撰本擅医术，即投止泻药剂，乃勉强入闱。及策题下布，皆投其所好者，精神为之大振，忘记了百度以上的寒热，振笔疾书，篇篇都是满卷（据年谱）。

当时主考为金保泰（忠甫），副考为李盛铎（木斋），而李得试差，大学士徐桐之力为多。试卷策问中有"元史难读莫甚舆图，泰定纪称成吉思汗四大鄂尔多，是元氏建都，实有四地，能全考欤？和林有山有河有诺尔有唐碑见于纪载，尚非无考之地，能博征欤？元史有两土拉河，有两太和岭，能指出欤？……诸生才具九能，愿闻斯说”。长达二百五十六字之题，也是硬碰硬的学问，而曾氏卷中条对详晰，故批语得“疏证详明”及“学识淹贯”八字。曾氏于元史、金石及西北舆地学，少年时即潜心研究，被李文田、文廷式、江标、洪钧引为小友，考试时仅十七岁，也确是一个颖才。

经题为“子曰，桓公九合诸侯，不以兵车，管仲之力也，如其仁如其仁”。上述策问的题目，还可以考测士子的学问，这一题目，又教人如何做得好？然而当时的八座九卿，都是从这样的怪题目中脱身而出，然后一步一步地跨上台阶的。

曾朴中式的名额为一百零一名，这一名次，还是李盛铎向金保泰力争而得。李氏事后曾告诉曾氏说：“你首场三艺，首篇是发皇典丽的云间派制艺，次艺是六朝江鲍的文章，末篇绝似苏氏父子纵横排奡的气象，三艺而且截然不同。当拆弥封时，照例先拆籍贯与年龄。金忠甫先生见卷填年龄，只有十七岁，惊呼道：这本卷子，定是抢手，三篇文字，变换三种体裁，岂是乳臭小儿做得到的？还是撤去的妥当。我当时力争，当场断定这本卷子是你的，力劝他不要珊网遗珠，失掉了一个好门生。金先生还是怕磨勘

（指复核时检查试卷是否符合规定），虽答应不撤你的卷子，却从第十七名得了第一百零一名，笑道：‘也算给他一个第一名吧？’”

抢手即枪手，指考试时冒名代考者。此事亦甚滑稽，如曾卷非抢手，就应置于第十七名，如为抢手，移至第一百零一名，还是犯规的。但若非李氏力争，曾氏连这一委屈的名额也得不到。

李盛铎为江西德化（今九江）人，光绪十五年榜眼。为人机警，起先与梁启超等列名发起保国会，而卒以身免。生平好藏书，早年购得湘潭袁六卧雪庐藏书，聊城杨氏海源阁最先散出者如《孟浩然集》、《孟东野集》等，皆黄氏百宋一廛故物，亦为李氏所得，但抗战前闻已以数十万元售与天津一大学云。

（原载《不殇录》，汉语大词典出版社 1997 年版）

梁士诒与洪宪

曹聚仁先生的《买书》一文中说：他在九龙的小书店里，看到初印本《梁士诒年谱》，“店主索价十五港元，便买得了。那店主并不知书，市价已达三百元以上呢!”这篇遗作，当是曹雷检理后付刊的。中郎有女，亦可慰曹公夫妇于地下。

此书原名为《三水梁燕荪先生年谱》，三十余万字，初版刊于民国二十八年，下署“凤冈及门弟子谨编”。士诒字翼夫，号燕荪，广东三水人，光绪二十年二甲进士，曾主讲凤冈书院。

梁氏在清末任邮传大臣（北洋时改交通部长），袁世凯专权时，任总统府秘书长，也是谈早期民国掌故者的重要人物，先后任交通银行总理、公债局总理等职。钞票由他增发，在袁门中是一个最有实力的大僚，也是粤派之首。由于所任皆肥缺，故有梁财神之称。《年谱》中辑录了许多书牍、电讯、奏折、条约，在史料上确有很大价值。但在解放前的古书店里多得很，价亦低廉，现在确是物以稀为贵了。

旧时北京大家闺秀择偶，要求有四种兼具的特点：一是相貌堂堂，二是口齿清爽，三是万贯家财，四是能写文章。一指梅兰芳，二指顾维钧，因他擅外交，工辞令，四指梁启超。三即指梁士诒。士诒与启超同姓同省籍又是同榜举人，有人以为二梁是兄弟。

洪宪称帝前，大典筹备处处长为朱启钤，成员有梁士诒、周自齐、叶恭绰等，周自齐为财政部长时，士诒为他的影子。章太炎往见袁世凯时，即由士诒出来招待，方致词，章氏曰："吾见袁世凯，宁见汝耶。"又据戈公振《中国报学史》第五章，世凯在京中取阅上海各报，皆由梁士诒、袁乃宽辈先行过目，凡载有反对帝制文电，皆易以拥戴字样，重制一版，然后进呈。

《年谱》出自梁氏及门弟子之手，语多饰护，亦人情之常。《年谱》云："先是，袁探询先生意见，微言讽示，前后至十四次之多，先生均佯为不解。有一度先生直陈曰：

‘目下大总统之权，已高于各国之君主，所殊者子孙之继承耳，然此事恐适以害子孙。历代帝王，其末祚能如清代逊位之安全者有几耶。’”但这只是从袁氏一姓的利害得失衡量而已。刘成禺《洪宪纪事诗本事簿注》卷一录张一麐谈话云：“梁燕孙（对帝制）原不赞成，今日乃劝予（指世凯）决不可取消，谓取消则日望封爵封官者皆解体，谁与共最后之事？尚不至首鼠两端。彼极力推戴，今乃劝我取消，更卑卑不足道矣。”这就可以看出士诒对帝制的真实态度，并见其对故主之忠诚。《年谱》又记四川将军陈宧通电宣布独立后，袁以电文示梁曰：“‘二庵（陈宧）厚爱我若此，夫复何言！君为我电复决志退位何如？’先生不答，项城乃亲自动笔，草一电文。”梁之“不答”，当因不赞成取消帝制之故。

洪宪覆灭后，各方提出惩办帝制祸首，梁士诒等被通缉，梁遂遁身香港。《年谱》云：“惩办始祸诸人，令中计八人，而最先发起筹安会之六君子严复、刘师培、李燮和、胡瑛等不与焉。十三太保中之袁乃宽、张镇芳等更不与焉。而先生及朱启钤、周自齐俱在其列，别有用意，盖甚明也。”

北洋时代，各派系各官僚之间倾轧排挤，厚此薄彼，固是事实，但梁士诒等之被列为祸首，却还是咎由自取。

袁世凯死后，拥袁者或转面骂袁，或满腔委屈，金刚倒地一堆泥，亦宦海之常例。

张伯驹《续洪宪纪事诗补注》云：“戊戌政变，康有为祖诒、梁任公启超为保全党首领。清末开经济特科，梁士诒本取列第一，西后视其籍贯曰：‘此人得勿是梁启超本家否？’军机大臣闻之，乃斥列于后，仍黜不用。时张南皮颇赏识士诒。有某尚书谓张曰：‘此人一定是维新党。单看其名字，头是梁启超之梁，尾是康祖诒之诒。’南皮大笑，一时遂有‘梁头康尾’之谣。此见李伯元《南亭笔记》。士诒以此深为引恨。辛亥项城再出，士诒言于项城，将来功高震主，祸且不测，无如乘此时机，改变国体。项城遂决意促清室逊位。保皇亡国，皆出于姓梁之人，亦巧矣。”前者不妨看作笑料，后者又可见袁梁的历史渊源。

《洪宪纪事诗本事簿注》卷二云：洪宪年号，各报书元有四种，政府报之《亚细亚报》为“中华帝国洪宪元年”，也有书“中华民国洪宪元年”，有不书“中华民国”而仅书“洪宪元年”，但日本人办的《顺天时报》，向讥帝制，则大书中华民国五年元月元日。有《醒华报》者，将洪宪元年之“洪”字水旁，略呈墨痕，视之共宪元年也。义谓“洪宪”为水洗去，仍存共和宪政。后藉他故，将该报封闭。

《中国报学史》又记淞沪警察厅强令上海各报改用洪宪

纪元，不得再用民国五年，各报因迫于禁令，勉强奉行，于是用大字改民国五年为“西历一千九百十六年”，又于月日下用极小字体另刊“洪宪纪元”四字，“读者苟不察，几不能见，其用心亦良苦矣”。书中并附有影印原样。今年（1996）是产生洪宪怪胎的八十年，附志于此，亦可作报界掌故看。

（原载《不殇录》，汉语大词典出版社 1997 年版）

林氏父女

林长民，字宗孟，林徽音之父。黎元洪为参政院院长时，林长民任秘书长。段内阁时任司法总长，去任后，镌一印曰“三月司寇”。寓所在北京景山附近，庭中有栝树二株，故名双栝庐。

林氏能文能诗，亦工书法。他与原东北军将领郭松龄本非素识，由友人介绍而相识。一九二五年十二月，郭松龄举兵倒戈，要求张作霖下野，郭急欲得一有权谋之名人相助，林亦欲借郭之成功而握关外之大权，据说郭已示意将任林以奉天省长。后郭军溃败，松龄被俘获，林乘乡间大车逃遁，途中遇张作霖军，以机关枪射击，林急下车避之，遂死于乱枪下，年仅五十。其家属曾多方觅尸，终未能得。

林氏应郭松龄之招，知交中劝阻者甚多，林不听而往，《社会日报》之林白水，即著论以“卿本佳人，何为作贼”非之。

梁启超与林氏同为研究系人物，后来又是亲家。同年十一月九日，梁氏有一函致梁令娴（思顺）等，其中说：“即如宗孟去年的行动，我并不赞成，然而外人看着也许要说我暗中主使，我从哪里分辩呢？外人无足怪，宗孟很可以拿自己身作比例，何至怪到我头上呢？总之，宗孟自己走的路太窄，成了老鼠入牛角，转不过身来，一年来已很痛苦，现在更甚。因为二十年来的朋友，这一年内都分疏了，他心里想来非常难过，所以神经过敏，易发牢骚，本也难怪，但觉得可怜罢了。”这是林氏未遇难而投郭时的话。至十二月二十七日，有一函致梁思成，告以林氏遇难事，“我见报后，立刻叫王姨入京，到林家探听，且切实安慰徽音的娘”。林徽音曾于一九一九年随父赴英二年。一九二三年又赴美留学，至一九二八年回国，所以这时尚在国外，梁氏信中说：“徽音遭此惨痛，惟一的伴侣，惟一的安慰，就只靠你。你要自己镇静着，才能安慰她，这是第二层。”又说：“这种消息，谅来瞒不过徽音。万一不幸，消息若确，我也无法用别的话解劝她，但你可以传我的话告诉她：我和林叔叔的关系，她是知道的，林叔的女儿，就是我的女儿，何况更加以你们两个的关系。我从今以后，把她和思庄一样的看待她，在无可慰藉之中，我愿意她领受我这种十二分的同情，度过她目前的苦境。”又说：“徽音留学总要以和你同时归国为度。学费不成问题，只算我多一个女儿在外留学便了，你们更不必因此着急。”这一年，梁思成二十四岁，林徽音二十二岁。

次年一月五日，梁氏又致函与思成，告以处理林长民身后事情经过，其中说：“徽音的娘，除自己悲痛外，最挂念的是徽音要急杀。我告诉她，我已经有很长的信给你们了。徽音好孩子，谅来还能信我的话。我问她还有什么(特别）话要转告徽音没有？她说：‘没有，只有盼望徽音安命，自己保养身体，此时不必回国。’……徽音学费现在还有多少，还能支持几个月，可立刻告我，我日内当极力设法，筹多少寄来。”

一九二七年一月二日，梁氏与令娴等书中，谈到徽音回国事云：“徽音回家看她娘一趟，原是极应该的，我也不忍阻止，但以现在情形而论，福州附近很混乱，交通极不方便，有好几位福建朋友们想回去，去也不成。……况且她的娘，屡次劝她不必回来，我想还是暂不回来的好。”当时由何应钦率领的北伐军正进攻福建，闽军周荫人分三路抵抗，梁氏信中所谓混乱，或即指此。

梁氏曾有挽林氏一联云：

天所废，孰能兴，十年补苴艰难，直愚公移山而已。

均是死，容何择，一朝感激义气，竟舍身饲虎为之。

陈宝琛挽联云：“丧身乱世非关命，感旧儒门惜此才。”长民之父有《儒门医案》，故云。林徽音逝世后，金岳霖曾有一联云：“一身诗意千寻瀑，万古人间四月天。”亦佳。

（原载《闭关录》，上海古籍出版社 2004 年版）

葛品连怎样死的

同治十二年十月，杨乃武与葛毕氏一案，也是晚清震动朝野一件大狱。过去的笔记、戏剧以及弹词的演述，大致是这样：葛品连是豆腐店帮工，其妻毕氏，因长得白嫩漂亮，人称小白菜，与举人杨乃武有私情，同时与余杭知县刘锡彤之子也有私情，刘因而用砒霜毒死葛品连，嫁祸于杨乃武。案发后，杨、毕因刑审而诬服，后经刑部复审，才始平反释放。也有人以为此案内幕，涉及浙籍官绅与外籍的地方官派系之争，上谕中也有“大臣倘有朋比之意，朝廷不无孤立之虞”的话。

黄浚《花随人圣庵摭忆》，曾有详细引录，先引《清代野记》云：“浙之上虞县，有土娼葛毕氏者，葛品莲（连）

之妻也，艳名噪一时，县令刘某之子昵焉，邑诸生杨乃武亦昵焉。”第一句就错，此案发生于余杭而非上虞，葛毕氏并非土娼，当时年仅十八岁，杨乃武是举人而非诸生。

《摭忆》又引祝善诒《余杭大狱记》，说法也相类似，中有“是年九月，葛暴死”语，这里要说明的是葛品连“暴死”问题。

刑部宣判杨、毕无罪，显见葛品连并非被毒毙，那末，他又怎么会暴死？这当然不难解释，如心肌梗死、脑溢血之类，古书中记载的，连皇帝暴死的也很多，但总觉得这是想当然之说。

近读《明清档案与历史研究论文选》中牛创平的《杨乃武与小白菜案件》一文，才知葛品连死于食物中毒。

葛品连于十月初七日病发后，葛毕氏劝其请人替工，品连未允。初九日上午，病势加重，回家途中，买食粉团，即时呕吐，畏寒发抖，卧床时仍欲呕吐，身软发冷，毕氏为其盖被两床。因葛素有腿病“流火疯症”，自疑为旧病复发，即令毕氏以千文买东洋参桂圆煎汤服食，仍发寒欲呕，口吐白沫，不能言语。众亲属请医灌服万年青、萝卜子，至申时（下午三时至五时）气绝身亡。

至十一日，知县刘锡彤带领仵作到葛家验尸，尸身已经胖胀，腹部腋肢起泡数个，按之即破，肉色红紫，身软而不僵，仵作称似鸦片烟毒。县衙门丁沈彩泉说腹起泡系砒毒，且银针入喉呈淡青黑色。仵作不能断定何毒，即含糊报称服毒身亡。但因与门丁争论，致银针入喉前未用皂角水擦洗。

葛毕氏因受刑不过，又因仵作和知县说是服毒而死，自己难以置辩，即诬认杨乃武给她砒毒。

牛先生这段记录，是从保存下来的奏折、上谕、廷寄、题本等三十五个文件中，经过整理而撮录的，末段又作了分析：浙江各审只是惑于暴死和死后的尸身发胀、服人参桂圆汤之可疑，却没有想到葛品连吃了有毒菌的粉团后，又服人参桂圆汤，“会使毒菌繁衍加快”，从而导致暴死。这虽然也是推测，却是合理的可信的，而这也只有看了原始档案之后，才能推断因果上的关系，并且接受了现代的细菌学说才能成立。古人只知道某些食物会致病致毒，却不相信有什么细菌。

这一案件的审处过程，长达四年之久，地方官对杨乃武本拟斩决，对葛毕氏因系谋杀亲夫，属于逆伦罪，本拟凌迟。最后，因此案而受处分的人员共十七人：浙江巡抚杨昌浚、学政胡瑞澜，“几致二命于极刑”，均被革职。仵作沈祥，杖八十，判徒刑二年。刘锡彤发往黑龙江效力赎罪。年逾七十，不准收赎。判例中未涉及锡彤之子事，可见此案与刘子根本无关。

杨乃武与葛毕氏在同院居住期间，曾同食同坐，“亦属不避远嫌，又复诬指何春芳在葛家顽笑，虽因图脱己罪，并非有心坑害，究系狱囚诬指平人，有违定制，律应杖一百，业已革去举人，免其再议”。即不恢复举人功名。

杨毕案从冤狱到平反，也是中国近代法制史上一件典型事例，其中包括官僚政治的积弊。葛毕氏是冤枉的，葛品连的食物中毒如果发生在现代，也不一定丧命的。

（原载《闭关录》，上海古籍出版社 2004 年版）

木材商钻营盐茶道案

《孽海花》第二十一回，写旗籍库丁余敏，通过总管连公公门路，得了东边道，因陛见时连自己的履历也不会写，被德宗斥逐事，倒也事出有因，并非全属虚构。

民国二十一年（1932）故宫博物院出版的《文献丛编》第十四辑中，辑有《四川盐茶道玉铭案》，前录李岳瑞《春冰室野乘》云：“玉铭者都下木商，隶籍内务府，入资得同知职衔者也，其谢恩召见时，德宗询其曾在何署当差，对曰，奴才向在□□（原注：二字为‘木厂’字号），德宗不解，又问之，则曰：皇上不知□□乎？□□者西城第一大木厂也，奴才向充管事。德宗笑曰：然则木厂掌柜耳。木厂生意甚好，何忽弃而作官？对曰：因闻四川盐茶道之出息比木厂更多数倍耳。德宗是时已怒甚，然犹隐忍未发，复问汝能国语（指满语）乎？曰：不能。能书汉文乎？嗫嚅良久，始对曰：能。德宗乃以纸笔掷地，令一太监引之出，于乾清宫阶上，默写履历，待之良久，始复命缴卷，仅有奴才玉铭某旗人数字，字大如茶杯，而脱落颠倒，不可辨识，甚者即至玉铭两字亦复错讹不能成书。德宗始震怒，立命以同知归部候选，而改授张元普为盐茶道。……玉铭既失官，复归木厂，承办醇贤亲王祠庙大工，以乾没巨款，并勾通醇邸内监盗邸中物售诸西人使馆，事觉，诏提督衙门逮捕，乃披剃为僧，遁入西山佛寺。”

翁同龢光绪二十年（1894）四月初八日日记云：“新放四川盐道玉铭，曾充库兵，开木厂，又与中官连结，中官遣令赴粤索钱，遂报捐道，中官殴之，乃忽有此，除物论哗然（外），今日奉旨召见，询问政事，未能谙悉，开缺以同知候选，改张元普。”《丛编》编者按语云：“综观诸说，互有详略，如《野乘》未言其曾充库兵，《孽海花》未述其为木商（档案中则记玉铭开设木厂酒店洋货店，亦无曾充库丁之说）。翁同龢日记未言书履历事，又《野乘》所述玉铭胆大钻营卑鄙无耻，未有侵款盗物等字句，至其所述玉铭为僧入西山佛寺一节，按档案所记玉铭之弟玉顺供称玉铭被革后，逃往天津，步兵军统领衙门奏称玉铭逃往上海香港，不审孰为记实之语。兹将本馆所藏档案中关系此案之文件汇刊于此，以供参考。”

此事既见于笔记和日记，为物论所哗，又写入小说，并收录于军机处档案中，可见是当年一件要案。日记中的中官，不知是否即李莲英，何以后又殴打玉铭？玉铭是开木厂的，清代工部有皇木厂，《孽海花》把玉铭写成库丁，或即据此。

这里再据档案所录，作些说明。

光绪二十年（1894）四月初五日：“内阁奉上谕四川盐茶道员缺着玉铭补授。钦此。”

同年四月初八日：“内阁奉上谕。昨日召见新授四川盐茶道玉铭，询以公事，多未谙悉，不胜道员之任，玉铭着开缺，以同知归部铨选，四川盐茶道员缺，着张元普补授。钦此。”至二十二年八月二十七日，忽又降上谕：“军机大臣面奉谕旨，前四川盐茶道降补同知玉铭，胆大钻营，卑鄙无耻，着即行革职，发往新疆，遇赦不赦。钦此。”我们姑且撇开正途异途不论，像玉铭这样的文化素质，当初根本就不能让他捐同知职衔，捐了同知，他自然还想高升，既经德宗震怒，更不应让他“归部铨选”。其次，何以过了两年之后，又降此革职充军之谕？

不仅如此，当都统恩佑等前往其家提人时，其弟玉顺

（时任礼部笔帖式）却说玉铭修祖坟去了，随即带玉铭家属到他祖坟那里，又说“并未在彼监工”，因而请朝廷通令步军统领衙门、顺天府五城御史一体严拿。一个区区的木材商人，竟然闹得京城一天星斗，如临大敌，文武大员，疲于奔命。

后来风闻玉铭逃往上海、香港，又传谕两江总督刘坤一等严密查拿，一面将玉顺撤职，要他供出玉铭“实在下落”。据玉顺供称：玉铭曾和人合伙开洋货店，临走时，只说有要紧事情往天津，如果有人来问，就说去看祖坟了。后经再三严诘，宣读谕旨，“给令跪听”，玉顺始供出躲往天津，于是传谕直隶总督王文韶查究，王文韶在玉铭开设的天津栈房里查过了，并无玉铭的影子。

玉铭在北京的一所住宅，内外共有六十七间半，官府准备将它变卖。家里的家具也经过查抄，都是不值钱的日常用品，如大柜、桌椅、瓷罐、茶盘、鱼缸之类，并无金银财宝，连衣服都没有。

《丛编》最后一篇是光绪二十二年（1896）十一月二十六日、内务府为查抄玉铭房间一事具写的奏折，至于玉铭本人下落如何，就无从知道；他可能是逃到上海的租界或香港，还能找得到么？金银财宝自然是随身带去，所以遁入西山佛寺之说，并不可信。

玉铭其人，固然算得上长袖善舞、神通广大，但他能够从北京逃到南方，也决非仅凭单枪匹马，独往独来之力。充军的谕旨是八月二十七日由军机处面奉后交给吏部兵部的，但恩佑等于当天前往提拿时，人已不在了。这里面，不但有通风报信的人，还有为他逃往沪港安排牵线的人，这些人也必是有权的。还要重复说一句，玉铭是一个区区木材商人，在天津曾与人合伙开设过栈房，自己连履历都写不来，如此而已，而一旦成为逃犯之后，为什么还能左右逢源，一路平安？一到洋场，仍不失为面团团的寓公。

捐班始于清代，起先原为广罗异途人才，补科目所不及，但一直为士论所鄙薄，康熙时侍郎王掞抗疏上言：“乡里童呆，一旦捐资，俨然民上。或分一县之符，或拥一道之节，不唯滥伤名器，抑且为累地方。宜禁止，以塞侥幸之路，杜言利之门。”（《清史稿·选举七》）但因国家需要钱，还只能开此方便之门。

《官场现形记》第三十八回说：“至于通、同、州、县一班，捐纳的流品太杂，科甲班酸气难当。”晚清官场的面貌，此二语不中不远。捐纳的条款也订得更广泛，藉此多方招徕，名曰“花样”，如“遇缺先”、“前先”、“尽前”等名目。所以，清前期职官中，正途出身的占多数，后期的倒是异途比重增加，玉铭只是其中之一例。

捐官的动机，有的为了过官瘾，有的为了从低职到高职，有的为了抵销处分、官复原职，有的为了炫示乡里，《官场现形记》第三回，写赵温爷爷致书赵温：如果报罢，就即赶紧捐一中书，在京供职，“你在外面做官，家里便免得人来欺负”。这样一来，想捐官的人自然越来越多了。

回过头来再说玉铭：盐茶道是掌管盐茶税的，属于开门七件范围，也是大家眼红的肥缺，玉铭投下的本钱，很容易捞回来，但这人也有可取之处，在回答德宗时倒很老实坦率：盐茶道的出息比木厂更多数倍，并没有说些为国为民之类的混话。

玉铭被革职在光绪二十二年丙申（1896），过了两年，就是戊戌（1898），我因此想到，德宗亲自闻到见到的官场腐败情状，自不止玉铭这一起，他之锐意变法，立志维新，未始不是原因之一。他对玉铭这样人物的震怒，和老佛爷对六君子的震怒，就全然不同了。

（原载《饮河录》，中国社会科学出版社 1997 年版）

青蒲饮泣

戊戌六君子被杀二十年后，张元济（1867～1959）先生曾将他们的诗文辑成六册，题名《戊戌六君子遗集》，于一九一七年由商务印书馆出版。张先生本人也参加过新政，曾上书请废除跪拜。这在当时确实要冒点险，乾隆时连英国使臣来中国也一定要他下跪。后来张先生被革去刑部主事，准备随时被拘捕，他的辑录遗作，也是后死者之责。一九五二年冬至日，他已八十五岁，曾有《追述戊戌政变杂咏》，末首云：“无官赢得一身轻，犹望孤儿作范滂。老去范滂今尚在，不闻阿母作儿声。”张母风义，于此可见。

六君子中，在狱中题诗的有三人，一为谭嗣同，其“望门投止思张俭”一绝万口传诵，一为杨深秀的七律，首末为“久拼生死一毛轻，臣罪偏由积毁成”及“缧绁到头真不怨，未知谁复请长缨”。一为林旭的《狱中绝句示复生》：

青蒲饮泣知何补，慷慨难酬国士恩。

欲为君歌千里草，本初健者莫轻言。

林旭字暾谷，康有为的门徒。诗集名《晚翠轩集》。首句的青蒲原指宫室中铺席之地，后来便借喻近臣忧虑皇帝的急难，他在《戊戌元日江亭即事》中也有“主忧避殿当元日”语。三四两句，出《后汉书·袁绍传》：袁绍（字本初）为废立汉献帝事和董卓争吵，曾愤然对董草说：“天下健者，岂唯董公！”说罢便横刀长揖直出。言下之意，他自己也是一个不好对付的“健者”。这里则以袁绍指袁世凯，千里草本指董卓，影射武卫后军统领董福祥。当时荣禄任直隶总督，统率董福祥的甘（肃）军，聂士成的武毅军、袁世凯的新建陆军。陈夔龙《梦蕉亭杂记》卷二记小站袁军“仅七千人，勇丁身量，一律四尺以上，整肃精壮，专练德国操。马队五营，各按方辨色，较之淮练各营，壁垒一新”。这也是谭嗣同要想依仗袁世凯的原因之一。当时世凯正值四十岁的盛年，倒真说得上是一个“健者”。林旭事前曾劝阻他而属意于董福祥，所以诗里这样说。燕谷老人《续孽海花》第五十回说戴胜佛（谭嗣同字复生）是“两眼误奸雄”，并写林敦古（林暾谷）的话道：“我是不赞成方安堂（指袁世凯，世凯字慰亭）的，他的眼珠儿太流动，说话时没有一点儿恳挚的神气，恐怕不能与他共谋大事。我看那个董回子（董福祥是回族，所以他带的是甘军）很有点草莽英雄的精神（董起先曾在甘肃聚众起事），这种人答应了一句话，不会反复的。”当是依据林诗而敷衍，实则董也是荣禄提拔的人。胡思敬《戊戌履霜录》也云：“旭言世凯巧诈多智谋，恐事成难制，请召董福祥。嗣同不可。”林旭是六君子中最年轻一个，死难时仅二十四岁，比谭嗣同还小十岁，虽也被叶昌炽讥为“少年浮躁”（《缘督庐日记钞》卷七），可是在识别袁世凯上远胜于谭嗣同。

荣禄的三支军队，都扎在京城附近，也是旧党处心积虑地在布置着，正像梁启超在《戊戌政变记》第二篇中说的：“西后与荣禄等既布此天罗地网，视皇上已同釜底游魂。”以新旧两党实力而论，自极为悬殊，谭嗣同却不讲究主客观条件，不选择对象，企图通过冒险的围劫手段，并寄托在袁世凯这个“健者”身上，岂非与虎谋皮？袁世凯这样的脚色，怎么会掷孤注于毫无实力的新党上面？他本来不是新党，因而更会想到，即使变法成功，荣华富贵也临不到他。黄遵宪《感事》之七也说：“师未多鱼遂漏言，如何此事竟推袁。”①

陈衍与林旭是亲戚，又是同乡（侯官），他在《石遗室诗话》卷七，有一段关于林旭此诗的评述：“当时疾暾谷者谓暾谷实与谋，袒暾谷者谓此诗他人所为，嫁名于暾谷。余谓此无庸为暾谷讳也。无论是时余居莲花寺，暾谷无日不来。‘千里草’二语，实有论议而主张之者；但以诗论，首二句先从事败说起，后二句乃追溯未败之前吾谋如是，不待咎其不用、而不用之咎在其中。如此倒戟而出之法，非平日揣摩后山绝句深有得者，岂能为此？舍暾谷无他人也。”林旭崇尚陈师道诗，他在《露筋祠》中有云：“诗成不得夸神韵，只好从人笑钝根。”下注云：“渔洋斥后山为钝根。”所以陈衍在后半段这样说，也因陈氏自己推崇宋诗之故。

当时六君子对维新态度并不一致，林旭属于“中派”。六君子被杀后，也有人讥责他们，《诗话》中所谓“实与谋”之“谋”即含有贬义，所以有“余谓此无庸为暾谷讳也”的话。林旭又曾作《直夜》诗：“凤城六月微凉夜，省宿无眠思欲殚。月转觚棱成曙色，风摇烛影作清寒。依违

① 上句用《左传》僖公二年“齐寺人貂始漏师于多鱼”典。多鱼，地名。下句用《世说新语·文学》：桓宣武（桓温）命袁彦伯（袁宏）作《北征赋》，王珣曰：“当今不得不以此事推袁”典。

难述平生好，寂寞差欣咎眚宽。身锁千门心万里，清辉为照倚阑干。”这是入值军机处时之作。第三句盼望政局好转，五六两句希望不至于受到责罚，所以他被斩时还问监斩官自己犯了什么罪。七八两句是思念他夫人沈鹊应①，当是用杜甫《月夜》“清辉玉臂寒”语意。

康、梁等人之于慈禧，除政治上的对峙外，还有因慈禧的出身、身份而引起的轻视心理，并把她的垂帘看作武则天的临朝，如黄遵宪《感事》的“九鼎齐鸣惊雉雊”，便是用段成式《酉阳杂俎》卷一的“则天初诞之夕，雌雉皆雊”的典故。康有为《戊戌八月国变记事》中就说：“更无敬业卒，空讨武曌文。”他在与英国传教士李提摩太书中，更直说“伪太后在同治则为生母，在今上则为先帝之遗妾耳，岂可以一淫昏之宫妾而废圣明之天子哉?”《戊戌政变记》第二篇也记长麟有类似的话，并说“凡入嗣者无以妾母为母之礼”，只有慈安太后才是德宗嫡母。慈禧专权以

① 沈鹊应为沈瑜庆（涛园）之女，沈葆桢孙女，有《崦楼遗稿》。沈葆桢为林则徐女婿，林旭为则徐族孙。孀居时曾作《读晚翠轩诗》，第二首云：“西风拂槛雨推窗，别泪离愁溢满腔。深夜诵君诗一卷，教人无语对寒釭。”她的死，一说为抑郁而死，但康有为《六哀诗》悼林旭篇有云：“娟娉沈公孙，令德俪才婿。竟作坠楼人，长咽秦淮水。”《康有为诗文选》注云：“竟作”句指沈鹊应于闻耗后“也服毒而死”。

后，这种“先帝之遗妾”的看法必不止一二人，当时肃顺等对抗慈禧未尝不含这一因素，他们又是清之宗室，更会看不起她。这固然出于封建伦理观念，却又是封建统治集团所强调。慈禧呢，以她的机警阴鸷自也知道这一点，因而一碰到和她对立的人，就会本能地引起敏感。这种心理上的压制、积累，加上她性格上的坚强狠辣，便会由自卑而发展为反常的自尊，权欲观念随着年龄而膨胀（戊戌年为六十二岁），以至产生虐他性的报复心理，据说她曾经说过“谁叫我不痛快一下子，我就叫他不痛快一辈子”那样毛骨悚然的话。她守寡时才二十六岁，穆宗虽然童昏不成器，毕竟是她亲生的。母以子贵，在这点上她比慈安有可以自豪之处。不想穆宗年轻夭折，再也没有一个子女了。德宗既非她亲生，又不听她的话，愈加感到孤独。她明白，在她活着一天，任何改良性的新政，对她的权力必然有害无利，何况新党又要效法“洋人”，成立议院、学会之类。她对“祖制”何尝放在心里，例如垂帘听政，大清的列祖列宗何尝施行，但别人要改变一下现状，她就要说违反“祖制”。戊戌的第三年庚子，她又想利用“刀枪不入”的义和团来废除德宗，扶立所谓大阿哥。徐用仪等五人反对她利用义和团，她就一下子将五大臣杀掉。三年之间，她就杀了十一个有名望的士大夫。作为最高的封建统治者，她的行为没有丝毫可以原谅地方；作为封建社会与外界几乎隔绝的年老寡妇看，她的心理却有可以分析地方。

有人说，光绪一朝，母子不和，夫妇不和（指德宗与隆裕后），婆媳不和（指慈禧与珍妃）。固然，当时政局的混乱腐败，并非纯然由于宫闱内部的矛盾，但也说明这时的朝政，里里外外呈现分裂危机，从而更给“健者”的袁世凯以上下其手的投机贩卖之隙。

林旭等从入军机到被杀还不到一个月，戊戌（1898）离开现在却已经八十余年了，六君子的态度并不一致，也很难一致，指出他们之间的区别和实践上的失着也是必要的，但他们毕竟将头颅断送在屠刀下，他们的鲜血将随着历史的洪流而永远流下去。

（原载《炉边诗话》，上海人民出版社1988年版）

曾夫人出国

晚清的遣外使臣，第一个为郭嵩焘，时在光绪初年。但起先只专使一国，所以以郭嵩焘的名义为出使英国大臣，兼使法。至光绪四年曾纪泽出使时，则改为出使英法大臣。

纪泽为名父之子（他与洪钧皆生于道光十九年，即鸦片战争前一年），通晓外语，回国后曾写成《出使英法日记》。黄浚《花随人圣庵摭忆》云："清末能知世界大势怵心亡国者，郭筠仙之外，唯曾劼刚。劼刚议论中，已大胆以国家为一单位，不复斤斤于'圣清''我皇上'之习说。如伦敦复陈俊臣中丞书云：'此次不振，则吾华永无自强之日，思之愤叹。'其复邵筱村、李香严函，语气并同。伦敦再致李傅相函云：'西藏与蒙古同，乃中国之属地，非属国也。’其词皆极明确。可征劼刚实有国家思想。”由于他接触洋务，头脑中也有世界的影子，与此相对照的，另一部分士大夫，认为正直的人不会去干外交，郭嵩焘出使时，李慈铭就在日记中为他惋惜。

曾氏的原配为云贵总督贺长龄之女，继室为陕西巡抚刘蓉之女。出国时其夫人同行（郭氏出使时也偕夫人梁氏同行），事前有一信致法籍的随员法兰亭，大意说：法国为礼义之邦，中国遵孔子之教，亦以礼仪为重，两处风俗不同，细节可以通融，但如宴会时，在外国，男子可以坐近主妇，中国讲究男女授受不亲，至亲也是这样，“中国妇女若与男宾同宴，将终身以为大耻”，所以中国使臣眷属，只可与西国女宾往来，不必与男宾通拜，尤不肯同宴，出见时只能遥立一拜，不能握手。这些都需要事先说明。（郭氏《伦敦与巴黎日记》中也有“中国妇女无朝会之礼，所以盛典概不敢与”语。）

人们也许会有这样想法：这还算得上什么头脑开明，和保守派又有什么两样？

然而知人论世，总得和具体的历史条件相结合：曾夫人也是深受儒家传统教育的大家闺妇，这时又是诰命夫人身分，如果一定要她与外国官员并肩而坐，同进饭菜，她的内心会引起怎样的紧张震动？这样也必会反射到外部的表情，到这时给外国人哄笑起来又怎么办？不仅如此，曾氏夫妇回国之后，又会被悠悠之口讥笑得什么样子？曾氏说的终身大耻，倒是老实话。曾氏出使前一年，刘锡鸿以副使出使英国，曾在《英轺私记》中记道："凡妇女皆肉袒，不以男拥挤为嫌。……无男女但识面，皆与握手。"显然，这对他是大为反感的。

《春秋》之义，大夫无私交。一国的钦差使臣出国时就代表这个国家的尊严与体统。曾夫人不同于赛金花之随洪钧出国，赛金花可以随便些，人家要骂，也是用另一种眼光来骂她。说来可怜，诰命夫人的庄严还挨到她矜持。说到底，还是反映了中国妇女历史地位的卑微屈辱，如同舒芜兄在《女性的发现》的导言中说，即使做到了出国的公使夫人，"始终还是中国的'男女之大防'的牢笼中的女囚徒"。

曾夫人小姑曾纪芬的《崇德老人自订年谱》于光绪十三年名下有记云："惠敏夫人自外洋携归绒织衣裤线织衣边诸物，颇为当时所不易见，余叩以制法，略得一二，然为时匆促不尽也。每于暇时，触类旁通，稍出新样。曾为中丞公（指聂缉椝）手制绒衣一袭，此物细针密缕，多赖记性。余记性不佳，故衣成而长短不匀。既而与傅兰雅君之夫人时相过从，傅君即为制造局编译新书者，其夫人娴雅笃厚，与余相得，因悉传其法。”曾纪芬虽不擅长文学，这一段却写得琐屑而有情致，也表现出女性的特有的兴趣。这一年她三十六岁，由上海至江宁的叔父曾国荃新督署中，姑嫂乃得相会。绒线衣裤与花边，在当时一般家庭中不易见到，叨了嫂子出国的光，使她开了眼界，见了新事物。接下来说：“余感于外国语文与科学之重要，因命其昌、其杰两儿逐日从傅夫人学英文。然其时以须习中文，不能专心，直至戊戌后始认真研习耳。”这却表现了一百年前妇女的识力与气度，而戊戌变法影响之大也于此可见。纪芬与兄纪泽同一排行，不因男女而分开。总之曾氏一家，对外来文明及时代风气，还是能够适应和接受的。

（原载《伸脚录》，辽宁教育出版社 1996 年版）

金圣叹评《水浒》

金圣叹是一个生员，生平本很简单。他的享名，还在清初。顺治对他的文才很钦佩，可是就在顺治逝世那一年，他因哭庙案而被杀，他的名望因此而更大了。

他评批过好几部书，其中有一部是《杜诗解》，看了一遍，不禁有盛名之下，其实难副之感，穿凿附会、强作解人的地方太多了。这不是解杜诗，而是要杜诗按照他的章法来写，但评语的文字很漂亮。

他的评语，倒可以自成一派，即“金派”。善于利用文艺心理，善于取得语言艺术的效果，笔锋常含机智与媚情，富有惑人的风姿，但也有不少魔道。他是秀才，却最痛恨秀才（意即冬烘），而以才子自居，评的也都是才子书，才子必须有才气才情，有时便不惜卖弄。这并没有诬枉他，看一看他的评批便可知道，前人也已经指出。

一九二〇年，胡适为亚东版的《水浒传》作了一篇考证，第一段说："这部书有一层大长处，就是把金圣叹的评和序都删去了。"一九三四年，刘复影印了金圣叹批改的贯华堂原本《水浒传》。两者可以并存而不悖。

圣叹评语中，最痛恨的，一是宋江，把他说成虚伪险诈、善用权术的人，要读者识破他，但又认为宋江是一片冰心，被迫上梁山的；二是痛恨贪官污吏，认为天下所以大乱，"乱自上作"这一点自然是对的。施耐庵对梁山英雄的态度是十分明显的，对宋江也是饱含深情的，看不出有什么嘲讽奚落的笔墨。

《水浒传》是一部乱世文人创作的长篇小说，并非如金圣叹说的施耐庵因饱暖无事而作此书，金圣叹是以乱世文人而作此评批，都是借此作心理上的自我发泄。胡适说："圣叹又亲见明末的流贼伪降官兵，后复叛去，遂不可收拾。"因而反对招安，腰斩水浒。

贯华堂《水浒》成于崇祯十四年（1641）。这个时期，李自成、张献忠的势力正在扩张，有时又向明军投降。大臣对农民军的方针，主剿主抚，意见不一，但明廷总以为有力量可以击溃农民军。这时一般士大夫的心理，既痛恨

“流贼”，又痛恨奸邪。圣叹的评语，就是在这种形势下写出来的，所以现实意义很强。他说：“水浒传独恶宋江，亦是歼厥渠魁之意，其余便饶恕了。”所以，金评中对宋江就说得一无是处，读者看了却不服气。有些明明是很平常的话，金评却硬说有特殊的寓意，胡适已举了几个例子，这里再举一例，如贯华堂本第四十七回，写宋江“唱个大喏，别了众人”，这就像现代人说声“再见”一样，《水浒》中屡屡用之，金评却说：“八字妙绝，摹神之笔，盖其待众人如此，则其待娘可知。我亦不知宋江之事父何如，但观其生平，全以权诈待人，而断其必忤逆太公之甚者也。”可见圣叹对于宋江，成见竟深到这个地步，这就很难理喻。他又常常用李逵和宋江对比，觉得李逵无处不可爱，宋江无处不可憎。但李宋之间，是两种性格，两种价值，忠义堂上缺一不得。打家劫舍，少不得黑旋风，运筹决策，更需要宋公明，如果梁山真的交给了李逵，还能成为轰轰烈烈的大事业么？

金圣叹反复强调章有章法，字有字法，于是拼命从常中求奇，无中生有，施耐庵只是顺着笔势随手写去，在他看来，其中就有十面埋伏，如宋江杀惜一回，最后竟说“春云三十展”。《水浒传》的原貌，反而被割裂得支离破碎了，在《杜诗解》中同样有这种缺点。

还有一件事，需要举出的，即第五回瓦官寺一段，读者往往信以为真：

那和尚便道："师兄请坐，听小僧……"（金批：其语未毕），智深睁着眼道："你说你说（四字气忿如见）。"说"在先敝寺"（"说"字与上"听小僧"本是接着成句，智深自气忿忿在一边，夹着"你说你说"耳。章法奇绝，从古未有）。

胡适还为此加上"新标点符号"，其实是上了金圣叹的当了。

据孙楷第先生《沧州集·跋金圣叹本水浒传》一文中说："今按袁（无涯）本、百回本并作那和尚便道：'师兄请坐，听小僧说。'智深睁着眼道：你说！你说！……"孙氏说："叙事明白平妥，并无所谓章法奇绝者。"他还举出不少例子，如把原本说成"俗本"，而自炫为"古本"。孙氏又说："观以上所举诸例，圣叹所改虽多，亦未有绝胜处，且有时专在字面上弄狡狯，细察之并无意味。而其注动斥俗本，扬己之善，沾沾自喜，殊可不必。又圣叹本浮华之士，学问甚疏。其所评论，以浅而易晓，特为世人所喜，然往往有不知义而妄说者。"

有的人由于看重金圣叹及贯华堂之名，以为《水浒传》既被尊为才子书，而评语中又横说"奇绝"，竖说"妙绝"，便觉施耐庵笔下的萝卜青菜，都是奇珍上品，这一点是圣叹误人欺人之处。

不过，话分两头，圣叹虽学少根底，文字却自有引人入胜的长处，如果撇开正文，单看评语，也可作小品读。如第三十二回云：“文章家有过枝接叶处，每每不得与前后大篇一样出色，然其叙事洁净，用笔明雅，亦殊未可忽也。譬诸游山者，游过一山，又问一山，当斯之时，无不借径于小桥曲岸，浅水平沙。然而前山未远，魂魄方收，后山又来，耳目又费，则虽中间少有不称，然政不致遂败人意，又况其一桥一岸一水一沙，乃殊非七十回后，一望荒屯绝徼之比，想复晚凉新浴，豆花棚下，摇蕉扇说曲折，兴复不浅也。”又如第四十四回云：“西门庆一篇已极尽淫秽之致矣，不谓忽然又有裴如海一篇，其淫其秽，又复极尽其致，读之真似初春食河豚，不复信有深秋蟹螯之乐，及至持螯引白，然后又疑梅圣俞不数鱼虾之语，徒虚语也。”这样的评语本身，就有文学价值，对《水浒传》的风行，自也起了推波助澜之力，他的才子气与头巾气都错综其中，就看读者如何取舍了。

（原载《饮河录》，中国社会科学出版社 1997 年版）

金圣叹的《杜诗解》

金圣叹是清初文人中一个异才，有性情，有才气，有慧眼，也可列入性灵派。他自己只是一个生员，却以才子自居，这也没有什么不好。但矜才使气，目无余子。他爱立异，这是完全应当容许的，积重难返的千人一面的印板似的习气，正是诗文之大忌，但同时还要立得令人信服，既要出于众又要入于众。他受八股文影响很深，据廖燕《金圣叹先生传》，圣叹还有制义文的评点[①]。从文学的眼光

① 标点本《杜诗解》后附廖燕《金圣叹先生传》："兹行世者，独《西厢》、《水浒》、《唐诗制义》、《唱经堂杂评》诸刻本。"唐诗、制义为两书，不应联加书名线，唱经堂杂评非书名，也不应加书名线。周亮工赖古堂《尺牍新钞》卷二，有嵇永仁与黄俞邰书，眉批云："圣叹尚有历科程墨才子书，已刻五百叶，今竟无成之者。"可证。

看，有些写得工整的优孟衣冠的八股文，技巧上也有其可以赏玩之处。他对帝王，对清初现实也有所不满，但一闻清世祖赏识他的才情，便赋诗感激，这当然也不能苛责，总之说明他的思想极为复杂，在文学见解上，同样如此，有高明的，也有可笑的。最后身罹哭庙之祸，更与他的性格有关，是不是受了《水浒》反暴政反瘟官的影响？

对于金圣叹评点的作品，一般都是从《水浒》、《西厢》开始，即所谓五才六才，其余四才不易见到。一九八四年上海古籍出版社出版了金圣叹的《杜诗解》，买来后一直搁在书架上，今天才拿出来看。此书值得出版，但看了好多部分，又未免有盛名之下的扫兴之感。

《杜诗解》收的都是律诗，他又把律诗分成前后二解，如同说话人之话头话尾。他在《答内父韩孙鹤俊》书中说："前后解虽是一样难作，然而前解比后又难。试想一二起手，一时擎笔向空，真问何处讨取？若是已讨得一二来时，早是不愁无三四也。然则前解一二三四虽是一样难作，而一二比三四又难也。"这就是说，他心中先已有了一个套子，由此而去探索前解如何，后解如何；一二怎样，三四又怎样。但杜甫也好，李白也好，其他诗人也好，他们作诗时虽也讲究音律、对仗、修辞等等，但绝不可能成为金圣叹套子中人。诗人大都是落纸云烟，妙手偶得，好景当前，稍纵即逝，于是灵感倏来，赶快捉住，而其中自有诗人自己的天分与功力。作诗的既是这样，评诗的怎么能用板板六十四的套子去肢解？

圣叹在《与家伯长文昌》书中说：“诗非异物，只是人人心头舌尖所万不获已必欲说出之一句说话耳。儒者则又特以生平烂读之万卷，因而与之裁之成章，润之成文也。夫诗之有章有文也，此固儒者之所矜为独能也。若其原本，不过只是人人心头舌尖万不获已而必欲说出之一句说话，则固非儒者之所得矜为独能也。”开头的两句话，颇为人所称道，他所强调的就是诗贵自然真实，可惜他评杜诗时的方法，完全背道而驰。

先举《与李十二白同寻范十隐居》：

李侯有佳句，往往似阴铿。

圣叹评云：“赞李侯诗，分寸极明。‘有佳句’，则不赞律诗，但赞绝句也。‘似阴铿’，则不赞七言，只赞五言也。‘往往似’，则虽有律与古诗，而其全篇不能尽佳也。此非文人相轻，盖古人月旦之法如此。”这真是钻牛角尖了。杜甫只是就阴李诗有某些相似而言，哪里有这么复杂曲折的用意？阴铿诗固擅长五言，但杜甫也只是泛咏而已，不会在五言七言上用心眼。

余亦东蒙客，怜君如弟兄。

评云："'余亦'是承上语，而只以乡里成句者，不欲以前辈自居也。看他一片奖诱后学心地，我尝恨韩昌黎妄自尊大，视先生何啻天壤。"更是大误。李白比杜甫年长十一岁，享名也比杜甫早，怎么会以前辈自居而把李白看作后学呢？说不定李白倒不怎么尊重杜甫的。圣叹怎么连李杜的年龄都昧然？世称李杜而不称杜李，也因李年长之故。

后又云："看诗全要在笔尖头上，追出当时神理来。"简直是在追寻试帖诗的神理了。

又如《陪李金吾花下饮》：

圣叹解题云："题不云'李金吾招饮而云陪李金吾饮，不以主陪宾，反以宾陪主，滑稽之极。"这原是诗人信手而书，有什么"滑稽之极"可说？如果杜诗题目是作"李金吾招饮"，那又怎么说呢？

胜地初相引，徐行得自娱。见轻吹鸟毳，随意数花须。

评云："此一节是虚影陪字之意。首句妙在初字，有此胜地，自应频频招饮，而今乃始见招，何也？次句妙在徐字，初引之客，自应速速催赴，而乃慢慢起行，何也？着引二句，则其'见轻'可知矣。见者，先生见也。"

真是没话找话，倒用得上"滑稽之极"了。此诗只是应酬之作，初字徐字都是熟字，无妙可言。

客　　夜

客睡何曾着，秋天不肯明。入帘残月影，高枕远江声。

解题云："写客，却写夜。写客夜，却写下半夜。奇撰可思。"圣叹评语常将诗语故意割裂，然后称之为妙为奇思，以此自炫独具慧眼。

评云："客睡句是一更二更以至三更，秋天句是三更四更以至五更。盖睡不着还望睡着，天不明直望天明矣。何曾，曾字妙，若有人冤其曾着者。不肯，肯字妙，便是天有心与客作冤然。"圣叹喜在数字上卖弄，何曾、不肯云云，也是硬拆强说。仇注杜诗引《杜臆》云："何曾、不肯四字，愁怀毕露，所谓愁人知夜长也。"又引葛常之（立方）《韵语阳秋》曰："少陵《客夜》诗：'客睡何曾着，秋天不肯明。'又《泛江》诗：'山豁何时断，江平不肯流。'不肯二字，含蓄甚佳，与渊明所云'日月不肯迟，四时相催逼'同意。"如此评解，既扼要中肯，又能说出骨子，对读者也有点睛之效。

这类评解，在全书中随处可见。圣叹的毛病在于扬才露己，必欲出人头地，而才气超过学问，只求取得自己赏玩上的快感，从而将杜诗真面目遮蔽了。反过来说，我们如果将杜诗的才子评语，和杜诗完全撇开，单独作为一种诗论看，那末，还是可以看出他的才子气，评语也明媚流宕，富于文学语言的色彩，做到这一点也是不容易的，只是一和杜诗交接，杜诗便显得架空，充其量只能说是以主陪宾了。

宋长白《柳亭诗话》：“圣叹评诗，如以纯锦制水田衣，割裂太多，反添痕迹。”陈廷焯《白雨斋词话》：“金圣叹论诗词，全是魔道，又出钟、谭之下。”海纳川《冷禅室诗话》：“金圣叹批唐人律诗，无论其语气如何，必以前四句为一解，后四句为一解，人号为腰断唐诗。”南村《摅怀斋诗话》：“特所选之唐才子诗，则未免非大雅之道，而取材说义，犹有奇僻牵强，附会穿凿之弊。……但俊眼灵思，于诗道有发明处亦不少。”（以上均引自钱仲联《清诗纪事》第四册）这些都非苛求而为公道话。金圣叹评《水浒》中景阳冈连写十八次“哨棒”，紫石街连写十四次“帘子”，三十八次“笑”是草蛇灰线法，胡适因而说金圣叹“是用了当时选家评文眼光来逐句批评《水浒》”，是八股选家的流毒；虽是指圣叹的评《水浒》，也适用于他的评杜诗。士人中八股的毒，有的是有形的，有的是无形的、不自觉的，习焉不察，魔法无边。

（原载《不殇录》，汉语大词典出版社 1997 年版）

金圣叹的《绝命词》

贯华堂本《水浒传》第五十回，白秀英登场时有一绝云："新鸟啾啾旧鸟归，老羊羸瘦小羊肥。人生衣食真难事，不及鸳鸯处处飞。"此诗为百二十回本《水浒传》所无。倘是金圣叹羼作，倒是一首好诗。由于金圣叹是清初一个"逆犯"，过去要找他的诗很不容易，教忠堂本的沈德潜的《国朝诗别裁集》，录有七律《愁》一首，乾隆年间的沈德潜能选金诗，还算是有胆量的，商务印书馆国学基本丛书本的那个底本却删去了。一九七九年上海古籍出版社出版的影印清钞本《沉吟楼诗选》，虽也是经过刘献廷等的选录，大体上反映了金圣叹的生平概况，但使我们失望的是《诗选》中没有一首涉及《水浒》、《西厢》和小说戏曲的，不知是否为原选者故意删去。

圣叹以哭庙案而遭祸，时在顺治十八年七月。被杀前，曾作一首五律《狱中见茉莉花》和三首七绝《绝命词》，五律云：

名花尔无玷，亦入此中来。
误被童蒙拾，真辜雨露开。
托根虽小草，造物自全才。
幼读南容传，苍茫老更哀。

此诗以名花自况，词颇凄清，又见性情。南容即南宫适，他曾反复诵读《诗经·抑》的“白圭之玷，尚可磨也；斯言之玷，不可为也”之句，比喻自己竟至老而受污辱，其实他只五十三岁。他解诗虽多穿凿处，毕竟还不失为一个人才。绝命词云：

鼠肝虫臂久萧疏，只惜胸前几本书。
虽喜唐诗略分解，庄骚马杜待何如？

这一首是写给金昌的，昌字长文，号矍斋，与圣叹为叔伯兄弟（详见《杜诗解》钟来因的前言）。“鼠肝虫臂”语出《庄子·大宗师》，原为随缘而化之意，这里是说自己的生命本极微小不足道，随时可以化去。圣叹曾有《贯华堂选批唐才子诗》，《杜诗解》则尚未写完，金昌曾为《第二才子书离骚经》作跋。

与儿子雍

（原注：吾儿雍，不唯世间真正读书种子，亦是世间本色学道人也）

与汝为亲妙在疏，如形随影只于书。

今朝疏到无疏地，无着无亲果宴如？

这一首于旷达中倍觉沉痛，意谓他们父子之间的微妙处就在疏远，这一回死生永诀，从此便到疏无可疏的地步了。末句的无着、无亲是南北朝时印度佛教徒中兄弟两人，即是大乘瑜伽宗的建立者，初习小乘，后改归大乘。宴如犹言宴然，即佛教徒涅槃之意，意思是自己曾学大乘，这一回能否果真脱离一切烦恼，得到大解脱？

临别口号遍谢弥天大人谬知我者

东西南北海天疏，万里来寻圣叹书。

圣叹只留书种在，累君青眼看何如？

题目中的“弥天大人”，当是指普天下赏识他的有德行的长者，或是用《孟子·离娄下》“大人者不失其赤子之心者也”语意，故末句以儿子金雍（字释弓）相托，要求另眼看待，也便是托孤了。

金雍因父亲之故还是流放宁古塔，又据陈登原《国史旧闻》第三册引一九三〇年《新闻报》：“今宁安东北二十余里，有金家窝棚，有金姓，凡数家，皆圣叹之后人也。”

安宁即宁古塔城新城。但俞鸿筹于《沉吟楼诗选》的读后记中说，刘献廷（继庄）《广阳杂记》中“有与释弓问答《南华会解》之语，似释弓后曾归吴，方有此事”。父子之间，既隔幽明，几经岁月，却连儿子的下落也费猜测了。

圣叹以鼠肝虫臂之身，临没念念不忘的一是未完成之书，二是看作真正读书种子的儿子。鸟之将死，其鸣也哀，何况是人。五三之年，毕生心事，几尽于此《绝命词》中，但这也只有读书人才有这种难了之情。这四首诗，在《沉吟楼诗选》中实不失为佳作，出语萧疏，词意苍凉，间用佛典，亦颇自然，他说的心头舌尖必欲说出的话，却用生命作了最惨痛的实践，但当时还允许罪犯赋诗，而且居然流传下来了。

《全唐诗》录有五代人江为的《绝命诗》：“街鼓侵人急，西倾日欲斜。黄泉无客店，今夜宿谁家？”后来却一误而为明初人孙蕡的临刑口占，再误而为金圣叹的绝笔。《水浒传》第八回，写薛霸举火棍打林冲时，下有两句诗云：“万里黄泉无旅店，三魂今夜落谁家”，当是袭用江为诗，或因此而与金圣叹发生瓜葛。

（原载《不殇录》，汉语大词典出版社 1997 年版）

如何评价窦尔墩

解放后，黄天霸曾经被看作特务，作为对立面的窦尔墩也添上神化色彩，据《团结报》登载，某京剧团就下令将窦尔墩改为武生式的俊扮，黄天霸却勾上蓝色花脸，“演员一登场，台下观众大为惊愕”。可是梁山上的李逵、刘唐又怎么办呢？还有窦尔墩山寨中一批涂上花脸的“众贤弟”，岂非也应改为俊扮了？我的书箧中有一本一九七九年印行的内部性的戏剧资料，其中收录《恶虎村》、《斩经堂》、《四郎探母》、《连环套》四个剧本。《前言》说，因为这四出戏历来意见极为分歧，所以印出来供大家讨论研究。这时“文革”已经完结，极“左”的影响还弥留八表，这些戏不能放胆演出，原是可以理解，但能印行出来，已是良好的开端。我并不主张一放百放，好戏坏戏统统上场，例如《杀子报》就大可不演，技巧上也无可借鉴之处，但以《连环套》而论，撇开艺术，单说内容，也没有什么消极影响。近年来，由于武侠小说的风行，窦尔墩好像也有些热。但他究竟是什么样的人物，对时代起过什么作用（不管它是否虚构），社会属性如何，今天应当怎样评价，实在还有讨论余地。我们生长于旧中国的老人，对黑社会的大大小小角色，到现在还是谈虎色变。

按照世俗的说法，窦尔墩是绿林好汉、江湖豪侠。“绿林”一词，据新版《辞源》释义，源出于西汉王匡等在绿林山中聚众起事的故实，后泛指聚集山林反抗官府或抢劫财物的有组织的集团，似乎有褒有贬。《辞海》释义相似，但说得更明确：“亦用指群盗股匪。”旧小说中也有称为响马的，即“结伙拦路抢劫的强盗”（据《辞源》）。

但窦尔墩这一伙说不上反抗官府。他与身受家破人亡之苦、逼上梁山的林冲不同，更不同于李自成。李自成起先出于生活的威胁，后来发展为武装反抗，决心推翻明末的腐败政权，故能得到下层群众的拥护。

历史上有无窦尔墩其人，这无关宏旨，蒋瑞藻《小说考证》所引阙名笔记的记载，全是臆说，不可置信，拙文所据的是《彭公案》与京剧《连环套》，能作依据的也只有这两种资料。

这些绿林人物，不经商，不做工，不务农，也没有可供剥削的田地，却各霸一方，拥有武器与喽啰，经常酒席联欢，只要看一看京剧《连环套》的排场，就不是中小地主的收入能够维持，这固然有艺术上的夸张，但他们的生活水平高出于升斗小民也是事实。那末，他们依靠什么呢？《彭公案》第七十回有这样四句顺口溜："不怕王法不怕天，终朝酒醉在林间（指绿林），就是天子从此过，也得留下买路钱。"这话虽是朴刀李俊说的，同样适用于窦尔墩一伙。第十八回写西路响马行劫时，便说"乃是北霸天窦尔墩一党之人在此剪径劫人"。第二十三回中还有人冒充窦尔墩姓名行劫，可见窦尔墩抢劫生活已名满州郡。"买路钱"是江湖切口，也即黑话，实际指用抢劫手段去取得财物。他们和官府也是藕丝关系，有的人便由绿林而到衙门，这固然说不上弃暗投明，也不能说是叛变，只是一种摇摆，有如人与跳板关系，不存在是非善恶上的差别，就像某些士大夫的仕与隐。有些人虽投身官府，却仍与绿林交接往来，称兄道弟，就像旧时马快与盗贼，上海巡捕房的探目和"三十六股党"关系一样，所以绿林干的案子，官府的马快往往用不着侦查就能知道。《连环套》中窦尔墩自称"坐地分赃"，倒是说得很老实。他们抢劫的财物，并非全是不义之财，因为多是拦路抢劫，事先就不知道这些财物的来历。从今天要求说，即使是不义之财，也不能掠为己有。坐地分赃的所得，有时也分施一些给贫民，就是所谓“劫富济贫”。有时也做一些仗义打不平的事，替受屈者报仇，因而受到江湖上的称赞，所谓“盗亦有道”，但都出于个人恩怨的冲动，而且凭借的是山寨的势力，等于以暴易暴。反之，如果是他们的“患难之交”，即使犯了命案，也会收留包庇，就像杜月笙之流拍拍胸脯，说一声“包在我身上”那种神气一样，杜先生一句话便可使法律等于零。所以，从《彭公案》描写的绿林故事看，其实就是黑社会的缩影，这种黑社会的结构，也不是仅仅由流氓分子所拼凑。

其次，所谓“侠”又是什么样一种角色？这里不想繁证博引，追溯到先秦两汉，只想举一个很现实的例子：当年杜月笙的高桥家祠建成后，好些文人写了诗文来凑趣，其中一个中心内容就是宣扬杜月笙的侠义，因为他不是正式商人，故而无法用陶朱公一类典故来敷衍，只好以古代侠士作帮衬。朴学大师章太炎在《高桥杜氏祠堂记》中就说：“末孙镛（杜月笙之名），为任侠，以讨祆寇（指杜月笙帮蒋介石镇压工人），有安集上海功，江南北豪杰皆宗之。”① 这就说明旧时代的所谓侠，和杜月笙其实是一丘之

① 《章太炎全集》第五册。

貉。写诗文的人，心里也很明白，所以章氏又说了一句“化其畔喭”的话，意思是要杜月笙改变流氓气质。窦尔墩性格上某些特点，如豪爽，好胜，报复，在杜月笙身上也找得到，今天的某些地区称赞、师承杜月笙的还大有人在呢。

《彭公案》是公案、武侠小说中文笔芜陋的末流之作，舞台上的窦尔墩，却是个性鲜明的人物，虽取材于小说，却显出再创造的魅力，加上黄天霸的搭配，动作，姿势，对白，唱腔，都发挥了京剧艺术高度的表演水平，成为一出性格化的戏剧，并给予观众以审美趣味上的满足，包括黄天霸的表演。我很喜欢这出戏，侯喜瑞、金少山、刘奎官、裘盛戎、袁世海的《连环套》，我都看过，唯一的遗憾没有看到郝寿臣的。但旧时唱片中郝、杨（小楼）合作的《拜山》，还能从听觉上获得补偿。但性格上的优点一面，并不等于是非上的判断根据。

窦黄两家的怨仇是怎样结成的呢？

黄三太是一个镖客，绰号南霸王，和绿林中人本有深交，当时要做保镖，不跟那些寨主联络，光凭武艺，也是做不成的。《连环套》中的窦尔墩就说上山拜望寨主，“也是保镖的规矩”。后来黄在河间府的驼龙冈和窦比武，但黄年已五十三，窦只三十岁，黄恐胜不过他，便暗中用飞镖将窦击倒在地，随即将他扶起，说：“贤弟，你我结为昆仲兄弟。”窦答道：“罢了，我也无面再见天下英雄了。”

从这件事情说，黄三太当然不是光明磊落的好汉行为，但窦尔墩其实也不必“无面再见英雄”，因为这并非他武艺上胜不过三太。他却就此远走高飞，在“连环套独霸为王，招聚喽兵”，对黄三太一直怀恨在心。后来得知梁太尉得了一匹御赐宝马，在热河一带行围射猎，便到御营将马盗来，推在黄三太身上，“管叫他满门大小，死无葬身之地”。这更不是光明磊落行为，而且显得阴险狠辣，为什么连满门大小都不放过呢？他的武艺胜过黄三太，既然连御马都有胆量去盗，真要报仇，尽可以直接去找三太将他打伤打死。

但这时三太已死，梁太尉通过彭朋，责成三太之子漕标副将黄天霸追捕盗马之人，天霸就往连环套去侦察，经过一番交谈后，窦说出盗马的动机，黄也说出自己的真姓名，并问窦彭朋为官如何，窦说“为官清正”、“大大忠臣”，又以歌颂口吻称彭朋“当朝一品，位列三台”。这一方面说明窦能识别忠奸，一方面说明他对身居显职的统治阶级并没有对立情绪。最后，经过朱光祖的盗钩与诱说，窦便自愿到官认罪，将山寨焚毁，表示认罪的决心，还要求黄上了刑具，黄说：“自行投到，不上也罢。”窦却说：

“朝廷王法，焉有不戴之理？”[1] 戏中的动作与语言，处处表现出窦寨主的豁达豪爽的性格，却又揭示了他其实也是王法下的顺民，这并非编剧者的有意歪曲，倒是符合黑社会人物性格上的逻辑。如果说黄天霸是特务，窦尔墩岂非是自首变节分子？当然都不是。

对古代作品中的人物，不管是真实的或是虚构的，自然都要放在当时历史条件所许可的范围内来衡量，但窦尔墩并非只是有“历史的局限性”的人物，并不能代表正面力量，他手下的喽啰，都是鸡鸣狗盗的亡命之徒，并非苦难的下层群众，他们在当时的社会生活中具有自发的破坏性，却不想打击封建政权本身的统治力量。梁山泊还有纲领性的“替天行道”的旗帜，《水浒》作者的倾向也很明显，连环套等各个山寨之间的斗争，时而化友为仇，时而化仇为友，没有本质性的是非界线，黄天霸如果不归附官府，称霸绿林，对善良人民也不可能有什么好处，窦尔墩与黄三太的仇恨，最初只是在武艺上争个高下，最后凭朱光祖几句话，就此“两家怨仇一笔勾”。朱光祖能够说服窦尔墩，事先又是依靠盗钩的不光明手段，如果脱离事物的本质孤立地从性格上或个别事件上来说，过去黑社会中某

---

① 日唱片中还有郝寿臣唱的“起解”一段。

些人物身上，也并非毫无可取之处。窦尔墩就很痛恨对妇女的奸淫行为。对于过去反抗官府以至朝廷的人物和组织，也需要作具体的分析，并不是任何反抗活动都应当肯定，如同反蒋一样。反抗是矛盾激化的表现，但矛盾又有各种性质的矛盾。解放初期，我在一篇文章中写到唐代安史之乱，刊出后，却被改为安史起义，就因为把历史上的任何性质的反抗朝廷的行为都纳入“起义”的模式。然而安史之乱却是历史上一场大灾难。前述《辞源》对西汉绿林王匡的事件注为“起事”而不作“起义”，就很恰当。

由于旧中国的腐败黑暗，官匪勾结，人民遭受冤屈无处申诉，对公案、武侠小说中的清官侠客以至绿林人物，便产生寄托性的愿望。《彭公案》和《连环套》都编写于封建社会，一方面适应了这种愿望，所以口口声声称绿林中人为英雄好汉；一方面又为巩固封建统治秩序而鼓吹。对后者应当批判，但并不等于窦尔墩这样人物就应当肯定。即使黄天霸是一个奴才，窦尔墩仍然不是一个正义人物，我们可以把反动派的探目、军官写得丑恶凶残，却不能由此而净化与他们发生矛盾的黑社会的首领。作为舞台上性格化的艺术形象，它给我们以欣赏上的享受，作为一种社会势力，却又需要正确认识。

（原载《不殇录》，汉语大词典出版社 1997 年版）

读《日知录》

一年前的夏天，费了好几天功夫，将顾炎武的《日知录》读完。觉得这的确是一部好书。无论于朝章国故，学问道德，人情节操，风俗舆地，都有很精核很广博的启发。自此以后，这部书也就成为我不离案头的读物，常常的加以阅览揣研，使我获得不少的受用。

明亡以后的几位遗老，如王船山、黄梨洲、归玄恭、叶天寥等，其品格与学问，都有使我辈后生肃然起敬之所在；特别是在今天，他们的卓然的晚节，更使我们于拜观之余，加上了一份惭惶进去。而亭林尤其是其中的一人。

他们这许多人，其性格或有狂放狷介，豪爽凝静之分；其治学处世和出身，也各有截然不侔之处。然而他们对于陵谷之变迁，身世之慨叹，却无处不表现其苍凉抑郁之感。而且还竭智尽忠，苦心孤诣的，以这与生俱来的“执著”作种种的奋斗。而他们本身所具有的，不过头颅一颗，昂藏七尺，再加上三寸的秃笔与唇舌而已。信如《诗·国风·黍离》章云：

彼黍离离，彼稷之苗。行迈靡靡，中心摇摇。知我者谓我心忧，不知我者谓我何求？悠悠苍天，此何人哉？

这无须更加上什么注疏，就觉得有一种原始而淳朴的无言之痛，深深的透过了纸背。而将它和那些明代遗老的心境、行动相比，似乎虽不中亦不远的了。

首先我要说的，顾先生的人是一个非常之人。至其学问，又不是截取一枝一节所能概括。就是这部《日知录》，也可说上一声卷帙浩繁。因此，以这样的人与那样的书而由区区来评头论足，其不相称盖也不言而自明矣。不过为了要还我自己心许的愿——也可说是对作者的一点小小敬意，只得就《日知录》中最爱读的几章，加以征引，略为说明罢了。至于亭林一生的历史事业，识者久有定评，我只在开头约略的征引几句，总算是一个交待吧。

亭林先生的先世住在吴郡，为江东四大姓之一，五代时迁居滁州，南宋后从滁迁海门姚刘沙，又从姚迁昆山县花浦村，旋又移至千墩，自此，即因以为家焉。

他是一个嗣子。本生祖绍芳，字实甫。万历进士，官至左春坊左赞善，著有《宝庵集》。嗣祖绍芾，字德甫。太学生。工诗文而擅书法。本生父同应，字仲从，又字宾瑶。官荫生，著有《药房》，《秋啸》等集；而性阔达好施与。嗣父同吉，早卒。嗣母王氏，是太仆寺卿王宇之孙女，王述之女。秉性贞烈，十七岁即未婚守节，洎明社既屋，又不食殉国，且又极孝，断指以疗姑病。县人张大复，曾为文以记其守节及立嗣之经过。我们看了先生的《先妣王硕人行状》所描写之操心与处境后，在一灯荧然之夜，仿佛感到冥冥中自有一种贞英来相对，犹如读汪龙庄双节堂庸训的情景。中有记其遗言云，“我虽妇人；身受国恩，与国俱亡，义也。汝无为异国臣子，无负世世国恩，无忘先祖遗训，则吾可以瞑于地下。”王太夫人以万历十四年六月二十六日生，宏光元年七月三十日卒，享年六十。其年十二月丁酉，乃葬于其尊翁之墓傍。先生于此不禁感慨系之曰：“王孙贾之立齐王子也，而其母安。王陵之事汉王也，而其母安。若不孝者，何以安吾母。而犹然有靦于斯人之中，将于天崩地坼之日而卜葬。桥山之未成，而马鬣之先封也；此不孝所以痛心擗踊，而号诸当世之仁人义士者也。”因此，他觉得“先妣之节之烈，可以不辱仁人义士之笔，而不孝又将以仁人义士之成其志，而益自奋，以无忘属纩之言；则仁人义士之铭之也，锡类之宏，而作忠之至者也，不惟一人一家之褒已也。”声泪俱下，情词笃切，而弦外之音，又是感喟无穷。我们对于旧道德中的节、孝之类，以目前的标准看来，或者未敢推波助澜，但无论如何却终可以哀矜与同情；尤其对于旧时代的妇女，牺牲一已性命或青春，去换得某一家门楣的光荣，“不亦大可哀哉”？不过有两点可以令我们理解的是：其一，顾氏之表彰一切节妇贞女义士等言行，其中心自不外在“烈”与“义”，正是每个孤臣孽子之用心，形诸楮墨，自然特别的有声有色。其二，从这里可以看到顾氏不惟是当地一个著姓，而世世“身受国恩”，沐浴清化，平时耳目所及，尤多是卓绝的德行，非常的事迹，一旦痛遭大变，对于故君故国，自然更其大恋所存，虽哲不忘了。《日知录》卷十三“廉耻”条下云：

五代史《冯道传》论曰：礼义廉耻，国之四维，四维不张，国乃灭亡。善乎管生之能言也。礼义治人之大德，廉耻立人之大节。盖不廉则无所不取，不耻则无所不为。人而如此，则祸败乱亡，亦无所不至。况为大臣而无所不取，无所不为，则天下有其不乱，国家有其不亡者乎。然而四者之中，耻尤为要。故夫子之论士曰：行己为耻。孟子曰：人不可以无耻，无耻之耻无耻矣。……所以然者，人之不廉，而至于悖礼犯义，其原皆生于无耻也。故士大夫之无耻，是谓国耻。吾观三代以下，世衰道微，弃礼义，捐廉耻，非一朝一夕之故。然而松柏后凋于岁寒，鸡鸣不已于风雨，彼昏之日固未尝无独醒之人也。

这一段话，特别着重于廉耻，而劈头便引那位“长乐老”传中管子之论来映衬，其命意所在，当然不必细说了。后面又引《颜氏家训》中齐朝一士大夫，教子学鲜卑语故事，因知者已多，无须转载，至其对此事的评骘则是：“嗟乎，之推不得已而仕于乱世，犹为此言，尚有《小宛》诗人之意。彼阉然媚于世者，能无愧哉!”颜子推是数遭迁革之人，其《观我生赋》云：“予一生而三化，备荼苦而蓼辛。”则亭林于征引之余而复加慨叹，原也无怪其然矣。

按《日知录》初刻成于康熙九年庚戌，西历一六七〇，时年五十八岁。(说见今人唐敬杲选注《顾炎武文》中所附之《亭林先生年表》，商务万有文库本。)然据国学基本丛书本《日知录》所载“道光十四年五月嘉定后学黄叙成叙录”谓：是书“自康熙三十四年，吴江潘检讨刻于闽中，流行既久……”云云，似乎颇有参差。而先生自序则云，“炎武所著《日知录》，因友人多欲抄写，患不能给，遂于上章阉茂之岁，刻此八卷，……渐次增改，得二十余卷，欲更刻之，而犹未敢自以为定，故先以旧本质之同志”。查上章阉茂庚戌，与唐说合。潘刻或为复刻本。

但奇怪的是专制时代的帝皇，何以全是那种小心眼儿，如目录卷六中明明有“素夷狄行乎夷狄”一条，但我翻了正文之后，却大有踏破铁鞋之慨。其他的想必还有。足见清初文网之森严，真也无微不至了。然如卷十三《正始》章第二节云：

有亡国，有亡天下，亡国与亡天下奚辨，曰，易姓改号，谓之亡国。仁义充塞，而至于率兽食人，人将相食，谓之亡天下，魏晋人之清谈，何以亡天下，是孟子所谓杨墨之言，至于使天下无父无君，而入于禽兽者也……

这下面所论的，是晋嵇绍因山涛之劝诱而仕晋的故事：绍父嵇康为晋文王所杀，本屏居不就，而涛则谓“为君思之久矣，天地四时，犹有消息，况于人乎”，于是“一时传诵，以为名言”。但顾氏颇不以绍之行动为然，而斥山巨源“为邪说之魁”，并责以魏晋人之以清谈亡天下。其末评嵇绍曰：“何怪其相率臣于刘聪石勒，观其故主青衣行酒而不以动其心者乎！是故知保天下，然后知保其国，保其国，其君其臣，肉食者谋之，保天下者，匹夫之贱，与有责焉耳矣。”所谓天下兴亡，匹夫有责，其语本此。而嵇绍忘却君父之仇，改变最初意志，在顾氏看来，自然要大声呵斥了。其次，他把亡国与亡天下分别看待，这不能不说是一种卓见。若论“禁毁”，则这一节似乎大有资格，——而且据说收入“四库”时，已遭清廷的“化装”了。但即使不禁毁又有什么用呢？如满清之卒能安稳地统治了中原，便是一个好而确凿的例子，至于三百年来更鲜有人理会这种涵义矣！这可见得文字在有的地方或者固然能够“载道”，可以“经世”，但在另一方面，殆也只有覆瓿之一途与？

顾氏的操守，不但见于晚年的大节，就是平素的出入进退，也是十分重视。这一点，正是儒家最可贵，最不可及的一面。如其拒绝别人请作应酬文字一事，即可概见，并有与人书云：

宋史言刘忠肃每戒子弟曰：士当以器识为先，一命为文人，无足观矣。仆自一读此言，便绝应酬文字，所以养其器识，而不堕于文人也。悬牌在室，以拒来请，人所共见，足下尚不知耶？抑将谓随俗为之，而无伤于器识耶？中孚为其先妣求传再三，终已辞之，盖止为一人一家之事，而无关于经术政理之大，则不作也。韩文公文起八代之衰，若但作《原道》、《原毁》、《争臣论》、《平淮西碑》、《张中丞传后序》诸篇，而一切铭状概为谢绝，则诚近代之泰山北斗矣；今犹未敢评也。此非仆之言，当日刘叉已讥之。

顾氏是一个道地的正统派，从目前的眼光看来，有许多见解论断，难免有和我们扞格的地方。但如果综论大体，再加以他卓然不拔的风操，也就未敢信口雌黄了；抑亦刘莘老所谓士当以器识为先者也。因此，在《日知录》卷十九中，有好几个题目，完全采取于文章，器识，立言，修辞方面；并将有关国运兴替的掌故史乘，名言至理而加以条举目张。此正述先圣之元意，整百家之不齐；而其用力之勤，涉览之博，论断之精，在明清之际，盖亦可得而数者矣。如文须有益于天下，文不贵多，著书之难，直言，立言不为一时，文人之多，古人不为人立传，志状不可妄作……诸如此类的标题与材料，足以说明他对于文字的严谨不苟的态度。如他之主张“直言”，劈头就说“天下有道，则庶人不议，然则政教风格，苟非尽善，即许庶人之议矣”。于是引了盘庚之诰，子产不毁乡校，汉文止辇受言，鲁山令元德秀遣乐工歌于以感动玄宗，白居易作乐府诗规讽时事诸节，以历来言官之得失，作为政之匡助，词简而意切，也可谓开言论自由的风气了。从表面看来，天下有道庶人相应不议，则苟非尽善自然可以放胆议论。但天下事往往出乎情理之外，这就是愈是“无道”，愈是“苟非尽善”，则庶人愈没有“议”的资格，“议”的余地——而这也正是“道”之所以为“无”也。

总之，遍览全书，有许多地方，至少可以充实一下我们的见识，砥砺我们的操守。古今来一切书籍，有一于此，也就够得上开卷有益四字了。但在某些人看来，岂非又是没落与倒退么？然而我想，我们在说这种话的时候，最好也能抚躬反省一下：在这天下汹汹之际，像顾氏的情操器识，宇宙之大尚有几人？自然，为了彼此所处的时代不同，有些思想议论，亦有须加以取舍与抉剔的。

乌乎，“孤臣孽子，其操心也危，其患虑也深”，故其中虽言旧制处而依然切合当时现实。惜因《古今》篇幅所限，未能多所引证，而鄙人浅陋，尤未能达先生用心于什一，清夜书此，只望能作“知惭愧”之裨助而已。

（重阳后二日，夜二时）

（原载《文抄》，北平新民印书馆 1944 年版）

秋蟪吟馆诗钞

金和（1818～1885），字亚匏，上元（今江苏南京市）人，贡生，著有《秋蟪吟馆诗钞》。

他是吴敬梓的堂外孙。《儒林外史》的传本，起先很罕见，后由金和与全椒人薛时雨集资刊行。《儒林外史》中影射的人物，如庄征君影射程绵庄，马纯上影射冯粹中等，最初都由金和在《儒林外史跋》中指出，否则，后人就不易知道。他的《抵全椒》诗有注云："余生于全椒，九岁归江宁，今二十有八年矣。"他的《过吴氏园本余外祖家园也今别归一吴氏其后楼为余初生处》云："一楼灯火半河滨，曾此啼声夜恼邻。剪烛尚留垂老客（有先君子旧好一二人，尚能识余），觅环已似再生人。满栽黄菊都新样，还倚青松亦夙因。岂独伤心慚宅相，眼前谁是旧家亲。”古人重外家，全椒又是他的出生地，所以他对全椒吴氏的情谊也特别亲密。胡适说：金和的诗，很像是得力于《儒林外史》的嘲讽本领。

他身经外患内乱，饱受流离之苦，东南涕痕，江淮劫火，皆毕现于他的纸墨间。

英军侵上海时，江南提督陈化成抗敌而死，金和曾作《陈忠愍公死事诗》云：

千声万声敌火急，火光照海海水赤。将军一人当火立，众人争请将军行。将军竟行谁守城，弃城而去何颜生。此时欲战兵已溃，敌则能进不能退。除死以外更无计，一火忽中将军肩。祟台百尺灰飞烟，英魂烈魄上九天。将军虽死抱余耻，杀敌方能报天子。臣功在生不在死，今以一死蒙恩深。褒忠犹自烦纶音，是臣之节非臣心。

前半首颇有气魄，后半首道出孤臣心事，可抵史论。

咸丰三年（1853）二月九日，太平军破江宁时，他身陷城中，后来渐与太平军相熟，常共至酒楼酣饮，因而得悉太平军的内幕。这时钦差大臣向荣结营城外孝陵卫上，他只身出城，企图作清军内应。向荣起先不相信，他便将自己作人质押在大营，与官兵约定日期攻城。不料官兵两次失信未到城中，事为太平军发觉，金和的同党因此被杀的很多，他便逃到了丹阳。后作《痛定篇》云：

二月二十三，传闻大兵至。贼魁似皇皇，日或警三四。南民私相庆，始有再生意。桓桓向将军，仰若天神贵。一闻贼吹角，即候将军骑。香欲将军迎，酒欲将军馈。食念将军食，睡说将军睡。老母命近前，推枕手弹泪。谓有将军来，死亦甘下地。纵遭玉石焚，犹胜虎狼寄。七岁儿何知，门外偶嬉戏。公然对路人，说出将军字。阿姊面死灰，挞之大怒詈。从此望将军，十日九憔悴。更有使者徒，夜半誓忠义。愿遥应将军，划策万全利。分隶贼麾下，使贼不猜忌。寻常行坐处，短刃缚在臂。但期兵入城，各各猝举燧。得见将军面，命即将军赐。谁料将军忙，未及理此事。

又如《初五日纪事》云：

（上略）三军拜谢呼刀去，又到前回酣睡处。空中乌乌狂风来，沉沉云阴轰轰雷。将谓士曰雨且至，士谓将曰此可避。回鞭十里夜复晴，急见将军天未明。将军已知夜色晦，此非汝罪汝其退。我闻在楚因天寒，龟手而战难乎难。近来烈日恶作夏，故兵之出必以夜。此后又非进兵时，月明如昼贼易知。乃于片刻星云变，可以一战亦不战。嗟乎！将军作计必万全，非不灭贼皆由天。安得青天不寒亦不暑，日月不出不风雨。

清军暮气之深重，曾国藩亦深知之。金和在他诗篇中，作了很痛快的揭露，又可以看到他对向荣的愤懑。这都是从亲身经历中获得的，很有史料价值，萧一山的《清代通史》中就屡屡采用。他对太平军是敌视的，诗中充满了诅咒口吻，这也是我们想象得到的，但对官军的腐败卑怯，却未必人人都敢痛骂。

金和的诗，以五古见长，又都是长篇的叙事诗，无法多抄，下面抄几首近体诗，略见全貌。

《秋夜》：

藤床初睡起，银汉已低垂。深竹润如此，野花香为睡。微云来往处，明月有无时。夜夜人归后，秋凉一蟀知。

《舟次夜饮》：

头已三年白，身几万里游。客心当此夜，世味剩孤舟。风劲虫迟语，霜深水暗流。寒灯倚尊酒，寄意送归秋。

这一首颇有杜味。

《得家信知林女尚在》：

别来学语始牙牙，我为余生万事差。闻汝去年归逝水，只今何处作孤花？牵衣应谓他人父，堕地安知旧日家？写尽零丁啼尽血，死前真有见时邪？

《内子至》：

鼙鼓连江雨接天，累卿远别海旁边。焦薪近火魂先夺，散藻随波力易迁。篱寄事原同鹦雀，楼居时且学神仙（寓屋仅一楼）。商量终胜牛衣泣，伴我春声过数年。

《村外小步》：

雨后春光绣不如，四边新绿绕山居。无花老树知多少，桃杏词人不道渠。

这一首结句很有意趣。

金诗古风，理多于情，近体则表现出抒情的技巧，较有欣赏性，但即使在晚清诗人中，还不能说是第一流的。

胡适在《五十年来中国之文学》中，以为在太平天国战争时代，“金和确可以算是代表时代的诗人”，其余都是假古董；金诗是“有心人的嘲讽，不是笑骂，乃是痛哭，不是轻薄，乃是恨极无可如何，不得已而为之”。

把金诗仅放在太平天国战争时代，也许可以这么说，但金诗本身成就如何，在晚清诗歌史中究竟应该如何评价，这就不好说了。胡氏所以这样推崇，或许因为金诗浅近直率，符合他的“白话文学”的要求。其次，胡氏的《吴敬梓传》一开头说：“我们安徽的第一个大文豪……是全椒县的吴敬梓。”爱屋及乌，或许便把金诗的地位也抬高了。

钱仲联《清诗纪事》引胡先骕曾批评胡适对金诗评价之偏，又引《评金亚匏秋蟪吟馆诗》：“总而论之，金氏之诗，才气横溢，言词犀利，诚有过人之长。唯太欠剪裁，不中法度，且骨格凡猥，口吻轻薄，殊缺诗人高致。充其量，亦唯可与龚定庵相伯仲耳。故湮没无闻，则亦有表彰之必要。”这段评论，还是对的，只是说金诗和龚定庵相伯仲，也是高了些，金之才气远不如龚，在语言艺术上，也不如龚之姿媚瑰奇。

较为公允的是钱氏《梦苕庵诗话》：“金亚匏和《秋蟪吟馆诗钞》，初不为人所知，至梁任公序其集①，始力张之。至谓有清一代，未睹其偶。此论一出，而金诗乃声价十倍。胡适之《论五十年来之中国文学》，亦和梁氏之说，石遗老人亦极称之，以与郑子尹并举②。传者谓亚匏子某多金，任某银行行长，以千金寿任公，丐其一序。钱能通神，而任公遂极嘘咈夸张之能技以揄扬之矣。新建胡步曾（先骕）及吾友徐澄宇（英），皆曾作专文贬之，其论又失之过苛。吾谓亚匏诗颇能密致，所欠者沉郁耳。持西江派门户之见以衡量亚匏诗，必无当也。唯见道未深，语太犀利，此自才人通病，亦不必为亚匏讳也。”但金诗缺点，恐正在粗犷

---

① 梁启超在《秋蟪吟馆诗钞序》中说得太夸张，甚至以外国的莎士比亚、戛狄尔来比拟。

② 郑子尹，即郑珍，著有《巢经巢全集》。他比金和大了十二岁，诗的成就比金和大得多。

而不密致，仿佛只闻铁骑突出，刀枪齐鸣，而缺少幽咽流泉的远致。

（原载《饮河录》，中国社会科学出版社 1997 年版）

王闿运唐诗选评语

茶陵谭延闿（行三，字组庵、组安）、谭泽闿（行五，号瓶斋）昆仲，皆工书，延闿尤工擘窠榜书，中山陵上“中国国民党葬总理孙先生于此”之碑，即出延闿之手。天骨开张，雄健高挺。国民党高层人物中颇多能书者，但勒石于中山陵上并能相称的，自当推组庵先生。瓶斋先生亦工榜书，《文汇报》报名即是他所书。

数月前偶检藏书，忽见有线装的《湘绮楼唐七言诗选》，上下两册，纸墨粗劣，封里只书“光绪庚子岁刊”六字，别无刻印所坊局之名，亦无序跋，乍见以为不过是极普通的木刻本，翻到次页，却有朱笔题记云：“辛亥五月，据湘绮为余手批本点一过。”又：“壬子四月，据汪四藏杨皙子本点一过。”又：“此为余集湘绮各批之本，他日更有得者，将更为迻录。壬子初伏日点毕。瓶记。”谭氏兄弟字学钱沣翁同龢，从封面的瓶斋题字上即可见之。左侧有由朱笔改墨笔题记云：“壬戌十月既望，据叔父所集王批本点校此集，尽半月之力乃毕，中间屡有停顿，实只费六日夕工也。籁记。”正文有“茶陵谭光珍藏书画”及“谭光藏书”之印。籁即谭光，当为延闿之子。封底又有朱笔记云：“壬戌十月冬尽，畏寒闭门读书，因借叔父集钞湘绮翁各批本点录，凡半月乃毕事。人事冗杂，且性懒也，故工甚缓。全书硃点，为绮翁批予叔父本，墨笔则杨皙子本（指为杨度而批本）。叔父原有紫墨，录自张正本，以批处少，且适乏紫墨，乃以墨笔为之，并志于此。此书索自叔父者卷首硃批圈点，书原有者吕无闷丈所为也。光记。”

王闿运曾撰谭钟麟墓碑，书钟麟（即日记中的谭文卿）有孙辅宸、翊宸、光宸、赞宸，此光宸不知是否即谭光，也即籁公？《湘绮楼日记》光绪三十二年十月廿六日云：“谭组安、杨昭朴来言土匪奇会事。”当时谭延闿二十岁，故对泽闿称为“谭五郎”。汪国垣《近代诗人述评》：“湖南派近代诗家，或有目为旧派者，其派以湘潭王闿运为领袖，而杨度、杨叔姬、谭延闿、曾广钧……羽翼之。”（引自《清诗纪事》）杨度为闿运的亲戚及门人，并见王氏与杨、谭在诗学上的授受之谊，所以，他既为杨度批过唐诗选，又为谭泽闿批过。

一九八九年，上海古籍出版社曾影印《王闿运手批唐诗选》，底本为长沙东洲本，共十三卷，包括五言。杨先生曾作前言，说是六十年代时在废品堆中检到一本残破的唐诗选集，不知它的来历，至一九八〇年，认识了王闿运的孙媳杨上酉女士，曾孙王绍曾先生，才始知道是王闿运手批之《唐诗选》，因而亟谋出版。

按照上述谭光的朱笔谭本、墨笔杨本说法，我将影印本和谭藏本对照后，发觉谭藏本的湘绮批语，要比影印本多出很多，仅就谭藏本上卷来看，即多出二百五六十处；也有影印本有批而谭藏本无批的，只是极个别。

第一首长孙皇后《春游曲》王氏批云："句亦风流，然不似皇后语，盖妒也。"（朱笔）此批语两本皆有，但谭藏本多"陈隋派而流丽轻倩"一句。玄宗《春台望》云："此又强作官话，亦不可少。"又："随口扯谎，却有照应。"两本同，但谭藏本另批："□政时语，然有以知不终，以其有羡词。"闿运矜才使气，目无余子，李汉春称之为"霸才"，则沾沾自喜，对帝王、皇后亦颇放肆，然于此又可见其个性。王勃《秋夜长》及《采莲曲》影印本皆无批，谭藏本有"不失古格，但无佳句"及"接笔从容摇曳"语。宋之问《明河篇》影印本无批，谭藏本有“盖咏太平公主”语，亦可备一说。批李欣《送陈章甫》云：“已是李杜以后说话，而配搭无村气。”两本同，但谭藏本多“粗话不俗”一语。两处批语的意思大同小异，这是因为一处在前，一处在后，意思就是那么一点点，落笔时的文字则有出入。批李白《长相思》末四句“昔时横波目，今作流泪泉。不信妾肠断，归来看取明镜前”云：“结亦常意，反胜武后绝句。以上两句，衬帖出色。”此当指武后的《如意娘》：“看朱成碧思纷纷，憔悴支离为忆君。不信比来长下泪，开箱验取石榴裙。”闿运对武后似颇歆佩，同治八年十一月十八日日记云：“点《唐书》一卷。高宗溺情哲妇（多谋虑之妇），然治绩可观，亦内助之力。武氏以妇人而赋雄才，非易唐为周，不足申其气，其害止于缙绅及浮动子弟称兵者耳。《唐书》遽以起兵与（赞许）李敬业、琅邪王冲、越王贞，未可为允当。”亦不同常流之见。他的《过荣文忠故宅》颈联云：“调护无惭狄仁杰，池亭今似奉诚园。”荣禄为忠于慈禧的实力派，王诗以狄仁杰之事武后比之，章太炎则以曾国藩之事慈禧，比于狄之事武而颇表鄙薄。（见《书曾刻船山遗书后》）但闿运论史论世，常不脱名士气才子气。他曾有《咏秋瑾烈女》（与作成仁解的烈士烈女不同）七律，颔联云：“曾闻葛毕能倾浙，近说孙黄其馆那。”诗中的葛毕（氏），就是晚清四大奇案之一的女主角余杭小白菜，因为哄动一时，故云“倾浙”，如果是一个鹰式的正统派，既不会咏秋瑾，更不会将小白菜拉在一起，就像评李白诗而忽然会想到武后的抒相思的七绝。谭藏本批王维《桃源行》云：“金人瑞说摩诘善用遥，是倩女离魂法。”可见他也推崇金圣叹。从某一意义上说，金、王之评批，实有貌离神合之处。

谭藏本批岑参《白雪歌》“北风卷地白草折，胡天八月即飞雪”一段雪景云“不似八月雪”，语亦精当。《与独孤及道别长句》的“桂林蒲萄新吐蔓，武城刺蜜未可餐”云：“刺蜜，杨梅也。”此为《太平御览》及《佩文韵府》所未收。司马相如《上林赋》：“梬枣杨梅，樱桃蒲陶。”亦以杨梅与蒲陶对举。批《逢入京使》的“马上相逢无纸笔，凭君传语报平安”云：“此白话报之祖，俗人最所称赏，雅人亦不能不喜。”可见当时白话报已很流行，胡适《白话文学史》即采录了岑参此诗。批张籍《秋思》的“复恐匆匆说不尽，行人临发又开封”云：“与凭君传语相（下有脱文），彼有阔派，此则寒苦。”实借此以讽世，对阔派等的调侃，批语中屡屡见之。

批刘禹锡“山围故国”的《金陵五首》云：“唐时金陵凋敝如此，在南唐后则不切题。”此固其细心处，但批张祜

《题金陵渡》的“金陵津渡小山楼……两三星火是瓜州”云：“当时金陵荒废，故瓜州亦寂寞如此。”这却是错误。瓜州在江苏邗江县南，不可能看到金陵。张诗的金陵渡在今镇江附近，而今之镇江，唐也称金陵。过去不少读张诗的人都有过疑问：镇江怎么望得见南京？赖高步瀛《唐宋诗举要》而得以释疑，此书实是爱读唐宋诗者所必备。

王氏批语中，对所谓轻薄之作，每多贬抑之词，如批骆宾王《代女道士王灵妃赠道士李荣》云：“极其妖媚，开李商隐轻薄一派。”又云：“此首末段太放荡。四杰诗无品，故为裴行俭所轻。”批刘希夷《公子行》的“愿作轻罗著细腰，愿为明镜分娇面”云：“反论正论，而接以极猥亵□语，又不得谓之邪淫，狡狯极矣。”刘诗这两句，怎么能说是极猥亵？实是偷陶公《闲情赋》中语。

夏侯审有一首《咏被中绣鞋》：“云里蟾钩落凤窝，玉珰初卸背铜荷。陈王当日风流减，只向波间见袜罗。”王批云：“小题能雅。”又云：“不落妖冶。”那末，他是欣赏的了。如果说，上述两句刘诗是极猥亵，则夏侯诗又如何？批元稹《襄阳为卢窦纪事》的“犹带春醒懒相送，樱桃花下隔帘看”云：“女去男看，殊无艳情，而看去似靡曼。”似乎必男去女看才有艳情，实则他在手批的时候，自己也有点醉眼朦胧了。金圣叹批《水浒》中潘金莲的故事时，同样是在自我陶醉，自我发泄。

我们如将王氏前后两处批语对照来看，非但不觉得自相矛盾，反而觉得很有意思：像王闿运这类才大性高的名士，对于绮怀艳情之作，本来备着青白两副眼镜，并在不断交错着，如同《红楼梦》中的风月宝鉴，究竟怎样算雅，怎样算亵，只有他自己明白。他的批语，原是即兴式的信手写来，最初可能没想到会公开。影印本的王氏序言中，只说明作品的选录钞写经过，没有提到批语的事。

再举一首冷朝阳《送红线》："采菱歌怨木兰舟，送客魂销百尺楼。还似洛妃乘雾去，碧天无际水空流。"批云："非侠女身分，自是游伎，唐小说诗皆不可信。"又云："小说作诗，每无线索，此起二句，自是歌伎送客，结二句乃是门客送姨太太。"他从侠女、歌伎而忽然想到姨太太，也因为平时接触的官绅人家的姨太太太多，到手批时便急不可待地要将她现身纸上了。

与此有关的是李益的《写情》："水纹珍簟思悠悠，千里佳期一夕秋（秋，应作"休"）。从此无心爱良夜，任他明月下西楼。"唐人七绝，这一首也是上品。一种永远难以挽回的愧悔之情，只好连对明月也辜负了。郭麐《灵芬馆诗话》云："李益'水纹珍簟思悠悠'云云，含思凄惋，命意忠厚，殊不类薄幸人。"这也可与李益《同崔邠登鹳雀楼》的“事去千年犹恨速，愁来一日即知长”同观，在君虞或亦引为一生长恨。王氏批《写情》云：“想是与小玉诀绝。”则他对唐人小说还是信从的。

闿运自负奇才，对晚清达官大员以及时政，少所许可，在批语中，常常借题发挥，或明讽或暗刺。批杜甫《乾元中寓居同谷县作歌》之六云：“便欲骂人，是文人常境，曾沅甫（国荃）所最怕也，刘岘庄（坤一）亦常防此，皆自以为阔人，不知其不足怕。此盖李辅国之流，必非严武、章留后。”闿运于晚清诸将帅多有不满，《湘军志》之毁版，即因于曾氏兄弟领兵有微词，日记中屡说湘军有暮气（这一点，曾国藩本人也承认）。他对张之洞亦多贬词，此处提到刘坤一，不知是否由于张刘东南互保之故？他批元结《登白云亭》云“元诗爱骂人，亦是一病”，而自己却借批语骂座。

杜甫《紫宸殿退朝口号》起二句云：“户外昭容紫袖垂，双瞻御座列朝仪。”批云：“题云口号，则诗中有讽刺之意，盖内宠近习大臣，皆害君德，故起句即言昭容也。”亦有皮里阳秋之意。批杜甫《解闷》的“京中旧见无颜色，红颗酸甜只自知”云：“因不在京中，故无颜色，与高力士荠菜诗同意，皆奴隶性质也。”似非泛语而有所指（或指两宫逃奔西安事）。批李德裕《长安秋夜》云：“军机大臣，自负不凡。”明指晚清权贵。批王建《宫词》云：“温柔敦厚，可以怨矣，此奴隶性质，岂不胜于列强?”又如讥废朝，刺甘外侮云云，用意亦同，恐皆影射慈禧君臣。当时政局固极败坏，而闿运之讽喻，却是自以为有才而不得施展的一种牢骚。《宫词》的“红灯睡里唤春云”一首，谭藏本批语云：“曾见僧王不朝，为之一笑。”僧王指僧格林沁，影印本“僧王”作“前王”，或后来所改，故疑杨皙子本在前。

孟浩然《早发渔浦潭》有“美人常晏起，照影弄流沫”语，影印本批云：“此美人盖舟人女，今江山船女。”这是调侃旗人宝廷（竹坡）之纳江山船女故事，即所谓“宗室八旗名士草，江山九姓美人麻”，其事固喧腾一时，但湘绮楼中的周妪却也成为物论的话柄。

由于篇幅所限，无法多举些例子。读了《湘绮楼日记》及有关资料后，可写者实不止此。

谭藏本只收七言，这是不足之处，或许五言分别刻印，却是再难得到了。但没有谭藏本，就不知道王氏曾为谭、杨二人批过《唐诗选》，而杨本批语又多于谭本，至于其中批点，迻录的具体经过，现在已不很了然，且有若干疑问。湘流百折，楚人多才，瓶斋先生的朱笔题记，作于辛亥与壬子中，离开现在也已八十余年了。

（原载《伸脚录》，辽宁教育出版社 1996 年版）

王闿运掌故之误

王闿运身历道光至宣统五朝，曾受知于肃顺，又入曾国藩之幕，胸罗掌故，交多名流。辛亥革命后，却不以遗老自居，在民国元年正月初二日日记中，即径书“见电报清帝逊位”及“清廷遂以儿戏自亡”云云。他的《祺祥故事》，常被谈晚清掌故者所引征，与热河密札同样重要，邓之诚曾收录于袖珍本《旧闻零拾》中。

辛酉政变为晚清政局一大关键，其经过大家都已熟知，不必赘述，但《祺祥故事》中有一要角，颇费学者的考证，至今仍不清楚。

据《清史稿》文宗纪、孝钦后传、肃顺传及薛福成《庸庵笔记》等官私记述，皆明言上疏请垂帘的为御史董元醇，热河密札第一札中也说“玄宰（董其昌字玄宰）折请明降垂帘”，第四札也有“千里草上书”语，但《故事》中却说“既而御史高延祜上请垂帘，本后意也”。则上疏为高延祜而非董元醇，孟森因而作《高延祜首请垂帘事考》，以为高疏为首发，董疏为再发，可是《故事》中为什么无一语提到再发的董元醇？王氏撰此文在清亡后，意在为肃顺等鸣冤，所以有“一时无识者谓之三凶”的话。祖肃顺必然憎恶请垂帘的人，对董元醇自然不会隐讳。

黄浚《花随人圣庵摭忆》，也以为高董先后上疏，或竟在董后，“皆未可知”，接着还有一段臆测性的话，黄氏自己也承认“以意度之”，故有“或”、“似”等盖然之词。其原因当由于王闿运的盛名健笔，为学者所信重，遂有此模棱的推断。

瞿兑之《辛酉热河史料钩沉》，认为王氏此文，作于民国初年，耄年信笔，颇有未知检点之处，如《故事》说，“恭忠王母，文宗慈母也。全太后（当云孝全皇后）以托康慈贵妃，贵妃舍其子而乳文宗，故与王如亲昆弟”。这里的慈母为特称，指抚育自己成长的庶母，与“慈母手中线”的慈母不同。顾炎武《日知录》论服丧有“慈母如母”条。瞿氏云：孝全皇后（钮祜禄氏）卒时，文宗已九岁，自无尚需哺育之事，且宫廷间亦无舍己子而乳他人之子的习制，故只能说是受其抚育。对《故事》中疏请垂帘一事，瞿氏评云："王氏归之高延祜，亦令人不解。盖高曾具疏为柏葰讼冤，而柏狱成于肃顺，讼柏即所以罪肃，与董俱为反肃党，故王氏误记其请垂帘耳。"瞿氏释王氏为耄年误记，固合情理，但据《清史稿·柏葰传》，穆宗即位后，上疏请为柏葰昭雪的是御史任兆坚，不知瞿氏是否另有根据，今已无法询问。

又据《东华录》，穆宗登位后，十一月间谕，"给事中高延祜奏，各省更调州县，请饬部严定章程等语。前因该给事中奏请严惩贪墨，业经降旨……"据此，高延祜的官职为给事中而非御史（给事中品级低于御史），上疏请垂帘与高氏奏请严定章程，为同一时期，在此之前，他又曾疏请严惩贪墨，更见王记有误。但在咸丰十一年间，浙江巡抚罗遵殿战败自杀后，清廷下诏优恤，因御史高延祜奏劾而罢，事见《清史稿·罗遵殿传》。这时他所任的则为御史。

董元醇、高延祜、任兆坚，《清史稿》皆未立传，他们的仕历不详，但辛酉时上疏请垂帘的为御史董元醇决非高延祜，亦不能曲作高董二人先后上疏的调和之说。

（原载《伸脚录》，辽宁教育出版社 1996 年版）

读《浮生六记》

大约是旧历立冬的前夜，在书店买到了几册旧书，虽无精抄名刻，但却皆有点骨董意义。其中有一部曰《雁来红丛报》。看了一下内容，还是《浮生六记》初刻本之一。同时又看到前几天本埠某剧团正在上演《浮生六记》话剧，而且好评啧啧，于是就想趁此“投机”一下，写成了这篇小文。

《雁来红丛报》相当于目前的杂志性质，铅印，三十二开本。封面右角印有“丙午四月”字样，盖为清光绪三十二年，西历一九〇六年也。共四册。但《浮生六记》刊至第四册，还只以卷三《坎坷记愁》止，尚少《浪游记快》一卷，似寒斋收藏者也非《丛报》之全璧也。

关于作者沈三白或原书的掌故逸闻，一向就非常的少。只从书中知道名复，苏州人，乾隆二十八年癸未（1763）十一月生，卒年无可考，然总在嘉庆十三年之后，因其第四卷《浪游记快》写成于此年，故以此推得。幼聘妇金沙于氏，八龄而夭，续娶即陈芸，与三白同年生而早十月。习幕作贾，兼能绘事。但平生屐踪甚广。陈芸亡后又随其至交石韫玉作更畅浪之游。自谓“余游幕三十年来，天下所未到者，蜀中黔中与滇南耳”。惟至嘉庆十年石韫玉挈眷重赴四川重庆之任，邀其同往，乃别母西行而止于荆州。二月，复由荆至樊城，陆行赴潼关。十月，随石氏家眷赴济南，迨入秋又随石氏入都。

以上的经历事实，都根据原书的叙述。因为除此之外，记载三白生平的实在稀少极了。尤因他出身不过习幕作贾，并非一意的将文章当经世之具，所以留传于后世的自更无多。如果不赖这几卷残阙的笔记，及杨甦补在冷摊上的发现，王韬园等的推崇，恐怕到今天还是默默无闻吧。但也许正因这个缘故，遂使作者的驱遣词藻，刻划愁欢，还不曾落到雕磨做作的痕迹，而只觉其清新自然，绰约多姿，于不经意处却又显得机杼一家也。这一点，俞平伯先生在重刊《浮生六记》序上说得颇有意思：

文章事业的圆成本有一个通例，就是“求之不必得，不求可自得”。这个通例，于小品文字的创作尤为显明。我们莫妙于学行云流水，莫妙于学春鸟秋虫，固不是有所为，却也未必就是无所为。……即如这书，说它是信笔写出的固然不像；说它是精心结撰的又何以见得。这才是一半儿做着，一半儿写着的，虽有雕琢一样的完美，却不见一点斧凿痕。犹之佳山水明明是天开的图画，然仿佛处处吻合人工的意匠。当此种境界，我们的分析推寻的技巧，原不免有穷时，此《记》所录所载，妙肖不足奇，奇在全不着力而得妙肖，韶秀不足异，异在韶秀以外竟似无物。俨如一块纯美的水晶，只见明莹，不见衬露明莹的颜色；只见精微，不见制作精微的痕迹，这所以不和寻常的日记相同，而有重行付印，令其传播得更久更远的价值。

这一段评语把《六记》的精髓几乎都给他说尽了。我们可以将俞先生自己在前面的几句话，当作借花献佛：“古人论文每每标一‘机’字，概念的诠表虽病含混，我却赏其谈言微中。”他在临末并谓“我自信这种说法不至于是溢美”，跟鄙见也复相合。像《六记》那样的文笔和才华，也方能当俞先生那样的精致而明脆的论断。可见天地间的奇书有时不关着墨多寡，虽是残卷冷籍，也未必真赏无人。

《浮生六记》的最初刻本，从光绪丁丑王韬的跋文推测起来：是杨甦补（名引传，独悟庵居士，王氏妇兄）将原稿得于冷摊后，即付尊闻阁主人以活字板排印。按尊闻阁所印者似即为申报馆之仿宋本丛书，这从其他的书上可以想见。后来由俞氏校印的朴社本，即根据《雁来红丛报》及《独悟庵丛抄》本——后者大约便是所谓“尊闻阁”所印的了。而经俞氏等的介绍后，《六记》的书名始引起文坛的注意与赞赏。这样又到林语堂先生主编《人间世》时，又竭力称誉此书文笔之优越，并在英文《天下月刊》将其译成英文，于是沈三白夫妇的姓名与故事乃得远游海外了。林先生在当时也感到有关沈君生平的记录太少，曾亲自赴姑苏访其墓址、遗迹，也并无所获。可惜我这时手头没有清刻《苏州县志》，无法查觅沈君的小史，不过想起来恐也未必有什么新发现。然而无论如何，《浮生六记》能在今天引起国内——以至国外这样广泛的击节欣赏者；由冷摊上一轶残阙本的稿本而浸浸乎跻于古今“名著”之林，使三白而有知，也将含笑于玄壤了！其实，到目前为止，世上未被发现，或发现而未经方家品题之作，自然还不止《六记》一种。这就看各人幸与不幸了。其次，要分析《六记》作者所以反在身后显出波澜的原因，一半就不能不归功于时代的风气。在头巾气极重的道学家和正统派心中，像笔记小品——一切属于抒情范围之作，无不受到轻蔑或歧视的命运。何况，作者本是一个习幕经商的人，在当时非但没有“藉藉”之名，而且也是正统派轻视的对象，则其名之不称固也无足深怪。一直等到五四运动以来，大家都感到文体解放之必要，再加上周作人、俞平伯、朱自清诸氏对小品散文提倡之力，抒写之勤，以及作品本身在文苑上所显示的光辉，于是像《浮生六记》、《陶庵梦忆》、《甲行日注》、板桥家书以至公安竟陵之文……益加声价十倍，推崇备至，甚或以为与中国的新文学运动大有影响的了。这在正统派看来，固然是文体的日趋萎靡，（可叹！）但在另一方面，却又觉得是中国文化的一个转捩；虽然在更急进者看来，恐怕还是一样的噗嗤一笑，而斥之为骸骨迷恋吧。(可憎!)

这样又到了林语堂氏“以自我为中心，以闲适为笔调”的小品运动之再现，把《人间世》、《宇宙风》当作推波助澜的要津，于是《浮生六记》一类的笔记散文，在大众语运动的壁垒森严之对跖中，仿佛变成“柳暗花明又一境”了。这就是《浮生六记》及其同类作品所以会隔在身后一二百年忽然走运的大关键。不过《六记》本已被湮灭在冷摊主人之手，而今天却有这样声势者，却不能不说一种分外的幸运了。

其次还有一个重要因素：便是书中女主人陈芸言行的令人倾倒。无论在人格、学问、胸襟方面，都非一般泛泛的女流可比。自然，要是这种女性生在此刻的话，或者还并不值得我们笔舌的评衡，但一想到她所处的时代环境，是怎样的顽固腐旧，而她却往往有过人的行动，卓绝的识见，就自然令人起着敬爱之心了。何况，她最后的结局，正为了旧时代大家庭的积威的凌虐磨折，而终至吞声饮恨，郁郁以没呢？所以，三白的潦倒坎坷的境遇，究竟还不如陈芸的宛转凄凉的心事之令人同情。这里，且把林语堂氏在《人间世》四十期中，《浮生六记英译自序》抄上几段——他在劈头就是这样说：

芸，我想是中国文学中最可爱的女人。她并非最美丽，因为这书的作者，她的丈夫，并没有这样推崇，但是谁能否认他是一个最可爱的女人？她只是在我们朋友家中有时遇见有风韵的丽人，因与其夫伉俪情笃，令人尽绝倾慕之念。我们只觉得世上有这样的女人是一件可喜的事，只愿认她是朋友之妻，可以出入其家，可以不邀自来和她夫妇吃中饭，或者当她与她丈夫促膝畅谈书画文学乳腐卤瓜之时，你打瞌睡，她可以来放一条毛毡把你的脚腿盖上？也许古今各代都有这种女人，不过在芸身上，我们似乎看见这样贤达的美德特别齐全，一生中不可多得。你想谁不愿意和她夫妇，背着翁姑，偷往太湖，看她观玩洋洋万顷的湖水，而叹天地之宽，或者同她到万年桥去赏月？而且假使她生在英国，谁不愿意陪她去参观伦敦博物院，看她狂喜坠泪玩摩中世纪的彩金抄本？因此，我说她是中国文学及中国历史上（因为确有其人）一个最可爱的女人，并非故甚其辞。

林氏所说，虽不免稍嫌其“溢”，但总之也说明了陈芸的器度丰韵，是如何的令人企慕了。而这种“企慕”，完全是经过艺术上的陶冶，得到一种亲切而又醇正的愉快，使历史在读者之前忽然失去距离，遂不禁引起各种的遐想，然这决非动辄谈“授受不亲”的伪道学者所能理会罢了。而林氏以为他们之不容于大家庭的原因，“不过因为芸知书识字，因为她太爱美至于不懂得爱美有什么罪过。因她是识字的媳妇，所以她得替她的婆婆写信给在外想要娶妾的公公，而且她见了一位歌妓简直发痴，暗中替她的丈夫撮合娶为篷室，后来为强者所夺，因而生起大病，在这地方，我们看见她的爱美的天性与这现实的冲突——一种根本的，虽然是出于天真的冲突”。所谓女子无才便是德，所谓人生识字忧患始，可见才之与德，识字之于幸福，向来是处在这样深刻的对立地位。而陈芸呢，不但识字，并且有才，不但有才，并且还要为她的丈夫娶篷室，还要女扮男装出外游玩山水，还要联句吟诗；而这一切，无不与当时高唱“夫为妻纲”，“三从四德”的现实所冲突，则其最后所受的层层压迫，自然无法避免了。

本来，“妬非女人恶德”。女性不许丈夫有外遇，原也人情之常。不料一到了陈芸之手，却相反的去促成丈夫的娶妾，而所娶的还是妓女！这在素以“中庸之道”治天下的专制时代，当然不允许有这种“非常”之举了。而历来卫道之辈所允许我们的，是中和庸。“中”是不偏不倚，不反不侧，奉公守法，“乖乖儿的”。“庸”是不智不愚，不死不活，众口一声，“天皇圣明”。丈夫要纳妾，固然无从反对，否则，像芸那样的举动，也难免大悖于中庸之外，超越于情理之中了。因为中国女子唯一的典范即是贞静淑娴——这些谁也弄不清的抽象词眼。连走起路来都要扭扭捏捏的。然而在芸，则只是凭着一股莫明的天真质直之稚气，想把世上一些美而可爱的人物邱壑都据诸左右。一无所谓阶级，二无所谓礼教，三无所谓权利。……所以她会把一妓女荐给丈夫，会无视于世俗的习见，会不惜将女人最爱闹的妒忌放弃，且愿共处一方。以人为可爱，而我诚可爱矣。在爱与美的中间，她沉醉、她流连、她享受，终至浑然地忘去身外的荣辱！如她先看见三白同伴徐秀峰艳称新妾之美，即曰“美则美矣，韵犹未也”。及秀峰问以“然则若郎纳妾，必美而韵者乎”后，从此便痴心物色。待看到浙妓温憨园，才对三白说，“今日得见美而韵者矣”。

这正如林氏所说“由于艺术上本无罪而道德上犯礼的衷怀”——那种爱美爱真的热情驱促，才使她从一层层庸俗的范围中脱颖而出，傲睨一切。我想，可惜芸只是一个弱女子，而寿命又有限。要是换一个精力充沛的男子，说不定还有许多石破天惊的举动吧。

综观全书，《闺房记乐》适与《坎坷记愁》成一对照。前者细腻熨贴，后者则凄清曲折。但论感人之深，不消说，还得推后者。这理由，犹如喜剧不及悲剧之易于动人，所谓哀愁乃文艺的源泉也。其中声泪俱下之处不一而足，如记芸之临终云：

（上略）芸又欷嘘曰，妾若稍有生机一线，断不敢惊君听闻。今冥路已近，苟再不言，言无日矣。君之不得亲心，流离颠沛，皆由妾故，妾死则亲心自可挽回，君亦可免牵挂。堂上春秋高矣，妾死，君宜早归，如无力携妾骸骨归，不妨暂厝于此，待君将来可耳。愿君另续德容兼备者，以奉双亲，抚我遗子，妾亦瞑目矣。言至此，痛肠欲裂，不觉惨然大恸。余曰，卿果中道相舍，断无再续之理。况曾经沧海难为水，除却巫山不是云耳。芸乃执余手而更欲有言，仅断续叠言来世二字，忽发喘，口噤，两目瞪视，千呼万唤，已不能言，痛泪两行，涔涔流溢。既而喘渐微，泪渐干，一灵漂渺，竟尔长逝，时嘉庆癸亥三月三十日也！

当是时，孤灯一盏，举目无亲，两手空拳，寸心欲碎，绵绵此恨，曷其有极！承吾友胡肯堂以十金为助，余尽室中所有，变卖一空，亲为成殓。

读此文时，正是气候刚入冬令，于秋之萧瑟中又加上冬之枯寂，而夜来一雨潇潇，孤灯摇摇，冥冥中仿佛见此一对精英陷在万般转折之境，真也自笑其替古人担忧之亟也。诗云，“姑恶，姑恶，姑不恶，妾命薄”，听芸临终之言，忽想到东坡的诗，犹觉得芸自始至终是一个胸无城府的老实人。而造物之加彼者又何其酷哉！无怪三白要说：“奉劝世间夫妇，固不可彼此相仇，亦不可过于情笃。语云：恩爱夫妻不到头，如余者，可作前车之鉴也。”这也等于无可奈何的解嘲而已。好像物极必反，由绚烂必至平淡。三白岂真有慊于“恩爱”，盖激于悲愤，作此反语，其主意未尝不深曲耳。

除此段外，还有三白自贡局司事被裁后，因家居穷寂，只好再至靖江作将伯之呼，在失途夜宿神庙时，也有一段凉彻肌骨的描写：

时已薪水不继，余佯为雇骡以安其心。实则囊饼徒步，且食且行。向东南两渡叉河，约八九十里，四望无村落。至更许，但见黄沙漠漠，明星闪闪，得一土地祠，高约五尺许，环以短墙，植以双柏，因向神叩首祝曰，苏州沈某投亲失路至此，欲假神祠一宿，幸神怜佑！于是移小石香炉于旁，以身探之，仅容半体，以风帽反戴掩面。坐半身于中，出膝于外，闭目静听，微风萧萧而已。足疲神倦，昏然睡去。及醒，东方已白，短墙外忽有步语声，急出探视，盖土人赶集经此也。

历来风土景物之描写，每因作者当时的感受而显出文字色泽的深淡晦明。而这一段，尤因作者以平淡自然之笔飕飕写去，而自身又正绝于崎岖困厄之中，遂觉寥寥数十言的状景寄愁，使读者同其咨嗟太息。野途风霜，天涯星月，一照到愁城的游子，真无一而非惊心触目的征象。况且此去又是向人低首告贷非出本愿，而闺中更有芸的望穿秋水呢！

其他的许多晶莹细致的点染，在整整四卷中，可谓不胜枚举，且待读者自己去领略。最后，要说的是五六两卷佚稿真赝问题。

在林先生的英译序后面，曾说起此书如在王弢园、石韫玉及其他文中有发现关于三白生平文字者，请写信通知他。现在，因《韬园文集》深封书箧，查来麻烦，姑待他日。至于石韫玉的著作，（三白有记云：琢堂名韫玉，字执如，琢堂其号也。与余为总角交，乾隆庚戌殿元，出为四川重庆守。）寒斋旧藏有文集《独学庐初稿》、《二稿》、《外集》三种，诗集则自《池上集》至《鹃声集》约八九种。但我很仔细的在诗文中逐一检阅之后，却不见有关三白的材料。而同时知名之士若洪稚存《六十初度》，张船山《乞假归蜀》，伊墨卿《江亭雅集》，李石农《至浙东》等，却颇多唱酬。就是三白记的石琢堂旧交孝廉王惕夫，也见于其觞咏中。但又有"同社"，"社友"的宴会云云，未知有否三白在其间？这不免令人疑问，何以不见于石氏的集子，虽然也很可能。昨天无意中看见二十五年度江苏省立苏州图书馆年刊中，有故程瞻庐先生补白"沈三白轶闻"云：

《浮生六记》之著者沈三白先生，其行事散见于他籍者颇少，而《浮生六记》又缺其后二种。近虽有足本，类语意不伦，望而知为赝鼎。先生少年时住城南，曾居沧浪亭，曾游水仙庙，惜代远年湮，无有能知其逸事者。先生曾随册使赵文楷殿撰至琉球，绘有《琉球观海图》。石琢堂先生《晚香楼诗集》中，有《题沈三白琉球观海图》云：中山瀛海外，使者赋皇华。亦有乘风客，相从贯月槎。鲛宫依佛宇，龙节出天家。万里波涛壮，归来助笔花。

于此，始知石氏尚有《晚香楼诗集》。则寒斋所藏石氏著作，也是不足的了。至于这所谓"足本"，程氏已断其为赝鼎。而林氏也说，"过两星期得黎庵由甬来札，谓全本已为苏人王均卿老先生（文濡，即《说库》编者）所得，而王又适于二月前归道山。”惟最后接曰，“顷阅世界书局新刊行‘美化文学名著丛刊’内王均卿所‘发现’《浮生六记》‘足本’，文章既然不同，议论全是抄书，作假功夫幼稚，决非沈复所作，闲当为文辩之。”其辨伪语气益见肯定。今从“足本”《中山记历》开首观之，如“然而尚囿方隅之见，未观域外，更历溟之胜，庶广异闻。……凡所目击，咸登掌录。志山水之丽奇，记物产之瑰怪，载官司之典章，嘉士女之风节。文不矜奇，事皆记实。自惭谫陋，甘贻测海之嗤，要堪传信，或胜凿空之说云尔”。持以和原作相较，其真伪优劣之判，殆也无待烦言了。即在世界本赵苕狂的考文中，也说：“至于这个本子，究竟靠得住靠不住？是不是和沈三白原本相同？我因为没有得到其他的证据，不敢怎样的武断得！但我相信王均卿先生是一位诚实君子，至少在他这一方面，大概不致有所作伪的吧？”然则对于此书也不敢保持怎样的信任，他可知矣。

我觉得历来假冒、窜改和赓续的书，都不能与原著媲美，而且日久难免识破。上自刘歆，下迄高兰墅改续的手段，尚且为后人所揭露，则在作伪伎俩每下愈况的今日，更加不值一顾，也不值一辨了。

三白生而穷愁以终，死复无声于后世，自其遗稿问世，始得一露锋芒。不料居然还有不自忘其老丑的文侩，竟靦然的狗尾续貂，为书贾开一方便之门，而黔驴之技，却又浅庸之至。岂真一为文人，更无足观哉？

（十一月十四夜，雨窗，三鼓）

（原载《文抄》，北平新民印书馆1944年版）

《浮生六记》

四十年代时，曾经买到一部《雁来红丛报》，体裁相当于后来的杂志。铅印，32 开本，共四册，封面有“丙午四月”字样，即光绪三十二年（1906），其中刊有沈三白的《浮生六记》，（最早刊《六记》的为申报馆丛书）第四册中所收的只到卷三的“坎坷记愁”，尚少“浪游记快”一卷，则当时所收的《雁来红丛报》也并非全璧。

丙午距现在已经九十年了，现在此书已不在我的书架上了，有没有“想法”呢？当然有。

近年来红木家具又走俏了，应运而生的商店到处都有，每次路过时，虽然瞥了两眼，还是觉得心态平的，独独对那些被抄的图书，至今仍是耿耿于怀，无法用“身外之物”

一类混话能够自解。字不救饥，书非精椠，《雁来红丛报》也不过几块钱就可得到，又是无心插柳，随意得之。然而三更灯火，供我摩挲，此情仍常在追忆。一个读书人，如果连这点感情都磨平了——我无法想象会有这样旷达的人，不说了吧。这几年书话作者之多，读者之多，不就是一个很现实的旁证么？愿这些书与它的主人长寿共存。

此书起先未被重视，经俞平伯、林语堂先后评介后，才露头角。俞氏还说了几句很警辟的话：在旧时聚族而居的大家庭中，“于是婚姻等于性交，不知别有恋爱。卑污的生活便是残害美感之三因”。林氏在文学上的评论时出偏锋，他称赞陈芸是“中国文学中最可爱的女人”，把自己的感情投得太多了，几乎把她看作一位善于交际的洋场中大家闺秀，沙龙主妇，“她只是在我们朋友家中有时遇见有风韵的丽人，因其与夫伉俪情笃，令人尽绝倾慕之念。我们只觉得世上有这样的女人是一件可喜的事，只愿认她是朋友之妻，可以出入其家，可以不邀自来和她夫妇吃中饭，或者当她与丈夫促膝畅谈书画文学乳腐卤瓜之时，你打瞌睡，她可以来放一条毛毡把你的脚腿盖上。也许古今各代都有这种女人，不过在芸身上，我们似乎看见这样贤达的美德特别齐全，一生中不可多得”。这是受过“五四”洗礼，喝过洋墨水的林先生笔下塑造的陈芸，并不是沈三白笔下的陈芸，更不是乾隆大帝统治下的陈芸。如果陈芸果真像林先生所想象的那样，她临终时，也不会说出忏悔性的话。林先生把沈夫人包装得太时髦了。

在陈芸那个时代，她确实是一个性格鲜明，思想高超，有她自己的审美能力，并且表现出敢于摆脱世俗习气的精神的人，但她对翁姑，原是小心谨慎，唯恐得罪，如“闺房记乐”云：“芸作新妇，初甚缄默，终日无怒容，与之言，微笑而已。事上以敬，处下以和，井井然未曾稍失。每见朝暾上窗，即披衣急起，如有人呼促者然。……恐堂上道新娘懒惰耳。”所以上下之间，起先是和睦的。后来却失和了，一度被沈父斥逐，居于鲁家的萧爽楼。

大家庭的弊害尽人皆知，必须步步为营，不能左顾右盼，小夫妻的恩爱未必象征幸福，往往成为遭忌之由。陈芸本人在人事的处理上，也有失当之处，细观全书自明。为三白纳妾一举更是庸人自扰，后人未必会觉得她大方宽容。沈陈结合，有其感情基础，三白又非富豪，妓女知道什么才情风雅呢？最后，憨园为有力者夺去，引起陈芸的“血疾大发”，终于病死他乡，几至难以成殓。

沈书的文字特点是清新真率，无雕琢藻饰，但在清人笔记中也非第一流。情节则伉俪情深，至死不变，始于欢乐，终于忧患，漂零异乡，悲能动人。陈芸的个性很奇特，这人如生在另一个家庭里，也可成为女侠。但此书在三十年代所以名噪一时，主要是林语堂的力量，他又将沈书译成英文，更是天下闻名，后来话剧团还曾改编演出。

下面还想说一说《六记》的后二卷问题。

此书名为《六记》，传世的只有四记，即缺《中山（指琉球）记历》与《养生记道》。林语堂还说过这样的话："我在猜想，在苏州家藏或旧书铺一定还有一本全本，倘然有这福分，或可给我们发现。"其实也是姑妄言之而已。

不想到了一九三六年，世界书局出版的"美化文学名著丛刊"中忽收有"足本"，当真凑成了《六记》，而第六记却改为不伦不类的《养生记道》。

世界本前有赵苕狂的考证文，末云："同乡王均卿（名文濡，光绪末年曾刊印《香艳丛书》)先生，他是一位笃学好古的君子……无意中忽给他在冷摊上得到了《浮生六记》的一个钞本；一翻阅其内容，竟是首尾俱全，连得这久已佚去的五六两卷，也都赫然在内。这一来，可把他喜欢煞了。"接下去却这样说："至于这个本子，究竟靠得住靠不住？是不是和沈三白的原本相同？我因为没有得到其他的证据，不敢怎样武断得！但我相信王均卿先生是一位诚实君子，至少在他这一方面，大概不致有所作伪的吧?"这明明是在承认此书来历不可靠，却又闪烁其词。杨引传的序文中说得之于冷摊，这是真冷摊，王文濡的冷摊是假冷摊。又如书末的朱剑芒的《校读后附记》，从沈三白先后游踪的矛盾上，已证明了后二记之可怀疑，却又以三白事后追记，难免有错，强为辩解，曲意护短。《六记》在三十年代时，声价已很高，王文濡得到的若是真本，他不可能不会将收藏的经过、版本的样式写成专文的，现在却不著一字，只凭赵苕狂的三言两语，用道德上的保证来让人相信。

一九三六年江苏省立苏州图书馆年刊中，有程瞻庐补白《沈三白轶闻》，这却是一段重要资料：

《浮生六记》之著者沈三白先生，其行事散见于其他记籍者颇少，而《浮生六记》又轶其后二种。近虽有足本，类语意不同，望而知为赝鼎。先生少年时住城南，曾居沧浪亭，曾游水仙庙，惜代远年湮，无有能知其逸事者。先生曾随册使赵文楷殿撰至琉球，绘有琉球观海图。石琢堂先生《晚香庐诗集》中，有题沈三白琉球观海图云："中山瀛海外，使者赋皇华。亦有乘风客，相从贯月槎。鲛宫依佛宇，龙节出天家。万里波涛壮，归来助笔花。"

程氏也是章回小说派的名家，也是苏州名士，他却直道此书为赝鼎，这就颇有识力。他说的"语意不同"，也即文风迥异，这对考察作品的真伪是很重要的依据。我们先举伪五记《中山记历》的几句话："然而尚囿方隅之见，未观域外；更历慄溟之胜，庶广异闻。……自惭谫陋，甘贻测海之嗤；要堪传信，或胜凿空之说云尔。”三白文笔，清新自然，文如其人，这是大家公认的，上引一段，却是用骈俪，逞词藻，意在卖弄。《六记》文章，果真都是这样，决不会使俞、林诸公倾倒赏识。又如伪六记的《养生记道》中有云：“同是一人，同处一样之境，甲却能战胜劣境，乙反为劣境所征服。能战胜劣境之人，视劣境所征服之人，较为快乐，所以不必歆羡他人之福，怨恨自己之命。”这不正是民国时期报纸上常见的那种浅近文言的笔调么？乾隆时代的文人怎么会有这种语言模式呢？又因俞平伯有“《养生记道》，恐亦多道家修持之妄说，虽佚似不足深怪也”云云（这原是推测的话），所以伪作中也充满道家养生的烂调，并夹杂理学家迂腐之言，究其实则为腐儒的老生常谈。

商品的伪造，目的为了获得不正当的利润，古书的伪造，并非全是为名为利，有的是忌讳，有的是炫才，有的是好奇，如杨慎的伪撰《杂事秘辛》。近人张心澂的《伪书通考》（商务出版），厚厚二册，其中即记录了历代伪书的故事。

世界本的后二记，读书界没有人相信是真的，甚至包括赵苕狂本人，这件事本已过去，也可不谈，可是最近外地一家出版社又将世界本重印，并以林语堂作序为号召，而编者也明知林氏对伪作早已有“作假功夫幼稚，决非沈复所作”的断语。最可笑的，赵苕狂文中有“发现是项佚稿者为王均卿先生”的话，那家出版社的《浮生六记》的彩色封面上，竟写作“项稿佚失百年，今被刊行面世”，这“项稿”又是什么意思呢？

前面说过，古书的伪造不一定全为名利，但这本“项稿”的印行，却只是为了牟利，如同伪劣商品的欺蒙顾客，这就是应当通过舆论界来揭举，而近年来出版界的不正之风，更是变本加厉。

三白原著，为杨引传得之于冷摊。中经续貂，学者鄙之，今又还魂，招摇过市。真风绝而大伪兴，从这一本薄薄的随笔的流传上，也可略见书林的多故了。

（原载《不殇录》，汉语大词典出版社 1997 年版）

《孽海花》掇录

记得林纾有题西湖诗云："我自关心南宋局，旁人只是说西湖。"对《孽海花》的鉴赏，也可以有这两种态度，两种兴趣，一是重点对准赛金花，一是在于晚清政局及人物，有如看夕阳西下时的暮景，中间固有枯藤瘦树，旧家门巷，也可瞥见野草闲花。曾氏在序文中也说："我的确把数十年来所见所闻的零星掌故，集中在拉扯着女主人公的一条线上，表现我的想象。"此书所以较演义更能引人入胜，也因作者自己是一个"世家子弟"，即使从光绪十七年中举人算起，二十九年至三一年间《孽海花》写成，就有不少故事和人物是他亲自接触的，所以同时具有史料价值。瞿兑之曾说过："其间曾孟朴氏以《孽海花》出而与世相见，藉名妓赛金花（傅彩云）为线索，演晚清史迹。妙于描摹，尤为个中翘楚。盖师友渊源，家世雅故，习知同光京朝风气，名人性行，而藻思健笔，复能就各种资料，善于运化，用使形形色色，点染如意。所写朝士之情态及谈吐，历历如绘，生动逼真，读之使老辈风流，去人未远，斯其最难能可贵者，并时诸家，实无其俦也。”不过话又说回来，《孽海花》如果没有赛金花，这书的吸引力就没有这样强烈，这从书名上就可知道。商鸿逵在一九三四年作为《赛金花本事》序文中记刘半农对他说的话：“听说有人要给她写法文的传，我们先给她写了国文的吧！你有没有兴趣？这个人在晚清史上同叶赫那拉可谓一朝一野相对立了！”末段又说：“赶快写了吧！不然恐怕继《孽海花》六集六十二回的十集一百二十四回‘冤海花’就要出版了。”所以，《孽海花》之与赛金花，恩怨得失，兼而有之。

据作者自序所说，胡适与钱玄同曾于《新青年》中有两封辩论此书价值的信，钱氏以为第一流小说，胡氏以为只能算第二流，理由有二：这书集合许多短篇故事而成长篇小说，和《儒林外史》、《官场现形记》是一样的格局，并无预定的结构。“又为了书中叙及烟台孽报一段，含有迷信意味，仍是老新党口吻”。曾氏对与《儒林外史》格局一样之说，曾有分辩，并以穿珠作比喻：“《儒林外史》等是直穿的，拿着一根线，穿一颗算一颗，一直穿到底，是一根珠练。我蟠曲回旋着穿的。时收时放，东交西错，不离中心，是一朵珠花。”这话不无道理，拿这两部小说并观，区别即很分明，所谓中心，仍然穿在赛金花身上。胡适在《海上花列传》序文中，对《海上花》胜于《儒林外史》结构的特点，其实也是这个意思。

曾氏对“老新党”云云，却有反感了：“不想因此倒赚得了胡先生一个老新党的封号。大概那时胡先生高唱新文化的当儿，很兴奋地自命为新党，还没有想到后有新新党出来，自己也做了老新党。”但曾胡并未因此而交恶，胡氏在《追忆曾孟朴先生》文中，还重新提起过：“我在民国六年七年之间，曾在《新青年》上和钱玄同先生通信讨论中国新旧的小说，在那些讨论里我们当然提到《孽海花》，但我曾很老实的批评《孽海花》的短处。十年后，我见着孟朴先生，他从不曾同我辩护此书，也从不曾因此减少他对我的好意。”曾氏生前，还给胡氏以六千字的自叙传的长信。

据年谱所记，曾氏为了打破那时有些学者轻视小说的偏见，曾于一九〇三至一九〇七年抱病期中，纠集同志，创立书店，专以发行小说为目的，命名《小说林》：“初开时规模很小，先生自任总理，由徐念慈任编辑，出版《小说林》月刊，并征集创作小说及东西洋小说的译本，而先生的不朽杰作《孽海花》也在这时候开始着笔。经营了一年之后，果然提高了社会上欣赏小说的兴趣，于是重行集股，扩大组织，在棋盘街设发行所，收买派克路福海里吴斯千所创办的东亚印书馆为印刷所，并另于对门赁屋，辟为编辑部，广罗人材，作大量小说的生产。旧型的章回小说那时候虽没有打破，可是翻译东西洋小说的风气却由先生开之。”在当时要想造成这样一种风气，并不是容易的事，曾氏努力的结果，遂使商务印书馆也因此而刊印林译小说；可惜《小说林》因资金不能流转而收歇了。

在民国十七年的《病夫日记》中，曾经有这样的记载：“五月二十三日。昨天把《孽海花》第三十一回的稿子，做到天亮，总算完成了。”语虽简略，犹可见其通宵写作之劳。

我不知道曾氏的诗集有没有出版过。《孽海花》第十四回，写威毅伯（李鸿章）之女写了两首《基隆》七律，实是借此讽刺庄仑樵（张佩纶）的，诗写得很工致，等于曾氏自己的诗：

基隆南望泪潸潸，闻道元戎匹马还。

一战岂容轻大计，四边从此失天关。

焚车我自宽房琯，乘障谁教使狄山。

宵旰甘泉犹望捷，群公何以慰龙颜。

痛哭陈词动圣明，长孺长揖傲公卿。

论才宰相笼中物，杀贼书生纸上兵。

宣室不妨留贾席，越台何事请终缨。

豸冠寂寞犀渠尽，功罪千秋付史评。

曾氏考举人时的试帖诗，批语称其“典雅精切，试帖上乘”，在小说中的即兴之作，自更得心应手了。

曾氏逝世于一九三五年六月二十三日，至今年恰值六十年。生前曾有中国的福楼拜之誉，闻出李青崖手，并谓兼得《红楼梦》的灵魂与《波华荔夫人》（一译包法利夫人）的躯壳，故赵景深挽联云（按，系陈子展改正）：

福楼拜曹雪芹，灵魂肉体鲁男子

洪老爷傅大姐，才子佳人孽海花

据阿英《晚清小说史》所记，一九一六年时，强作解人曾作《孽海花人名索引表》、《孽海花人物故事考证》八则，及《证续》十一则，惜未见到。但“文革”前的流传本本附有人名索引，也有附纪果庵《孽海花人物漫谈》的，可作晚清掌故读，今印行的本子也未见；曾氏的原序实很重要，一并被省略了。

我原来有真美善书店本和四十年代的连史纸本，还有一个版本，倒也值得一提，便是“文革”前中华书局上海编辑所重印本，曾请张毕来先生写了一篇前言，其实写得平稳而得大体，当时也不可能出语惊人。不久，前言遭到批判，是从政治上批而不是从学术上批，出版社的领导大为紧张，忙于检讨，大有山雨欲来的样子，也不知究竟错在哪里？《孽海花》就此打入了冷宫。

我的这些版本的《孽海花》，也都得不到好下场。此文据旧作改写，其中或有错误，也没法校正了。

（原载《不殇录》，汉语大词典出版社 1997 年版）

关于曾孟朴

《古今》半月刊夏季特大号，载纪果庵君《孽海花人物漫谈》一文。果庵于清代史乘研究夙勤，故引证亦綦详。寻于三十三期起连载《续孽海花人物志》三期，二作共二万余言，对清末之人物政局尤收爬罗剔抉之妙。至三十二期乃有瞿兑之君为《续孽海花》所作序跋数则，三十七期有编者周黎庵君之《孽海花人物世家》，对现存之孽海花人物后裔表而出之，是皆振翮于昔年清班而蜚声于今日艺苑者。虽全书人物尚不止此，然已足一鳞半爪之珍矣。且由此而开“孽海人物”月旦之风，使同光隐秘，老辈风流，重现身于楮端。中国素重门第观念，若就优生学立场如潘光旦氏之论，要亦非无深意。最近，影楳庵主人冒巢民氏后人鹤亭翁，见燕谷老人续书中涉及彼之事迹处，乃撰《续孽海花人物琐谈》，投《古今》卅九期，对老人疏误诸点加以纠核，盖翁在书中亦属登场者之一。其文有云：“四五十年旧事，恍如梦寐，书中人物，今仅我（射名敦梅庵）与太仓陆彤士（射名陆卢卿）硕果尚存耳。”俨然前辈口吻，不失夫子自道。近闻周君曾登门访翁，并示以赛金花致翁小简一通，时翁正榷瓯海关，而赛书则为况夔笙所捉刀者，故周君别撰是日所得之印象记于《古今》。

自上述诸文胪刊后，东亚病夫之《孽海花》及女主角赛金花又重启读者以新的印象，闻正续二书之销路更为之一振，忆事变前夏衍熊佛西二君，编剧本《赛金花》后，（旋摄为电影，由吴茵主演，惟无甚声色。）亦使文坛剧坛引起热烈的空气。话剧由四十年代社演出，而由王莹金山夏霞梅熹等分饰要角。其中众望所归一致赞佩的是金山的李鸿章。王莹之赛金花则微嫌软弱，仿佛画家写景，总觉得“吃墨”还不够深切，“着色”还不够强烈，虽然，这原不是易讨好的脚色，因为她跟赛的生活，时代都离得太远。倒是夏霞的老妈子（姓氏已忘），演得恰到好处，无怪从此就使声誉扶摇直上。

至于金山的李鸿章，其最大成功即以一个性格举动等等绝不相同——而且极其相反的“现代人”，去描摹当年这迂缓拘谨，“老成持重”的皤然“首辅”，周旋于颐指气使的胜利者之前，在神情器度与行止谈吐间，虽未可说是亦步亦趋，但亦庶乎不中不远。而就在这一点上，他之被剧评界异口同声的激赏，要非偶然。但其他的“绿叶扶助”，自然也占一个要素。

现在，为了篇幅无多，且略将《孽海花》作者曾孟朴氏提出来谈谈，珠玉当前，我也只限提供材料而已了。

而先要说的是曾氏早年小史。

朴我新近所得之光绪辛卯科江南乡试卷，有下列之记载：

曾朴。谱名朴华。字孟朴（亦作孟璞——道注）。号铭珊。行一。光绪乙亥正月二十二日吉时生。江苏苏州府附生。民籍。著有《补续汉书艺文志并考证》十卷。

其下列举先世之履历，自迁始祖以至兄弟姊妹——直系及旁系血亲。这因为在专制时代，士子对于科举简直是一生隆枯的转捩关头。十年窗下的揣摩呫哔，就全仗桂花香时的一登龙门。故而对于士子的家世品第都异常重视，必须很详备的举载下来，尤不准有丝毫的欺瞒，否则，——如其查出有不齿于四民之序的娼优隶卒在内，那就要掀起轩然大波了。至于中举的人，也以为是人生最荣誉的阶段，所谓学而优则仕，便由此而达到“升官发财”的捷径，所以也很希望能将自己的家第趁此发扬光大，算是这一氏族中一个显耀的代表。

这里，只略举曾氏的父祖及始迁祖履历于下。

始迁祖怀，字钦道。历官于宋隆兴中。有文集三十卷。父之撰，字圣与。一字诠仲。号君表。即孽海花之曹公坊，字以表（后详）。同治庚午副贡，光绪乙亥举人，丙子，己丑会试堂备刑部郎中河南司行走，加二级。著有《虚霩居诗集》六卷，杂著二卷。《群玉楼读碑记》二卷，碑目四卷，《江苏金石目》四卷。祖父熙文，廪生，道光壬辰举人。著有《明瑟山庄诗集》八卷，文集二卷及其他。照此看来，曾氏确是江南的一个望族。累世俱有功名，“书香门第”四字当之无愧色。其受业师有归，翁，顾，……诸氏。咸诸生。年伯之知名者有李莼客，吴窓斋等（兼内母舅），亦时出现于小说中。俞曲园则系太年伯。乡试中式第一百一名。关于这个名次，还是李木斋向大主考金忠甫“力争”而得，其子虚白君于年谱中曾有记载（详后）。同试考官龙，大主考李及金诸氏对其才艺批语（分荐批取批中批），称其“沈博绝丽，经策淹通”，及“才气纵横，经策博赡”，及“风骨道上，经策渊懿”云云。第一场荐批为“首艺才气过人，次艺尤见渊懿，当为绩学之士”。二三场亦有赞词，今略。经题“子曰桓公九合诸侯不以兵车管仲之力也如其仁如其仁”。诗题“赋得龟背参差日气红”，得红字五言八韵，以“海气蒸初日，参差霭碧空”起句，“瀛州陪御赏，句忆窦庠工”结局。批语称其“典雅精切，试帖上乘”。

我所以这样细琐地不辞文抄之诮者，因一可藉此而看到前代科举之片段，二则这些材料，有的时候固得来不费功夫，但在没有而亟切需要的时候，倒也未可轻视。——对于一位大小说家的学问功名的了解研究上不无小补。例如胡适之先生昔年排印《木山房集》，及考证曹雪芹吴敬梓诸公的先世与生平时，都赖乎那些碎琐的“骨董”而贯串豁通。那末，在“孽海人物”谈得这样起劲当口，对于这小说作者之史的钩稽，也算让我凑个小小的热闹吧。

由上述朱卷中之履略与批语而观，曾氏少年的学识已可见一斑，无怪李木斋要为他而拼力了。曾氏逝世后（逝于民国二十四年六月二十三日，夏历乙亥五月廿三日），“宇宙风”社刊行之《曾公孟朴纪念特辑》中有虚白君撰之年谱一份，其字号略有小异：

曾先生名朴，初字太朴，后改字孟朴，又字小木，又字籀斋，笔名东亚病夫。江苏省常熟县人，生于公历一八七一年。父之撰，字君表，为时文名手，著有《登瀛社稿》，为一时圭臬。（道按：光绪乙亥为公历一八七五，即辛未当是年谱误记。）

曾氏于元史，金石及西北舆地诸学少即潜心研究，与李石农，文芸阁，江建霞，洪文卿等相周旋，引为小友。故试卷之策问中有“元史难读莫甚舆图，泰定纪称成吉思四大鄂尔多，是元氏建都，实有四地，能全考欤？和林有山有河有诺尔有唐碑见于记载，尚非无考之地，能博征欤？元史有两土拉河，有两太和岭，能指出欤？……诸生才具九能，愿闻斯说”长二百五十六字之题，而曾氏卷中条对详晰，于舆地沿革尤为娴熟，故批语得“疏证详明”及“学识淹贯”八字。宜其《孽海花》中每多述及舆地学处也。

曾氏中举人科，前已云之。光绪辛卯（1891）据年谱所载，谓是时曾随其尊人乘帆船至江宁应秋闱，而新夫人已怀孕数月。至中途不意忽吐泻交作，寒热骤增。君表公本擅医，即投止泻药剂，勉强入闱。比及策题下皆投其所好者，精神为之大振，忘记了百度以上寒热，振笔疾书，篇篇都是满卷。时主考金保泰（忠甫），副考李盛铎（字木斋。按李得试差，相国徐荫轩之力为多。冒鹤亭翁于文中曾记其经过）。而所识拔者如武进庄蕴宽，吴县蒋楙熙，镇洋姚柳屏等，皆江南好古能文之士。李氏后曾告诉曾氏道：

你首场三艺，首篇是发皇典丽的云间派制义，次艺是六朝江鲍的文章，末篇绝似苏氏父子纵横排奡的气象，三艺面目截然不同。当折弥封时，照例先折籍贯与年龄。金忠甫先生见卷填年岁，只有十七岁，惊呼道：这本卷子，定是枪手，三篇文字，变换三种体裁，岂是乳臭小儿做得到的！还是撤去的妥当。我当时力争，当场断定这本卷子是你的，力劝他不要珊网遗珠，失掉了一个好门生。金先生还是怕磨勘，虽答应不撤你的卷子，却把你从第十七名移得了第一百零一名。笑道，也算给他一个第一名吧。

持此与前引朱卷所载之三艺并观，情节颇多符洽。而金氏临末之笑语尤见风趣。但倘非木斋之“力争”，则此百零一名亦不可得了。木斋为人甚机警，初固与梁任公列名发起保国会者，而卒以身免，即其“识时务”处。生平好藏书，惟事变前已以数十万元售与天津某大学云。

年谱又记一八九一至一八九二年曾氏应试，因试卷墨污被剔事，有云：

这次闱试汪柳门（鸣銮）侍郎本有大总裁的希望，因为他跟孟朴先生有岳婿的关系，特意请假让避。结果大总裁放的是翁叔平（同龢）尚书，在场中暗中摸索，致误认黄谦斋先生二艺，用了六朝文体，当做先生。在折弥封的时候，翁尚书还自诩眼力，高喊：“这定是曾朴卷，这定是曾朴卷！”那里料到，先生因试卷墨污被剔，登了蓝榜了。（道按：谦斋与曾氏交颇莫逆，其日记中有记与彼往还之趣话，称彼为“谦斋真是孩子气，也真算得没事忙了”。）

徐一士先生曾于《国闻周报》第十二卷十四期中，著有《读曾孟朴先生年谱》一二两篇，对年谱所录舛误处细加补证。其于虚白君此处所述则云：

此纪光绪十八年壬辰会试事。是科翁同龢为正考官，（祁世长霍穆欢李端棻三人副之。）刘可毅卷被误认为张謇卷，中会元，其事知者较多，读此乃知同时更有认黄为曾之事也。所异者，张为同考官所抑，曾则以污卷被贴耳。文中叙汪鸣銮请假及翁同龢为总裁，二事若有因果关系，其实总裁四人，翁氏居首，固无待汪氏请假乃得为总裁。若云大总裁系专指正考官，副总裁系总裁指定一席而言，则汪官侍郎，纵不请假，只能派充副总裁也。

其后于曾谱误笔各点尤多补苴（如张佩纶、张荫桓之误）。然统论大体，则年谱之作，对曾氏的思想，性行，生活各方面，自有极大帮助。况知父莫若子，作者于耳提面命之余，其所耳闻目睹者亦必较他人为翔实渊洽，欲探讨曾氏之生平，要以此为最可靠之文献。且虚白君自己也云：“我希望跟先父共过生活和确切闻见过生活史中的逸事的诸位前辈，把这东西仔细检讨一下，把这里面应该修改的应该补充的，应该删除的各部分，逐条指点出来，告诉我，让我得到给先父做传的准确张本，那我真要感激不尽了。”是则作者之于初稿，固亦自嫌不足，且非逐年记述者，如晚年之闲居生活，及逝世前之情形，似亦语焉不详。至其后所云为曾氏作传一节，在此烽火仓皇之秋，或者不免被目为“闲人之业”，然就曾氏之文学的，政治的，文化的业绩而论，——以至所谓中国的福楼拜的荣誉，则“准确的”评传自盼能早日的完成。

曾氏之得与法国福楼拜并提，闻系出诸李青崖君，称其兼得《红楼梦》的灵魂与《波华荔夫人》的躯壳。故赵景深君之挽曾氏联云（按系陈子展改正）：

福楼拜，曹雪芹，灵魂肉体鲁男子

洪老爷，傅大姐，才子佳人孽海花

即寓李氏之评语也。至于论到《孽海花》全书，则自以史料的价值胜过了文艺的价值，使读者于晚清的上流社会情形，通过形象的手法，得到一个轮廓，固非徒以赛金花为重。如周黎庵即其一人。其文有云：“然另有一派读者，兴趣则全异于此，其着眼不在于堕溷一花，而于晚清人物政局之描绘，再三致意。”此与曾氏序文“我的确把数十年来所见所闻的零星掌故，集中了拉扯着在女主人公的一条线上，表现我的想象”之说，恰为合拍。还有，他这书之所以和演义不同，而能较演义更引人入胜者，则以作者自己也正是一个“世家子弟”，对于书中（大部分）的波澜起伏，枝叶盘错似的种种情景，皆从本身的经历体验而来。再加晚清原是离开目前最近的一个时代，其中的政制，风俗，文化，除有的尚保存于今日之外，余下来的也多有迹象可以追踪。而人物呢，又皆属昔年腾踔仕途的名流显要，其一言一动，也有与今日发生联带的因缘的。有许多人看了《三国演义》，就仿佛对汉末史实一目了然，则持此以论《孽海花》之于晚清政局，其价值，其趣味，不消说是更胜一筹了。其和李伯元之《官场现形记》又不同者，则一个是史的而一个是故事的。换言之，一个是真实里面去求想象，一个却是想象里面再去嵌真实，正像鲁迅翁的《阿 Q 正传》之不同于他的《故事新编》一般。信如瞿兑之氏所云：

（上略）其间曾孟朴氏以《孽海花》出而与世相见。借名妓赛金花（傅彩云）为线索，演晚清史迹。妙于描摹，尤为个中翘楚。盖师友渊源，家世雅故。习知同光京朝风气，名人性行，而藻思健笔，复能就各种资料，善于运化。用使形形色色，点染如意，所写朝士之情态及谈吐，历历如绘，生动逼真，读之使老辈风流，去人未远。斯其最难能可贵者，并时诸家，实无其俦也。

这可以代表全书一般的月旦。同时，除反映清末政局风尚外，还有一点值得提出的，就是作者的意识问题，也就是对于当时时政的态度。

据作者自序所说：胡适之与钱玄同二氏曾于《新青年》中，有两封辩论此书优劣的信。钱氏许之以第一流小说，而胡氏则加反对，以为只能算作第二流。他的理由有二：

（一）因为这书是集合了许多短篇故事，联缀而成的长篇小说。和《儒林外史》，《官场现形记》，是一样的格局，并无豫定的结构。（二）又为了书中叙及烟台孽报一段，含有迷信意味，仍是老新党口吻。

曾氏的答覆先以为“批评得很合理，也很忠实，对于第一点，恰正搔着我痒处”。继对胡氏的与《儒林外史》结构并论之说，却予以否认，并以穿珠作譬喻：“《儒林外史》等是直穿的，拿着一根线，穿一颗算一颗，一直穿到底，是一根珠练。我蟠曲回旋着穿的。时收时放，东交西错，不离中心，是一朵珠花。”这答辩得相当中肯。《孽海花》虽然散漫一点，“无豫定的结构”，无严格的组织，但他始终有个中心，向好处说，即以这中心而收左右逢源之胜。而赛金花半生的梗概，也已有一个消息。其次，则又辩云：“至第二点，是对于金君原稿一篇骈文而发的。我以为小说中对于这种含有神秘的事是常有的，希腊的三部曲，末一部完全讲的是报应，固不必说。浪漫派中，如梅黎曼的短篇，尤多不可思议的想象。”我觉得要批评一部小说的得失，先还得认清作者所处的时代，而不能向他要求过新或过高。因此，像孽海花作者所站脚的时代，究竟还未能跟一切固旧的风俗人情一刀两断。而略有些微报应的小疵，似乎也不至于会弄得自“第一流”而至“第二流”——因无关大体的小疵而相差如此之大！接着，曾氏对胡博士出以调侃的口吻道：

……不想因此倒赚得了胡先生一个老新党的封号。大概那时胡先生高唱新文化的当儿，很兴奋地自命为新党，还没想到后有新新党出来，自己也做了老新党。

这话倒颇觉辛辣而俏皮，且为胡氏日后受报于“新新党”时之窘态写照。后来阿英在所著《晚清小说史》论《孽海花》中，也曾大抱不平：“胡适之因其间含有一二迷信要素，便以之论断全书，说作者是‘老新党’，真是奇突之论！”此一段论案，自曾氏逝世后，胡氏在《追忆曾孟朴先生》文中，还重新提起过：“我在民国六年七年之间，曾在《新青年》上和钱玄同先生通信讨论中国新旧的小说，在那些讨论里我们当然提到《孽海花》，但我曾很老实的批评《孽海花》的短处。十年后，我见着曾孟朴先生，他从不曾同我辩护此书，也从不曾因此减少他待我的好意。”又说："他对我的好意，和他对于我的文学革命主张的热烈的同情，都曾使我十分感动。"后来他们间还有过很详恳的通信与交谊，信中对胡氏致极大的敬佩，"我不佩服你别的，我只佩服你当初这种勇决的精神，比着托尔斯泰弃爵放农身殉主义的精神，有何多让！"这不惟"不念旧恶"，且也可谓"推崇备至"。由于这个友谊，曾氏还给胡氏以六千字的自叙传的长信。读者倘想更进一步了解曾氏生平的，那么可看《胡适文存》三集第四册的附录。

这里，回头来再说到前引"烟台报应"一节。

原来洪钧于烟台时曾遗弃妓女梁新燕，梁且因此投缳。原书第三回"半伦生恨说西林春"中有描写袭孝珙的逃妾褚爱林挖苦洪氏道：

雯青约略望了一望……眼睛却对着褚爱林呆看。莘如笑道：雯兄，你看主人的风度，比你燕台旧相识何如？爱林嫣然笑道：陆老不要瞎说，拿我给金大人的新燕姐比，真是天比鸡矢了。金大人对不对？雯青顿然脸上一红，心里勃的一跳，向爱林道：你不是傅珍珠吗？怎么会跑到苏州，叫起褚爱林来呢？爱林道：金大人好记性！事隔多年，我一见金大人，几乎认不真了，现在新燕姐大概是享福了，也不枉他一片苦心！雯青忸怩道：他到过北京一次，我那时正忙，没见他，他后来就回去，没通过音信。爱林惊诧似的道：金大人高中了，没讨他吗？雯青变色道：我们别提烟台的事！……

这描摹多刺的“妇人之口”非常生动，对洪（金）之薄幸也随手写出。——而这团心事，始终潜藏洪之心中，意其间未必不深自忏悔与苦闷。故在洪逝世之前，于神思恍惚中，曾作过《灵魂的独白》：

……张夫人道：是彩云呀！怎么也不认得了？雯青咽着嗓子道：你别冤我，那里是彩云？这个人明明是赠我盘费进京赶考的那个烟台妓女梁新燕！我不该中了状元，就背了旧约，送她五百银子，赶走她的。说到此，咽住了，倒只管紧靠了张夫人道：你救我呀！我当时只为了怕人耻笑，想不到她竟会吊死，她是来报仇。……一言未了，眼睛往上一翻，两脚往下一伸，一口气接不上，就厥了过去。（按原文无新式标点）

像这种情形，说是“果报”固可，但照精神分析学的解释，作一个人在临死的心理变态中一种“反射”，岂不更妥？所谓人之将死，其言也善，倒也很合乎生理的逻辑的。(查赛以光绪十三年嫁洪钧，时年仅十四岁。正月十四日过娶，五月即随洪赴欧。洪卒于光绪十九年八月时赛正二十岁也。)

原书还有一点最进步的特色，就是对辛亥革命的同情与表扬，又因作书时还正处于清廷积威之下，故益感大胆而难能。但在修正版时，对这些民族革命的渲染却删去了。所以然者，据作者自己说：是为了把中山先生革命的事业，时期提得太早，与兴中会的组织等年次有不符地方，“虽说小说非历史，时期可以作者意为伸缩，然亦不宜违背过甚”。但就社会价值论，如阿英对我所说者，则以原本为胜。《晚清小说史》三七叶亦云：“就艺术上讲，自然是改作本更熟练一些。就考察这部书在那一时期所发生的影响说，则事实上不能不以原刊本为据。因为这本子保存了作者当时的最激进的思想，也有六十回的全目，使读者能以看到整个的内容。”其引被删去之第二回中有这样的说白(按删改前后回目相差甚远，如原本第四回至修改本则作二十九回)：“……只要看元世祖是个蒙古游牧的部落，酋长的国度，一朝霸占了中国，我们同胞也自帖耳摇尾的顺服了九十余年。你们想想如今五洲万国，那里有这种好说话的百姓，本国人不管，倒教外国人来耀武扬威，多数人退后，倒被少数人把持宰制!”很显然的，这些“移花接木”的手法，目的自在宣传排满运动。故阿英复赞美“此书所表现之思想，其进步与激急，是超越了当时一切被目为第一流的作品而上之”。而当时许多人对其未曾写到辛亥革命，已颇嫌疑问或不足。如蔡孑民先生以卷端台城路一阕，有“神虎营荒，鸾仪殿辟，输尔外交纤腕”及“天眼愁胡”等语，发生了疑问：“是否先生初定的轮廓，豫备写到辛亥，或至少写到辛丑，而后来有别种原因，写到甲午，就戛然而止?”此据虚白君之答词，则云：“《孽海花》最初的动机是想写到辛丑年的，可是后来重出修改本的时候，觉得庚子之后，傅彩云就失掉了她做线索的作用，若把她跟瓦德西一段浪漫史做全书的总结，倒是一个有力量的高潮结法，所以当时决心做到庚子就结束。咳，谁想到他日就衰颓的精力，不让他完成这最后的努力，他常说：‘从前看着江郎才尽的典故，总不认为有这回事，现在自己亲身经验到了，才知道这境界的痛苦。’所以《孽海花》是一部先父再度努力而仍未完成的稿子，是先父的遗憾，是文坛的惨剧!”总之，是中国小说史上一笔大大的损失！虽然第九十二回《龙吟虎啸跳出人豪，燕语莺啼惊逢逋客》中，已经介绍过革命的发祥地广东（城内国民街）及推动者中山先生，但只是衬笔，且回目亦仅此两回了。所以，以辛亥革命前后国际的，中国的风云的奋奇变幻而论，正是山雨欲来风满楼之秋，而作者当时又是一位精力充沛的壮年人，其所升沉，所感喟，所蕴育的亦必至深且大，倘加描述，还可当作革命时代的文献看。我每嫌中国曾经辛亥革命，云南起义，五四五卅及北伐……诸大运动，而在文艺上所反映的单如长篇小说一门，却不可多觏，而优秀的自更少。虽然曾氏表现的手法与目前的我们要求不同，但只要有其社会的，历史的意义，当然也一样的可泣可歌。曾先生应该是一位理想的大手笔，但可惜终于赍志以没了。

最后要说的是《孽海花》成书的年代，与印行的版本。

据《年谱》所记，曾氏为了打破那时一般学者轻视小说的心理，乃于一九〇三至一九〇七年抱病期中，纠集同志，创立书店，专以发行小说为目的，命名《小说林》。

初开时规模很小，先生自任总理，由徐念慈任编辑，出版《小说林》月刊，并征集创作小说及东西洋小说的译本，而先生的不朽杰作《孽海花》也在这时候开始着笔。经营了一年之后，果然提高了社会上欣赏小说的兴趣，于是重行集股，扩大组织，在棋盘街设发行所，收买派克路福海里吴斯千所创办的东亚印书馆为印刷所，并另于对门赁屋，辟为编辑部，广罗人材，作大量小说的生产。旧型的章回小说那时候虽没有打破，可是翻译东西洋小说的风气却由先生开之。

在当时要想造成这样一种风气，并不是容易的事，但曾氏努力之所得，遂使商务印书馆亦受刺激而刊印林译小说。因此，曾氏不但在政治与文艺上有其功绩，就是在沟通东西洋文化及出版事业上，也是荜路蓝缕者之一。然而，惜乎《小说林》终因资金不能流转而告收歇了。

在民国十七年《病夫日记》（亦附于纪念特辑）中，曾经写出过《孽海花》完成的月日：

五月二十三日。昨天把《孽海花》第三十一回的稿子，做到天亮，总算做完了。（按曾氏日记虽寥寥数日，然亦可略窥彼时文坛之某些故实，如与傅彦长邵洵美等议组文艺沙龙等。）

至于版本方面，据寒斋所藏民二十四年一月排印三版之《孽海花》看（初版于二十年一月），计每卷二回，共十五卷三十回，亦为现在的流行本。据阿英所说，“后来虽凑成三十五回之数，究竟因时间离二十年之久，思想风格都有改变，与前书殊难统一”。这可见还有过三十五回的本子。现在，并将他所记这版本沿革的经过摘录于下：

《孽海花》二十四回，东亚病夫著，首五卷十回，光绪乙巳（1905），由小说林社出版。丙午年（1906）续出次五卷十回。杂志《小说林》创刊，又续作四回。丙辰（1916）强作解人，以此四回，并所作《孽海花人名索引表》，《孽海花人物故事考证》八则及《证续》十一则，合刊《孽海花》第三册（拥百书局出版），一九二七年，著者主编之《真美善》杂志出版，再赓续十一回，又修改前书，成一九二八之修改本（真美善版），刊十五卷三十回，与原来之计划之六十回，仍相差约二之一。——《晚清小说史》三〇叶。

可惜的是《人物故事考证》及《证续》共十九则，在现行本中已无法得见。因为这是对原书最早的一种考证，必能增加许多的理解与兴味。还有，初版第一回的楔子，及第二回发端所叙“一段美人误嫁丑状元的故事”，虽然曾氏把它删除的理由，自云系“完全是凭空结撰”，与“不免有叠床架屋之嫌”，但据说楔子中曾刊有六十回全目，那就可以窥其豫定的格局与结构，像曹雪芹之于《红楼梦》一样。鲁迅翁在《中国小说史略》亦云：

《孽海花》以光绪三十三年载于《小说林》，称历史小说，……第一回犹楔子，有六十回全目，自金汮抡元起，即用为线索，杂叙清季三十年间遗闻逸事。后似欲以预想之革命收场，而忽中止，旋合辑为书十卷，仅二十回。……书于洪傅特多恶谑，并写当时达官名士模样，亦极淋漓，而时复张大其词，如凡谴责小说通病，惟结构工巧，文采斐然，则其所长也。……而形容时复过度，亦失自然，盖尚增饰而贱白描，当日之作风固如此矣。

评语颇为核实。然其“夸张”的技术，与《官场现形记》等究竟又不可同日而语了。惟所云仅十卷二十回，是岂尚未见有三十回的本子欤？

于此，尚觉得疑问者几点：一九〇三——一九〇五年（光绪二九年——光绪三一年）曾氏将《孽海花》写成（即中举人之后十二年）旋即付印出版。但据日记及前引阿英所说，在十七年五月念三日前尚有三十回以上——三五回之作，似乎与现存本还不相符。且日记称三十回成于五月，而现存的序则署“十七年·一月六日·东亚病夫自识”。岂自序早成于全书前耶？（照例序在书成之后）或者，是本子修改时，卷数和回目亦曾经过伸缩了。这很希望高明的读者开我以茅塞。

这《孽海花》的销路，在当时一二年间，已再版十五次，行销五万部之多。无怪续它的就有陆士谔《新孽海花》（1910）及包天笑刊于《小说林》的未完的《碧血幕》之类。

（廿三年一月二十日夜）

（原载《文抄》，北平新民印书馆1944年版）

谈海日楼

《古今》卅一期《人往风微录》中有记秀水沈寐叟翁之文。作者赵叔雍先生，与光宣遗老交游颇繁，故写来益亲切有致。鄙人以酷爱沈氏法书，遂推至于其学问器识，前岁在冷摊得商务石印之寐叟题跋二帙，记翁历年所获碑帖图书之版籍及渊源甚详，其博约不次于荛圃郎园也。而品题之间苦心毕现，加以翁法书之古拙姿媚，灯下摩挲，诚有昔贤三宿碑下之意。间或据案抚摹，则辄恨少不学书，未克一窥门径，且世之学翁墨迹者多矣，顾大抵俱未得其神髓，盖翁于古今碑版无不致意，神而明之，遂卓然成一家言矣。鄙见以为曾农髯李梅清吴缶庐诸氏固不逮翁远甚，即郑苏戡之伦恐亦未及其“古趣”也。然翁生前书名反为其学问所奄，真赏不多，至逝世后始由一二识者之称扬，书名始鹊噪，甚或誉为三百年来未之多觏者，亦文士奇数也。坐是翁之遗墨传于世者益鲜，偶有发现，值遂昂于他家。东瀛人士对翁著述亦推崇备至，其弟子曰西本三者曾著有《中国大儒沈子培》一书，盖翁曾赴东游历，于彼邦学人往还颇密。前年余得日本某学人所著之《周易讲义》一册，又《诗集》一册，即系著者持赠，寻从书中检得致翁通信一纸，出以汉文而词句稍觉疙瘩，则以异邦人治汉文自亦难免。开首称子培老夫子，下署晚某，而信封似犹作“大人”，于以见其歆敬而隆重。翁于学无所不窥，对西北舆地汉晋律令尤有心得。俄国文士中有向其请益者，殆缘此也。翁藏书中除汉文日文外，于俄文亦略可盈箧，此在眼光似豆之遗老辈中，益称难能可贵矣。

曾孟朴氏《孽海花》一书，以描写晚清朝野动态为世所葆，当时名流显要无不收诸笔底，有声有色。翁与会稽李慈铭俱为浙籍，故世称沈李焉。曾氏于《孽海花》中亦时有点染，射名荀子珮，名春植。其第十一回《潘尚书提倡公羊学》中，记光绪十四年，太后“表示倦勤颐养不再干政”，而朝政颇有刷新之望，由尚书潘八瀛（伯寅）主持之公祭何邵公（休）席上，（在南城米市胡同潘府。）集济济多士于一堂。中有述翁状貌云：

忽见院子里踱进两人……一个却衣饰鲜明，神情轩朗，走近一看，却认得前头是荀子珮，名春植。

第十三回《考中书互争门下士》中，又有记沈氏之阅章直蜚卷：

（上略）子珮道，那位直蜚先生，但闻其名，却不大认得。韵高原是熟人，真算得奇材异能了。……且说有一天，子珮忽然看着一本卷子，是江苏籍贯的，三篇制义，高华典实，饶有国初刘、熊风味。经义亦源源本本，家法井然，策问十事对九，详博异常。就大喜道，这本卷子，一定是章直蜚的了。连忙邀了尚秋仲涛来看。……子珮自然欢喜，就亲自袖了卷子，来到潘尚书处。

直蜚即南通张季直。下又接叙亲谒潘伯寅为季直说项，于以见彼对季直知遇之深。（于此从略。）按前回所记为光绪十四年戊子（1888），翁三十九岁。据其门弟子王蘧常君年谱所记：

是年南海康广厦孝廉（祖诒），上书请变法，朝野大哗，将逮捕，公力诤其括囊自晦得全。康常自命为圣人，独严惮公，逾数日必造谒焉。公待之不即不离，一日康发大言，公微哂曰，子再读十年书，来与吾谈可耳。康颜渥而退。

持此与《孽海花》并观，更足以觇其生平，而二人个性之不同亦庶几以窥一斑。翁卒后，康氏有挽诗云：“戊子初上书，变法树齿牙，先生助相之，举国大惊哗，恼传下刑部，纷来求衅瑕，君力劝括囊，金石穷幽遐。”又其《书镜》题词，亦谓沈氏劝其假金石自晦，于是有《广艺舟双楫》之作，即《书镜》之初名也。康自序有厥友告之曰，汝为人太多，而为己太少，徇于外有，而不反于内虚，其亦暗于大道哉云云，“厥友”即指翁。即此不难睹二人交谊之深，且为康所折节。至翁所为诗，则颇哲奥艰深，且时杂以释氏经语，间有寓故事者，尤非一般读者所通晓矣。陈石遗氏序《海日楼诗》，谓“寐叟论诗与散原皆薄平易，尚奥衍，寐叟尤爱烂熳，余偶作前后月蚀诗，寐叟喜示散原，散原袖之而去，寐叟诗多用释典，余不能悉”。兹举翁《庚戌岁感国事日危所赋》律诗以证：

不待招邀入户庭，龙山推分我忘形。
流连未免耽光景，哺饭谁能较醉醒。
雨后百科争夏大，风前一叶警秋蘦。
五更残月难留影，起看苍龙大角星。

词意苍凉，其慨叹于国是者笃矣。翁卒后，由其子慈护君裒《海日楼全诗》，据陈序谓得九百余首。顾余前购于蝉隐庐之《诗稿》则仅只一卷，似非全璧，岂裒而犹未刻耶。翁其他著述据年谱所录凡五属，四十八种。堪称广博。

然今除《蒙古源流笺证》及商务《寐叟题跋》外（近恐亦已绝版），殊不易得。余曾遍觅坊间，多无有应者。

查《光宣列传》（即《清史稿》抽印本）《沈曾植传》（遗臣部）所载，大意云，光绪六年进士，用刑部主事，孝于亲。寻充总理衙门章京，旋还京，调外交部出授江西广信知府。宣统二年移病归。丁巳“复辟”，授学部尚书。壬戌冬卒，年七十三。按民六复辟之举，固贻笑于万方，然就个别而言，则如王蘧常君所谓“时代不同，见解亦因之而异”之说，或能为世谅欤?《列传》之论有“（劳）乃宣曾植，皆硕学有远识，惓惓不忘，卒忧伤憔悴以死，呜呼，岂非天哉”，所指与丁巳不无关系。

沈氏一生，本非戋戋数楮所能罄，故亦拟言尽于此。兹复将海日楼藏书之得失，略记一二以殿拙文。

翁少贫，无书无师友问益，其跋《圣武亲征录》云：“一日以京蚨四千，得单印本于厂肆，挟之归，如得奇珍，严寒挑灯，夜漏尽不觉也。”故凡所得，多亲为题勘，至身后始渐散佚。今年有汉学书店等数家，集资向其家属捆而购之。比余往市时，则稍佳者已为人捷足，如遇批校之书更一无存留；矧其值固非我辈敢问鼎。于是目前所遗留者遂皆极普通矣，而单本尤多，泰半且已残佚漫漶，蠹痕累累。想系后人保存不善之故，今又市诸书贾，此在生者固迫于生计之艰，然使死者有知，不当如武康山中白昼鬼哭耶。前此偶与蘧常君谈及，辄为之太息，且似不忍听此类消息者。日前余又往书店，以薄暮稍暇，乃将翁藏书逐一检阅，版本虽无足道，然颇多史料掌故意味，亦有著者所手赠署款者，如日本法学士撰赠之书即上书恭呈钧诲，曾孟朴氏江南乡试卷等则适投有骨董癖我辈之好，而最令人愧叹者，厥为翁所藏范围之广，部门之博，因而想见涉猎之深，并及异国文字。余谓书贾曰，七十老翁留心学问如此，吾辈不当羞死。而每书必附以签，款曰：海日楼藏×部×号×卷×册。其字不知出谁手，亦颇秀逸。余前后搜购达三四次，然终未见书上有只字批识也，盖已为书贾别成一格，待价而估矣。惟年来冒翁题跋以求善价者甚夥，曾见《爨宝子碑》一帙，上有翁跋语而识者已审为赝鼎。呜呼，文士多清贫，而于金石书籍往往不惜奔走告贷，置诸箧笥，形诸丹黄，乃后人不能守其成，反启书贾以居奇之道，宁非可痛而又可矜哉。

（原载1944年1月1日《古今》第三十八期，署名文载道）

赋得梅花

大约是在十年之前吧，我在《新闻报》上看到一段消息，说是从此年新岁起，由政府明令规定梅花为国花。接着又看到一篇骈四俪六的《梅花好》赋，好像是已故王西神作的。从此以后，我才晓得梅花已经高升为“国花”了，心里不禁代梅花感到十分光荣。尤其是中国人对于国故一向非常崇拜，例如国剧、国文、国语……以至国骂等，无不色色齐备，现在再加上国花，更同西湖风物，非凑足“十景”不可了。然而也有持反对论的人，说是梅花原是清高拔俗，过着隐逸生活的，即使有爱好欣赏者，大约也限于一些隐士诗人，如林和靖之梅妻鹤子，孟浩然的踏雪寻梅，必须有他们那样超逸的才藻，才足做梅花的知己。现在虽说政令煌煌，“一体禀照”，但也岂非带上专制时代诰封的意味，变成唐突山林了吗？这说法却也言之有理，未可厚非。当时适读刘大白氏的《旧诗新话》，其十七叶上“梅花接老爷”条有云：

> 相传有一位龌龊官僚，坐着四人轿，轿前皂隶开着锣，喝着道，上邓尉山看梅花。有某诗人题诗一首嘲笑他道：一个哼而一个呵，老爷坐轿看梅花。梅花忽地开言道：“小的梅花接老爷。”这诗可算得虐谑了！但是现在这种老爷，差不多到处都是；恐怕梅花接不胜接，诗人也嘲不胜嘲了！

刘先生在临末的感慨确乎令人同感。记得有人说起在某年春天，曾有老爷一大群往虎丘踏青，而前后左右自然是簇拥着大批“武装同志”，一时威灵显赫，草野小民莫不纷纷作鸟兽之散，附近方丈且燃起大红蜡烛，三跪九叩以迎。唐李商隐曾列举天下杀风景事十种，那末这里也就不妨加一种上去。诚然，为老爷们着想，或者也确有其必要，但总之也说明了这还是文明社会一种病态，将人与人之间弄出这些不自然的距离。好像在某笔记中说起，前一代的皇帝出巡时，小民们都可很自由恭敬的立在附近旁观，皇帝还向人民点头还礼，在肃穆之中自有天下一家气象。待到太子接位后几年出巡，则警跸森严，一路喝吆而来，人民就连头也不敢抬起来，威严或者过之，但彼此的间隔却也深了。世上惟自由与亲睦最不易得；反之，无论是主动的或被动的“不自由”，都足以说明离人类的努力还是过远。不自由的痛苦固然难受；便是以这“不自由”加诸别人的人，我想怕也未必不感到悲哀，因为这也就很难令别人亲近，不管你再用其他的好手段好策略出来，都是没有结果。梅花在江南的山巅水涯，原是很习见的东西，自冬徂春，对于乡曲鄙夫，恐怕连看都看厌了。然而一等到老爷们仪仗纷纭而来，老百姓即非惊惶回避不可，这或者谈不到什么自由不自由，只是略一沉思，却又觉得此中自有至理了。袁中郎在《孤山》中，曾经说得很巧妙：

孤山处士，妻梅子鹤，是世间第一种便宜人。我辈只为有了妻子，便惹许多闲事，撇之不得，傍之可厌，如衣败絮行荆棘中，步步牵挂。近日雷峰下有虞僧孺，亦无妻室，殆是孤山后身。

语云：“欲除烦恼须无我。”人类的可贵处，端在较其他动物之能执著，然而一切的烦恼苦闷，也正在执著。所谓看得破忍不住，吾辈凡夫，便为这六个字所纠缠磨折。试想三百余年前的中郎尚有此等感慨，又何况识见学问都不及万一的区区等呢？

提起孤山处士的故事，大约读者已经耳熟能详了。梅尧臣说他因“朝廷修封禅未及诏聘，故终老而不得施用于时，凡贵人巨公一来语合，慕仰低徊不忍去。君既老，不欲强起之，乃令长吏岁时劳问，及其殁也，谥曰‘和靖先生’”。则可见他之求隐，似乎还是先有了郁郁不得志的一点原因。其实古往今来，真正求隐的人，恐怕都多少为了求达而未果，而求达也并不是怎样的坏事，其次，则是绚烂之极归于平淡，如张宗子一流人物，在过去既然享尽一切繁华，到了大变动之后，也只得以风月终其余生了。宗子在《补孤山种梅叙》中说：

盖闻地有高人，品格与山川并重，亭遗古迹，梅花与姓氏俱香。名流虽以代迁，胜事自须人补。……吾辈常劳梦想，应有宿缘，哦曲江诗，便见孤芳高韵，读广平赋，尚思铁石心肠。共策灞水之驴，且向断桥踏雪。遥瞻漆园之蝶，群来林墓寻梅。莫负佳期，用追芳躅。

自来亡国遗民，每以梅花自比，或以心事托诸咏梅写梅。这不待说是因梅花的清幽峭冷，不同凡卉，可以象征孤臣孽子的人格。如宋末郑所南画兰不着根，及谢枋得的“天地寂寥山水歇，几生修得到梅花”之诗，皆以花卉中而有高洁品质的梅兰松菊等，来寄寓这颗耿耿灵台。尤以谢公两句诗为后人所脍炙，其内心的蕴蓄完全倾泻于此了。这里，我便把梅花当一线索，将与梅花有关的人物掌故獭祭于后：

宋自文天祥被虏殉国后，元人还逐渐在中原搜访宋之遗民，元世祖二十五年，岁次戊子（1288），元廷召宋故臣谢枋得，力辞不至。袁了凡王凤洲之《纲鉴合编》记其事云：

初，枋得遁入建阳，时程文海至江南，访求人才，荐宋遗士三十人，枋得亦在其列。枋方居母丧，遗书文海曰："某所以不死者，以九十三岁之母在耳。先妣以今年二年考终，某自今无意人间事矣！亡国之大夫，不可与图存，李左车犹能言之，况稍知诗书，颇识义理者乎？某之至愚极暗，决不可以辱召命亦明矣。"既而留梦炎亦力荐之于上，枋得复遗书梦炎，言江南无人才，未有如今日之可耻；春秋以下之人才，本不足道，今欲求一人如瑕吕饴甥程婴杵臼厮养卒，亦不可得。

留梦炎是宋之状元，后降于元，亦是枋得老师。后枋得被福建参政魏天佑所绐，送入北京报恩寺，首先即问太皇太后的梓宫在何处？而其间来诱说他的便是留梦炎。枋得当时答以君臣之义，师生之谊，二者孰重？梦炎乃报羞而去。须臾，忽然有人送来汤药一瓯，说是为留丞相所送。枋得即对来使说：承丞相厚意赠药，只是我这个病，已非药石所能痊愈，也不望痊愈，请你将药带回给丞相，还是来生再见吧。来使回说此药全系留丞相好意，吃完后即可共事新朝，枋得闻此，益加不耐烦了，便将药泼在地下。从此之后，遂索性不言不食，或言而故悖。《纲鉴》又云：

……与之言，坐而不对，或嫚言无礼，天佑亦甚容忍，久不能堪，乃让之曰："封疆之臣，当死封疆，安仁之败，何不死?"枋得曰："程婴公孙杵臼二人皆忠于赵，一存孤，一死节，一死于十五年之前，一死于十五年之后，万世之下皆不失为忠臣。"自是只茹少素菜果，积数日困殆。四月初一日至燕京，初五日卒于驿。子定之，护骸骨归葬信州。

原来枋得曾设卜肆于建阳驿桥傍，小儿贱卒，也知道他就是宋之谢侍御，且还很优礼他。后来魏天佑假意召他入城卜《易》，并逼以北行。临行时朋友饯诗盈几。张子惠诗云："此去好凭三寸舌，再来不值一文钱。"枋得会其意之所指。他自己的留别诗，标题是《魏参政执拘投北，行有期，死有日，诗别二子及良友》。诗曰：

雪中松柏愈青青，扶植纲常在此行。天下久无龚胜洁，人间何独伯夷清。义高便觉生堪舍，礼重方知死甚轻。南八男儿终不屈，皇天上帝眼分明。

《纲鉴》中所记的"卒于驿"盖即报恩寺。后人因枋得全节于此，便改为悯忠寺。他的儿子定之，本和枋得的夫人同为魏天佑行文缉捕，而被拘于弋阳。旋夫人全节自缢，弋阳令始将其公子释放，故得赶京收枋得之尸。

一个人到了紧急关头而一死谢之，这个功罪是非，原不能一概而定，所谓不济事人死亦无用。但这还得看一看实际的情形怎样，如其事情尚有可为，则忍辱偷生，屏此一息，卒能在天荆地棘中杀出一条血路来，死，自然是不值得。反之，眼看大势已去，万劫不复，那末，像文天祥，史可法，甚至崇祯帝那样的直到死而后已，那样的死，未必不有顽廉懦立的积极意义。

“几生修得到梅花”，梅花的清高素雅，孤芳自赏，跟谢叠山的“雅负奇气，风岸孤峭”（《纲鉴》评语），庶几也可得而映衬了。语云：文以人传，人以文传。而古来极平凡的胜迹流风，每每因非常之人非常之举，而得到千秋的景慕低徊。如梅菊即是其一。又如枋得全节的报恩寺也因此而改了有历史意义的名称。现在，我还可举出一段故事来。

令人巧合的是，这前后所述二件大事，其涵义仿佛有一脉相通之处，而且又都是出诸亡国的遗民之手；前面的不必说，是宋代，而后面的则是明代——明阁部史可法殉难后衣冠葬扬州梅花岭事。

四明全祖望谢山先生，为清初浙东大儒之一。他虽仕于清，但对明代死难忠烈之表彰纪述，却不遗余力。他生在清代文字狱最森严之际，论者乃谓他之不死于文网，不可谓非绝大的幸运。我在塾中读书时，即读过他的《梅花岭记》。当时的内容虽已模糊，然而“梅花如雪，芳香不染”之句，却到今天还可朗朗上诵。此刻重读一遍，不禁觉得史阁部的影子，仿佛呼之欲出也。

《梅花岭记》记顺治二年，乙酉四月，江都围急，督相史可法知势不可为，集诸将商议尽节。后被执至清军和硕豫亲王前，王以“先生”呼之，劝之降，可法大骂而死事。因为史氏有遗言，“我死当葬梅花岭上。至是，得威求公之骨不可得，乃以衣冠葬之。”

但当时传说，城破，史实未死，“有亲见忠烈青衣乌帽，乘白马出天宁门投江死者，未尝殒于城中也。”于是大江南北都说没有死。所以孙兆奎被执至白下（因起兵不克），经略洪承畴与之有旧，即问他：“先生在兵间，审知故扬州阁部史公果死耶？抑未死耶？”孙公答曰：“经略从北来，审知故松山殉难督师洪公果死耶？抑未死耶？”承畴大恚，急呼麾下驱出斩之。

这一段对答，难得谢山委婉生动之笔，曲曲达来。而孙兆奎以这样口吻来回答洪承畴，仿佛当头一记闷棍，自也无怪其恼羞成怒，“驱出斩之”了。

谢山又云：“即如忠烈遗骸，不可问矣，百年而后，予登岭上，与客述忠烈遗言，无不泪下如雨，想见当日围城光景。”史氏所以愿于身后卜葬梅花岭者，殆因其“梅花如雪，芳香不染”之故耳。昔年曾见前人之作梅花岭楹联云：“数点梅花亡国泪，二分明月老臣心。”窃谓咏梅花岭诗文中，当以此诗为最沉痛切题了。

查《扬州名胜录》卷一云：“史阁部墓在玉清宫右，古梅花岭前，明太师史可法衣冠葬所也。”又扬州鼓吹词《梅花岭》云：“在广储门外，明万历中，太守吴秀开河积土而成，旧名土山，后树以梅，因名。”而《扬州城守纪略》，记阁部临危前之情形云：“……公遂书遗表上宏光皇帝，又为书一遗豫王，一遗太夫人，一遗伯叔父及兄若弟，函封毕，俱付得威曰：吾死汝当葬我于太祖高皇帝之侧，其或不能，则梅花岭可也。……明年春，三月，史得威举公衣冠及笏葬于扬州郭外梅花岭，封坎建碑，遵遗命也。”

乙酉的次年为丙戌，据吾乡县志及全氏《鲒埼亭集》所载，为明大学士张肯堂入滃洲，“黄斌卿馆公于参将故署，王入滃洲，公虚所居邸以为王宫，别筑雪交亭于邸中。夹以一梅一梨，开花则两头相接，尝曰：此吾止水也”。今邸已改为公园，雪交亭亦已重加修葺，并遗有舟山宫井，成仁祠等。肯堂之种梅与梨，用意皆与一般遗民相同，且复以雪之交辉，尤觉皎然瑟然的老臣用心矣。

我没有到过扬州，未能一登梅花岭而凭吊先贤之遗泽。

但是雪交亭却是儿时常去之地。记得有一次，恰巧是彤云密布，晚来欲雪的光景，两旁的花草虽然瑟缩凋零，但仅有的几颗梅树，却在暮空下显得分外的挺拔倔强，像不甘于严寒的迫压；还有最高大的一枚，却已仰起丫槎横亘在亭之一角了。真感到姿媚十足。风吹来时，却只是略略的闪一闪身，不像其他野草那样的连忙弯身逢迎。过了片刻，果然看见雪花皑皑的自紧而密，自密而迫，而且忽斜忽正，忽明忽黯，随着风势飘飏一天，而梅花也益发显得顾盼自如了。昔人诗云：梅须逊雪三分白，雪却输梅一段香。我也以为梅花没有雪相伴，未免太单调一点，雪如没有梅花点缀，就只使人感到它的繁琐罢了。但自然，最理想的还得带点儿水。“寒沙梅影路，微雪酒香村”，正是一副绝妙的素绘。因为梅，雪，水，这三位装饰的色泽都近乎一体，这就是晶莹与皎洁。假如没有水的调和，便无从体会和靖居士疏影横斜和暗香浮动的细腻生动了。然而这样说来，却又觉得月中素娟也属必不可少的了。“前村深雪里，昨夜一枝开”。惟有月夜的寒梅，从横塘中探窥起来才觉得娉婷多姿呢！试想冷月半轮，微雪数点，横塘一碧，再加上梅花几株，益发把一角小小的江村，打扮得素雅旷远，别有天地，谁不要为她而流连忘返呢？

以上所举的两段史实，都代表悲壮贞烈的一面。现在，索性再来抄几首彭玉麟的梅花诗，算是旖旎风流的一面吧。

彭玉麟是清代一位中兴名将，其功名事业，也卓荦一时。他的梅花诗，大家虽知道“此中有人”，不过大约为了他的勋名地位太高之故，对于梅花诗的具体、详尽的内容，反而缺少了记载或诠释。后之览者，惟有从诗的字面上再来钩稽涵义而已。其次，从他的别署吟香外史，梅花外子，梅仙外子，古今第一痴人等看来，以及若干的行动上（如俞樾曾说他画梅万余幅），不无可以看出他对梅花之吟哦倾倒，真可说上一声“伤心人别有怀抱”了。至于他恋人的身世，后人也颇难畅晓。据说她的名字，似乎以“梅仙”为惬当而肯定。其梅花诗有云：

林下酣眠月色西，满身香雪梦魂迷。

幽人自是多清福，修得梅仙嫁作妻。

仙风吹下许飞琼，玉珮瑶环映月明。

澹极转增花色媚，六铢衣飏素绡轻。

一生知己是梅花，魂梦相依萼绿华。

别有闲情逸韵在，冰窗烟月影横斜。

曾结林逋花里缘，只因俗骨不容仙。

山关底事劳戎马，我是征尘七十年。

从这些句子推敲起来，不论她的“芳名”是否是梅仙，但足见得彭郎对于他恋人的倾心刻骨之深切了。

古来的文豪名将，其生平每有一段不可告人之隐痛，或是蕴着满腹的相思而不得一诉，此无他，正为了专制时代礼教束缚，“帝力之大”耳。即使偶然有出以半公开的形式者，如王湘绮之与周妈、张季直之与余沈寿，但也辄遭逢物议，阻于人口，终不能得到理想的圆满。彭郎梅花诗的悲剧，也不妨一例观也。

读方宗诚《柏堂师友言行记》云：

溧阳陈作梅观察鼐为予言胡文忠之公忠体国，其调和诸将，刻刻为国求才，出于至诚。时彭雪琴侍郎杨厚庵提督分带长江内湖水师，偶因事不和。文忠知之，乃致书杨公彭公，请其会商要事。杨公先至，欢谈，而彭公至，杨公即欲出，文忠强止之；彭公见杨公在坐，亦欲出，文忠又强止，两人相对不语。

此处之杨厚庵即杨岳斌。可见二人构怨之深。卒由胡氏调度，勗以天下为重，不可自生嫌隙，而二公始和好如初。

由此以观，彭之为人，固亦不可易与也。其谥法刚直，亦见其生平之崖岸，而对于一弱女子之梅仙，则情深一往，历久不忘，梅仙死后，并有许多首哀悼忏悔之作。盖英雄儿女，每每慧眼独具，未可徇以俗情也。

（三十二年十月中旬）

（原载《文抄》，北平新民印书馆1944年版）

《饮冰室藏书目录》

我的房间里，挂着一副梁启超的五言对联，联语为“云龙远嘘吸；天马高腾骧”，上款书和卿仁兄，不知何人，下款只写梁启超三字，未书年份。两印皆白文，一为“新会梁启超”，一为“任公四十五岁以后之作”，当是在清华研究院任教时。梁氏临碑甚多，一九一六年，致其女儿令娴书中，有“著述竟不克着手，唯学书较前益勤，日常尽二十纸”语。我本来还有一副康有为的七言联，五十年代时在古玩店随手得之，每副都不到十元，今则师去生留，已成历劫之孑遗了。

历史的巨流永远向前流去，盈科而后进，因而也总有一些过渡性的人物。梁氏在光绪二十六年（1900）写给他夫人李蕙仙（李端棻的堂妹）信中，劝她放足：“卿已放缠足否？宜速为之，勿令人笑维新党首领之夫人尚有此恶习也。”这件事原很平常，也是应该做的，不料梁夫人还要向她父亲禀告，也即请示，此已可怪；梁氏得知后，“为之一惊，此事安可以禀堂上？卿必累我捱骂矣；即不捱骂，亦累老人生气。若未寄禀，请以后勿再提及可也”。这实在是近代史上的上等史料①，也是中国独有的。夫权大于妇权，这已经是注定的了，父权又大于夫权，三寸金莲如同万古纲常，对于当时的妇女来说，真正说得上“弱女子”了。这中间，不知紧打着多少解不开的历史纽结。中国的蒙昧时代好像永远不会结束，从三皇五帝开始，一直蹒跚而来。当人们打开窗口，好容易吹来一阵清风，上帝立刻震怒了。

梁先生是一位政治活动家，从戊戌风流到民国入阁，名满天下，谤亦随之，右派看来是左派（如叶德辉等），左派看来是右派。又是一位思想家，一位博大而不精深的学者；他自己承认“我信仰的是趣味主义”。在《学问之趣味》中又说：“我是个主张趣味主义的人，倘若用化学化分‘梁启超’这件东西，把里头所含一种原素名叫‘趣味’的抽出来，只怕所剩下仅有个零了。”对学问而有趣味，人生

① 承读者指出，此非指放足，而为另一回事。

观也在里面了。他在一九一八年时（四十五岁），曾说“每日著书能成二千言以上”。他逝世后，杨度挽联云：“事业本寻常，成固欣然，败亦可喜；文章久零落，人皆欲杀，我独怜才。”夏敬观挽联云：“赋命历艰危，才性不为平世士；阖棺论成败，功名唯在旧书堆。”我喜欢的是夏氏的下联。梁氏最后以清华研究院导师而病逝，正如他说的“战士死于沙场，学者死于讲座”。

凡是爱藏书的人，大多也爱看书目，曹植《与吴季重书》所谓“过屠门而大嚼，虽不得肉，贵且快意”。所以《西谛书目》，我就常常翻阅。从这部《饮冰室藏书目录》上，也反映了梁氏治学上趣味之广泛。

一九二七年，中国图书大辞典编纂处致函北京（平）图书馆：“敝处此二月工作，系编纂梁任公先生《饮冰室藏书目录》。梁先生家藏书籍，宋元善本书虽少（尧按，实无有），而普通书至十余万卷之多，故编其目录，于编辑图书辞典工作上，有下列五项之帮助。（略）”一九二九年一月十九日，任公先生逝世后，其家属梁思成等遵照梁氏口头遗嘱，将生平藏书寄存该馆，共三千四百七十种，四万一千八百十九册。一九三三年，北平图书馆又将书目编排出版，按四部分列，铅印线装，共四册，另附录二卷，第二卷都是日文书。梁氏于二十四岁从马建忠学拉丁文，戊戌

(1898) 九月，因政变而遁迹日本，在《三十自述》中说：“十月，与横滨商界诸同志谋设《清议报》，自此居日本东京者一年，稍能读东文，思想为之一变。”又在追述二十二岁落第后说：“下第归，道上海，从坊间购得《瀛寰志略》，读之，始知有五大洲各国。”这几句老实话说得可敬又可悲，当时有维新头脑人士的眼界尚且比蚂蚁还不如，怎能责怪他岳丈李老太爷的灵魂只抵得上小鸡呢。

《目录》中日文书也有三百余种，多属社会科学方面，其中有《个人主义思潮》、《美学》、《性爱》、《梦学》、《犯罪心理学》、《新国家论》等等。梁氏赴日，在甲午战争以后。这些著作，都是在大清朝的领土内无法看到的，自然顿使“思想为之一变”，但更直接的关系，还出于他的趣味主义；这种求知上的趣味，也就是快感上的享受。我们都应尚俭去贪，但对于购书读书，却需要加上“但书”。虽字不救饥，然而对于三更灯火，还应该有情有义，白首同归，如梁氏所谓“学者死于讲座”。

梁氏所藏之书，大部分为清及民国版本，间有少量的明刻本。在先秦诸子中，收得最多的是墨子，共九种。他对墨子，一向很推崇，在《子墨子学说》中，疾首大呼：“今举中国皆杨也。……呜呼，杨学遂亡中国，杨学遂亡中国！今欲救之，厥惟墨学，唯无学别墨而学真墨。”这是因为杨学使人自私，墨子却不惜摩顶放踵以利天下。其次，也因墨子被儒家视为畜生一样的异端，他却以为异端不应辟。《目录》丛书部跋纳兰性德《渌水亭杂识》云：“卷末论释老，可谓明通，其言曰：‘一家人相聚，只说得一家话，自许英杰，不自知孤陋也。’可为俗儒辟异端者当头一棒。翩翩一浊世公子，有此嚣识，且出自满洲，岂不异哉。”我举此例，或近于郢书燕说，自以为却得附会之趣。自公车上书以来，康梁等人，已被旧党看作异端了，此跋作于民国七年戊午呕血时，心有灵犀，对异端自有特殊的感情。《目录》子部中，共六十七页，倒有四十二页是收更异端的释家类。在日文书目中，也有不少佛学书籍。

对于佛学，我是一句话也说不上，对梁氏的《大乘起信论考证》，字数不多，几次想看终于没有看成，在梁氏则颇自喜。此书最初于《东方杂志》分期刊载，张菊生先生曾复一信云：“弟素不信佛，而亦能终卷，是必为有兴趣之文字。西人著述有所谓读书之钥者，此书殆可为习是学者之钥矣。”亦见菊老之善于辞令，于委婉蕴藉中而又略露王顾左右之姿。又云：“千字二十元乞勿为人道及，播扬于外，人人援例要求甚难应付。”此信作于民国十一年，稿酬的数字在当时恐是空前，在今天也不知如何折算了。

在“五四”后的作家中，所收的有三人，即周作人的

《欧洲文学史》、胡适的《尝试集》、谢冰心的《繁星》，后二种或与诗界革命有关，却仍有趣味上的因素，可是当我读到子部小说家的章回小说时，不觉怔住了。

《目录》中只有清刻本《水浒传》和《儒林外史》二种，但我反复寻觅《红楼梦》或《石头记》或《金玉缘》，统统没有，更不必说《金瓶梅》。又如《三国演义》、《西游记》、《封神演义》，也不见于书目。他收藏了《铁云藏龟》，却不收《老残游记》。

梁氏并非有头巾气的卫道者，也并非没有文学的欣赏能力，他的日文书中就有讲美学的书，他对小说原很重视。当时亚东版的一套小说已在流行，旧红学新红学此起彼伏，与胡适又相友好，为什么对《红楼梦》如此薄情？我起先以为，像这样的说部名著，饮冰室中至少有两三部，对于讲究趣味的学者，复梦、续梦之类也会收藏的，因而对梁启超不藏《红楼梦》，就成了一个费猜之谜。

梁氏曾办过《新小说》杂志，自己还写过作品，这次重读了他的《小说与群治之关系》，才有所领会。他一开始对小说与道德、宗教、政治、风俗、学艺以至人心人格的关系十分强调，这也没有错，接下来却把中国群治腐败的根源，全推到小说头上："吾中国人状元宰相之思想何自来乎？小说也。吾中国人佳人才子之思想何自来乎？小说也。

吾中国人江湖盗贼之思想何自来乎？小说也。吾中国人妖巫狐鬼之思想何自来乎？小说也。”他所以不收《红楼》、《西游》、《封神》，大概出于这样一种心理。他在《译印政治小说序》中又说：“中土小说，虽列之于九流，然自《虞初》以来，佳制盖鲜。述英雄则规划《水浒》，道男女则步武《红楼》，综其大较，不出诲盗诲淫两端，陈陈相因，涂涂递附，故大方之家，每不屑道焉。”那末，他是以“大方之家”自居的了。以《水浒》、《红楼》为诲盗诲淫的媒介，原非梁氏始。他这话说于光绪二十三年，已经迟了，也觉得是涂涂递附的老调新唱了。然而即使《水浒》、《红楼》是诲盗诲淫，收还是应该收的。

读了梁氏在戊戌前后的好多论著，常常肃然起敬，感到有一股冲击振撼的力量在向传统、也在向自我“宣战”，读了上面引的这些话，却又令人茫然了。如果以审美水平来衡量，也是觉得浅薄可笑的。

这使我们想起了稍后于梁氏的胡适，更使我们想起与梁氏同事的王国维及其关于《红楼梦》的一些论著，到现在仍是红学上的一份宝贵遗产。西风碧树，独上高楼，观堂先生的学术境界固有高出于饮冰主人者，难怪《辛亥以来藏书纪事诗》要称为绝代佳人了。

《目录》中的藏书多至四万一千余册，门类广泛，诲盗的《水浒》却有一部，究竟为什么不收《红楼梦》？在我还是觉得不可理解，梁氏明明是看过的。他在《饮冰室诗话》中说："戊戌去国之际，所藏书籍及著述旧稿悉散佚。"（康有为的书则被抄没），是否也包括《红楼梦》？但以后是否因"不屑"而未曾添置？（本篇一部分资料引自《梁启超年谱长编》）

（原载《不殇录》，汉语大词典出版社 1997 年版）

谈蓟汉阁

余杭章氏，一代经师（别署蓟汉阁），其生平的学术事业及与共和革命的关系，都是彰彰史册，超越流俗，堪“与日月争光”，而非我辈后生小子所能尽述。他逝世后，虽未必如他自负所说，“吾死已后，中夏文化亦亡矣”！但近今朴学之门由是而闭，则为不可否认的事实。至其生前“以大勋章作扇坠，临总统府之门，大诟袁世凯的包藏祸心者”；与夫“七被追捕，三入牢狱，而革命之志，终不屈挠”的精神气概，尤足在革命史上大书特书，值得作“后生的楷范”。其晚岁之创学院（章氏国学讲习会），办期刊（《制言》），使东南的学术空气别开朴厚的一面，颇有先儒讲学的热忱，所谓“身衣学术的华衮，粹然成为儒宗”，并以此而得在战前动荡激遽的时代中，保其卓然的晚节，要亦不失儒家的本色。较之栖栖营营，招摇奔走盗名欺世之辈，更不可同日而语了。而且他在吴门隐居的时候，虽则一面远避尘世的烦嚣，一面对于时政的晦明，国是的得失，还是非常的关心，如他在“一二·九”后致电给当时坐镇平津的宋明轩氏，叫他不要过于阻扼一般青年的纯洁行动，就是一个例子。所以他逝世后，无论识与不识，无论政治或文学的立场是新是旧，都对他表示深挚的哀悼与遗憾，像戏剧家洪深先生在《光明》半月刊上所作的纪念文，就是注重章氏于革命的终始，——以“民族的”立场对他作最高的估价，并且也可代表国内一般的定论。可见知人论世，实在还得略小节而取其大，才是对一个人盖棺后的不刊之论。

我因为时常跑跑冷摊的缘故，倒也收罗了不少清末革命前后的文献掌故。像太炎先生的《訄书》，《新方言》，《太炎文抄》，《黄帝魂》，及邹容的《革命军》等，在当初或是秘密印行，或是假手东瀛，而在今日却有踏破铁鞋之苦的，也居然给我络续买到一点。至于太炎先生最后所印行的，不知道是否是民国廿二年（1933）刊于北平的《章氏丛书续编》（《初编》当为浙江图书馆所刊者），为其门弟子钱玄同、马裕藻、朱希祖、周作人、许寿裳、沈兼士、刘文典、吴承仕、马宗芗诸氏所分别校勘。共四册，木板印，纸量洁净，总目有《广论语骈枝》、《体撰录》、《太史公古文尚书说》（五卷）、《古文尚书拾遗》（二卷）、《春秋左氏疑义答问》（五卷）、《新出三体石经考》、《菿汉昌言》（六卷）等七种，都是章氏最精专纯粹的一种著述，大约可以藏之名山的了。我对于经学，自然得老实的承认外行之外行，不过像其中的《菿汉昌言》，乃是谈理学，佛学及历史之随笔札录，还可勉强的看看。《左氏疑义答问》也多少对从前所读的书有点裨益，但我特别的喜欢这一卷《三体石经考》，这并非是我对石经有什么心得，实在还是为了这是钱玄同（夏）先生所手书印行的。钱先生在世时，虽不以书法名，但他的朴茂而蜿蜒的风格，置诸当代那些过江之鲫的“书家”中，该也没有甚么愧色吧。前些时候，我还化了许多功夫，加以橅临，可惜那本前次为章氏写的《小学答问》，已无法获得了。

讲到太炎先生的地位名声，自然不用说是国内，就是国外，——尤其是东瀛，也颇有尊敬向往的人，再加上太炎先生蚤岁对日本的关系，所以写章氏印象记的，在扶桑三岛也颇不少。如已故的芥川龙之介氏，在中国游记里，即有专记章氏的一段。其中速写他的状貌是：“……可是不客气地说，他的相貌，实不漂亮，皮肤差不多是黄色的，须髯稀少得可怜，那突兀峥嵘的额，看去几乎像生了瘤。只有那丝一般的细眼——在上品的无边眼镜背后，常是冷然地微笑着的那细眼，确有些与众不同。为了这眼，袁世凯就把先生拘在囹圄里，同时又为了这眼，袁世凯虽曾把先生监禁，却终于未能加以杀害。”这从照片上所出现的章氏姿态看来，大概是不中不远。只是以貌取人，并非是一个办法。还有一点，我觉得貌与相略有不同地方，正如李笠翁之论女人应重视她的风韵一样。因为貌虽不扬的人，或许他的相有过人处，而相正包含着一个人的气魄风度个性。像芥氏笔下的章氏，我们固可说他“不漂亮”，然而恰如他的文章似的，却也足以当“瑰奇”两字，瑰奇，就是不平凡，不平凡就有惊人地方！——我们形容某些人的丑陋说是“貌不惊人”，其实是不大妥帖的。这四个字，加于一个猥琐、伧俗、卑矮、富于市侩气的脚色，是非常中肯，也便是面目可憎语言无味之辈。但像章氏那样虽不漂亮而却不漂亮得瑰奇突兀的人物，这四个字，就完全不适惬了，否则，倒是自己坠入世俗的眼光里了。我们看一看沈从文先生笔下的诗人孙大雨（见《人间世》某期），正好证明我的说法。换言之，我们从一个人的贫富贵贱上而判断他（她）相的好坏，或未免有些势利，然而从一个——像章氏这样的博大恢宏的饱学的人，即可推觇他的相貌，无论如何有不同于众之处。记得从前在一个宴会上，朋友甲隐隐的问乙：那边东角上坐的是否就是著名的某富商？甲便回答说："某先生怕不见得这样秀气吧？"这可见某先生虽长袖善舞的长于经商，然却无法改他面团团的市侩气，还使人一望而知。这也说明了学问的修养对于人的品相上，有如何不可分的关系。何况章氏的那对冷傲"细眼"，即足以使权奸如袁世凯辈束手了。

话再回过头来说，芥氏说太炎先生是一个使人寒冷的人，其实，这正是章氏耿介孤傲的表现。在过去《宇宙风》二十一期上，有一位署名乃蒙的《章太炎的讲学》一文，便说到了这一点上：

他是狂傲的人，一切是自私的以自己为中心的。在演讲台上，他将听众幻成一种意象，以为这意象是他的获得，他的生命之某种关联，而这意象是陌生的，于是以眼光，以笑脸，去粘住它，把它位置在某种精神生活上。这里，我仿佛看见章先生心灵的凄独！

这一段文字，曾经被曹聚仁先生所竭力称赞，誉为"写得真够味——辛辣，在芥川龙之介之外，我们所不曾看见过的深刻而冷隽的解剖"。（见《文思》一五二页）接着，曹先生并说：

（上略）他的讲演，如乃蒙先生所说，满口土语，——带余杭方音的杭州话，（我们可不要忘记他是写《新方言》那名著的学者。）夹些带尾音后的笑，一面吸烟，一面低声的演讲。像我这样对于他的方言并不感到困难的人，而我又从单不庵师那里知道足够的关于今古文家争执种种的人，还是和乃蒙先生一样体味到太炎先生心灵上的凄独。太炎先生的笑，有的是胜利的笑：他提出强有力的证据，驳倒了今文家的嘲弄，或用史的事实证明了古文家的可信……他如唐·吉诃德一样向羊群舞矛，他自己的脸上浮上胜利的笑了。

曹先生听过章氏的学大约很不少，对章氏的了解也相当的深，单是在《文思》一书中，就收录了四篇有关章氏学行的随笔，其他零星引用的更多；虽然鲁迅翁在《关于太炎先生二三事》中，有“近有文侩，勾结小报，竟也作文奚落先生以自鸣得意，真可谓‘小人不欲成人之美’而且‘蚍蜉撼大树，可笑不自量’了”之说，有人疑心这“文侩”即是指曹先生。因为曹先生对章的晚节似乎表示过遗憾，还将他和胡适博士并论，刊在他死后的一张小报上。不过我又觉得，曹先生毕竟还是读过章氏许多的著作的，故所批评、剖析，也多少有其自己的见解吧。

自然，以彼此所经历的时代、生活、思想而论，凡后于太炎先生一二辈的人，不免有了一点隔膜或距离，再加上他隐居吴门以来，见面的机会更少了。而且太炎先生有一种“言不投机”的天真的脾气（见后），万一两方思想不合，据说他不但会得拂袖而起，甚至会效法“以杖叩其胫”的方法。这出诸一位粹然大儒之手，或许有人觉得太粗鲁，但我却以为这还是章氏率直可爱地方，可以见出他对自己的“胜利”之执著，与前引的话正可参通。而自他逝世后，则连这些“流风余韵”也渺不可寻了。

朋友里面，黎庵跟殷尘都是在苏州亲聆过章氏謦咳的。（黎庵并有文载《古今》。）如今回想起来，该是益加的值得回味珍惜了。我在战前，随着卫聚贤先生及殷尘代表吴越史地研究会往苏州七子、灵岩诸山访古时，事后卫先生曾托金松岑氏的介绍，一谒蓟汉阁，可惜这天蓟汉恰有事他出，而卫先生又迫不及待回转上海了，这是此行的唯一缺憾。今春重游姑苏，则所看见的，只是蓟汉阁的故址，而为明淦先生所租借着，那就空气大不相同了。后来又联带访过章氏老师春在堂俞氏的故居，更觉颓败荒凉，门前又设着一家成衣铺；要不是俞氏著书的几架梓板，那是怎么也叫人想象不起来了。时代真是残酷而迅速，曾几何时，俞曲园、章太炎、谭仲修、康有为等的名字，已为巴金、郭沫若、茅盾、赛珍珠、高尔基、萧伯纳等所取而代之了！这一回，看了一士先生的《太炎琐话》，和听了疚斋主人说的几则关于章氏的佚闻，又重新取出《章氏丛书续编》来，写下了这篇小文。

疚斋主人和章氏生前颇有往还，他所说的，自必翔实可据，有入“今世说”的趣味，故择其“二三事”以供谈助。

大家知道太炎先生是一个革命的元勋，因此他对清廷的感情，一向异常的憎恶。如他之对被我们称为“文正公”也者的曾国藩之流，就因曾氏作过异族的爪牙而颇表鄙视。虽然章氏后来的观念略有改变，但偶有涉及的时候，还是贬之为“妄”，为“其智不逮一妇人”，如他之书曾刻王而农的集子云：“湘潭王而农著书，壹意以攘胡为本，曾国藩为清爪牙，踣洪氏以致中兴，今遽刻其遗书，何也?”字里行间的鄙奚之色可见。又如他之复吴敬恒书，也说：“小少未尝应试，至今犹是汉族完人也。”盖其对清政府控制下的功名，极为轻蔑之故。——然而这一点，据疚斋告诉我们，其实是不实在的；原来章氏的父兄都是诸生，而且太炎本身也还是一位“茂才公”呢。他复吴氏信时，因正闹着笔战，便不能不作违心之论了。所以有一次在沈子培氏的面前，大约时已革命成功，章氏又在作着“载湉小丑”一类辱骂之际，沈氏即对他说，这些都是过去的事，可以不必多提了，何况君家还是三世受着国恩呢！章氏听了立刻辩护他本身之应试，完全是被强奸而非出诸自愿。不料沈氏驳他的话，却是非常风趣而有力，他说："讲到强奸，本人刚巧是研究（与执行）法律的，照法律的规定，强奸只有一次，一次以上便要作和奸论了，现在你的考秀才，同样是并非只经一次二次的事，所以也应该算和奸了！……"话犹未了，章氏倒有点不好意思再强辩下去。这是直到今天，才始使我明白太炎先生并非真个是一位"布衣"，自然这和他一生卓荦大节绝无影响，而且他自己也说，中过试的人不一定都是反革命，反之，不中试的不一定可以作共和的信徒（大意）。

其次，章氏很喜臧否人物，并且少所许可。但对于俞曲园及谭仲修二氏，却极其尊敬佩服，正如他之于廖平那样的"畏"。如果有谁在他面前说俞、谭的坏话，那就要不问皂白，挥以老拳了。有一次在西湖的某处，跟梁启超等在一起，梁氏看见面前挂的一副俞氏所撰楹联，就讥讽地说："喔，原来是一对鹁鸪！"章就闻而恚甚，动起武来了。

从这两段记载看来，章氏的妩媚率直的豪性不难想见，他之终于受到章疯子的别号，也自与这些事有关。至此又记起他作的几副挽联，也可以表现他的"狂放"的。如挽某先生的，"举国尽苏俄，赤化不如陈独秀。满朝皆义子，碧云应继魏忠贤"。挽黎元洪的，"继大明太祖而兴，玉步未更，××岂能干正统。与五色国旗而尽，鼎湖一去，谯周从此是元勋”。挽葬于金陵某氏的，“群盗鼠偷蛇窃，死者不瞑目。此地龙蟠虎踞，古人之虚言”。——虽然皆是些小品文章，但太炎先生的愤世嫉俗——然而并非玩世。真正的玩世者，也必须从愤世而来，但古今来实在很少。至于自起一个别号，写几行打油诗沾沾自喜的“玩世不恭”者，不过说明他对现实之懒惰卑怯而已——的个性，正也即小以见其大。

最后，以区区的文笔与篇幅，当然不足以尽葑汉阁学问行事于万一。但同时觉得以先生在小学上的造诣，而却对钟鼎甲骨——尤其是甲骨的深加恶斥，以为全是伪冒这一点，极为不解，虽然从先生“护许运动”的立场，倒又是很平淡自然的事了。夫以罗振玉思想之顽固及学术的成就自不能与章氏相颉颃，但在甲骨学的爬罗剔抉，与由此而对上古史的帮助上，诚如郭开贞氏所谓“事有不可因人而废者”，而似有超乎太炎先生之所“强执”的了。惟此戋戋之数纸，已不足以尽鄙意，当俟他日摭持群书，专以“余杭与契文”为题加以概括之。

太炎先生的去世距今虽尚未满十载，然鄙意章氏完备的传记——至少是年谱的整理刊行（先生自己有简略之《自述学术次第》），不但是学术界的重要工作，而且也是对先辈的一种切实的纪念，特别是他于诸先烈的缔造共和的经过方面必有益于“国史”者至深且大！但在中国，以“信徒”万千尊为国父的中山先生，尚且没有一部详尽生动的传记，其余的自更无从说起了吧！呜呼！

（卅三年八月十一日夜）

（原载 1944 年 9 月 1 日《古今》第五十四期，署名文载道）

《章太炎全集》何时全

提到近代史上的余杭，就会想起两件事，一是杨乃武与小白菜案，一是章太炎的故乡。从前坊间有单本的章太炎文集，署名为“杭州章太炎”，一望而知为书贾胡乱编印。

章氏逝世后，朴学之门也即关上，他的朴茂的文风，又使人想起鲁迅的《中国小说史略》。但章氏一生，自然不仅仅限于学术上的成就，晚年讲学吴门，仍不忘国难。在《日知录校记序》末云：“于时戎祸纷拏，倭为溥仪蹂热河之岁也。”以此题义不帝清的亭林著作，自更有深意。

章氏生前，已有《章氏丛书》的刻印，只是部分。一九八二年，上海人民出版社出版了《章太炎全集》的第一、第二两册，纸墨精良，整理者皆为学者。据出版说明说，准备连书札等也收入，真是跫然足音。至八六年出至第六册，印数却在下降了。

这里要特别指出的，点校章氏文章，恐比点校唐宋文还困难。我们如果原封不动地将线装的《章氏丛书》拿来阅读，有几个人读得断读得通？所以这一点校工作，更值得我们感谢。(此书校对也不容易)

到现在为止，共出了七册，第七册暂缺，第八册为医论集，是王有为先生送我的。最近将七册书翻阅了两个下午，常常读不懂，所以只能说是一知半解，而最先引起我兴趣的是宰予昼寝。

宰予身列四科，并非懒汉，却因昼寝而为孔子痛骂，此事颇为后人疑讶：打一个中觉，何至引起夫子这样愤恨，竟要发动小子鸣鼓围攻，简直像对付战场上的敌人。后人也有解昼寝为画寝的，说是形近致讹，总觉不可通。

《全集》第一册《膏兰室札记》三七〇："考《吕览·慎人》篇云：孔子穷于陈蔡之间，七日不尝食，藜羹不糁，宰予备矣。高诱《注》：备当作惫，惫，极也。《论语》曰：在陈绝粮，从者病，莫能兴，此之谓也。故曰宰予惫矣。(以上高诱《注》)"那末，孔子应当体谅，怎么痛骂呢？

章氏解道：因惫而寝，事不得已，非惰学也。然夫子所以责之者，因这时只有徒役（从者）莫能兴起，其他弟子虽病，兴起如故，宰予独与从者同寝，“岂知士不可以不弘毅，斋庄之志，龛剧愈坚，乃以不忍稿饿之故，颓然就寝，是非能坚忍持定者也，故责之”。此说也只是揣测，是否圆满，仍是疑问，却由此得到启发：宰予所以为夫子痛骂，必在特殊的场合，例如兵士打中觉是常事，但在行军途中就为军纪所不允许。光是昼寝，必不至使夫子这样恼怒，孔子一生，难道没有昼寝过？

第三册《检论》附《近史商略》云：“近世为《清史》者，初定叙目，观其纰缪，盖亦多矣。”此《清史》不知指哪一部书？但非《清史稿》。《检论》为《訄书》之改名，成于民国初年，当时尚无《清史稿》。章文论叛臣、逆臣、佞幸、奸臣的区别皆有精当处，又云：“是故《明史》‘流寇’不与‘叛臣’同称。唐之黄巢、董昌，已受官号，故得谓之‘逆臣’耳。自非此族（指品类），叛臣之名，无由虚起。”实则黄巢入叛臣传，也很牵强，前人已有非议。下云：“朱一桂（当作“贵”）则明之后裔，而洪秀全则以颠仆胡庭为号者也。必求衷质，朱、洪可为《载记》。”朱一贵非《载记》中人物，洪秀全或可入《载记》，但若衡以《晋书》的《载记》中人物，如刘元海、石勒这些“异类”，则又未必妥贴。《清史稿》列洪秀全于吴三桂之后，还是看作叛逆，传中斥之为伪王、寇，民国时即已被史学界所抨击。

第四第五两册为《太炎文录》初编及续编，其中颇多为关心近现代史者感到兴趣的，如《讨满洲檄》、《中华民国解》、《史量才墓志铭》、《书十九路军御日本事》等等，也有为杜月笙而写的《高桥杜氏祠堂记》，又有《李自成遗诗存录》，转录了闯王的五首诗，并说："无草泽粗犷之气，而举止羞涩，似学童初为诗者，亦举事无就之征也。"似章氏深信果出于闯王之手，却也令人联想到《全唐诗》中黄巢的咏菊，《水浒传》中宋江的反诗。若就诗论诗，要推宋江的那首"敢笑黄巢不丈夫"最有气魄。《水浒》中诗的数量不及《红楼》多，水平却高出于《红楼》。

曹聚仁《中国学术思想史随笔·述学》中说："一开头，我就准备替章师的《国故论衡》作笺注，辅以《菿汉微言》，一动手就知道这工作不太容易，因为我对佛家唯识宗没有根底，说得不好，会闹笑话的。二则我对语言文字音韵学，也不是专家。《国故论衡》三卷，只有中卷可以作较好的注解，似乎也算不得完整的工作。"曹先生说得很坦率，实则《国故论衡》那样的著作，任何人来注都是很吃力的，但此书还是值得出版。现在《全集》既已出到七册，希望《国故论衡》能够早日印出来，以饱学术界的眼福。总之，希望《全集》能够名符其实。

（原载《不殇录》，汉语大词典出版社 1997 年版）

晚清外交官使欧剪影

——从一本书看一个时代

十九世纪中期的中国，由于内忧外患的相继纷接，果真显得山雨欲来风满楼！而列强则恃其“坚甲利兵”，先后的叩开了中国海陆大门，再加以满清当轴的颟顸贪污与无能，使丧权失土的辱国行动，日益增加与深刻，而使一向以“天朝”自命的——惯于夜郎自大的满清君臣，不得不惊叹为“千古未有之变局”！

于是一班比较开明的清醒的士大夫，也就是所谓维新之士，遂风起云涌的开始对“世界大势”及中国内政，有所检讨与认识，并以“洋务运动”作重心，以为图存图强的一个对策。虽然仍有一班顽固分子的梗阻訾议，如郭嵩焘之被目为“媚外”等，但大势所趋，人心所向，终于还是不能彻底的，阻遏这些新兴的进步的思潮与势力，而使历史如同“逆水行舟”似的螺旋而进。我们今天看看这些老新党的热烈奋发的精神与行径，及其与当时顽固分子奋斗的情状，依然有使我们歆佩同情之处。

由此发展，而表现于文化政治上的，如总理各国事务衙门之组织，同文馆之设立，期刊报纸之创办（介绍东西洋之政制民情科学），派遣优秀青年出洋留学，或派员至英法德诸国考察军备，添购新式兵器……诸端，都是洋务运动中的主要节目。一方面对“泰西”列强正式的建立了平行的外交关系，从而委派使臣，周旋坛站，以加强其对列强之情报，而收“知己知彼”之效。

我们想起乾隆时代，英国要求派一官员，驻扎中国，以照管其贸易事宜，而先既被“天朝大皇帝”断然拒绝，“此事断断不行”，否则即无异“更张天朝百年法度”。后来又提出一个条件：凡奉命来中国的英人，必须“遵用天朝服色，安置堂内，永远不准复回本国”！而其理由则因“天朝物产丰盈，无所不有，原不假外夷货物以通有无”云云。这种倨傲自大的态度，和一二百年后，中国的领土主权，前前后后被“外夷”的铁骑践踏胁迫的凄惨现实，作一个尖刻的对照，觉得时间真是最残酷无情的一匹野马，“曾几何时”经过几番石破天惊的大变乱之后，中国的“纸老虎”终被拆穿，而沦到处处低头的破落户命运。且又不能不承认：中国和“外夷”的国际地位和外交等级，其实还是敌体的，平等的——而事实上，倒是这时列强眼中早无“中国”，中国地位反而落后低贬了。

自然，如前面所说，对于一班顽固分子，难免大起反感，所以甚有目“洋务”为谤薮者。单论派遣使臣驻欧一举，如李慈铭在其日记中，对粤人陈兰彬的中国应派干员驻外的建议，即大加辱骂，斥其为“险诈无耻”。至其理由则以夷人挟其虎狼之威，近据辇下，外扼各口，故其驻中国也宜。但在中国则无此必要，枉然的“形同寄生，情类质子，供其驱策，随其顰笑，徒重辱国而已”。可见当时的士大夫间，还是多少保持了传统的妄自尊大的成见。其次，李慈铭的学问词章虽卓荦当时，然一涉这类外交内政的实际问题，往往迂腐固执，近乎冬烘，也正坐中国历来士大夫在言论上不负责不切现实的通病，并征当时中国派遣使臣至国外，其经过是颇费周章的了。

这篇小文中所谈的，固是一个中国使臣驻欧时的起居生活，然而要明了彼时清廷所以有这番作为者，似不得不先在历史背景上，作个概括而扼要的介绍，然后再从一本小书上来透视一个时代的风气。

这里说的是曾纪泽（字颉刚谥惠敏袭侯爵）及其出使日记。

晚清中国外交官之出使西欧，多有日记之写作。如薛福成之出使英法意比，李鸿章、李凤苞之使德（详后）等等，记述当时中国官员对于西洋的政治民俗科学文化之观感考察，在今天，似也有其史料的价值，可供研究晚清掌故者的裨助。而曾氏以勋臣之后，当光绪初叶，中国海禁洞开之交，出使英法；而英法其时又是中国外交的一个核心。次则其家世、才干、事功、品性各方面，也同时有他的成就与特色。这本日记的内容，又可说要言不烦，简明综核，足以窥一代风气运会之要者，并可作半世纪前，国人旅欧生活的写实看，故特摭录之以实《旅行杂志》。

关于曾纪泽的外交手腕，在前一代的外交官中，确不失为佼佼者。他的要诀是虚心、诚恳、平实，而同时有其立场、气魄、定见，必要时则不惜“一拼”，即是所谓“挺经”。而这些，又多少得力于乃父国藩的庭教，但看他从崇厚手里，将对俄的伊犁条约重加改订一举，可以概见。《清史稿》于其列传末论曰：“崇厚擅定俄约，丧国甚矣！纪泽继之，抗议改正，其时国势犹足自卑焉。”尤以见士论于此之所归矣。

曾氏使英法是继郭嵩焘之任，后乎曾氏者即为薛福成。

但在六七十年前，士大夫之通晓外国语文者，实极不多，且多数从书本上自修得来。故曾氏于出使前，太后召问其英语程度时，即答以“所以文字较易，听语言较难，因口耳不熟之故”。因而深感事倍功半，“自憾难记而健忘，一知半解，无可进矣”。但从另一方面看来，又见其彼时这些做大官的人，究竟还肯用功读书，“问疑析难”，其“孜孜为学”的虚心勤力，正跟目下巨宦达官之“孳孳为利”成个反比！从前固然“学而优则仕”，不过“仕而仍在学”！现在则只要拾得一纸文凭，夤缘时会，窜入仕途，那管西瓜大的字儿能识得几担！

曾氏起程日期为光绪四年阴历十月二十八日，船名“阿马松”，载重三千四百余吨。随员有刘开生、李湘浦、曹逸斋、李芳圃、曾省斋、法人法兰亭等，此外，则为他的家眷。在这里，有一节很有趣的，关于曾氏处置其家眷的问题，应先加记述。

在当时的中国社会，因时代风气所限，对于两性观念，自然十分拘谨，尤其是社交上的酬酢接应。而这跟西洋的男女杂座，社交公开大相迳庭。曾氏明了这中间的界限，为了“防患于未然”，故致书给法国驻华使馆翻译，兼充护送曾氏至欧的向导法兰亭，预先声明：中国素崇礼仪，与西欧不同。对宴会一节，西洋固有贵重女宾坐近主人，男宾坐近主妇之通例。而中国则男女授受不亲，姑姊妹女子既嫁而返，兄弟不与同席同器。至亲骨肉，其严如此，外客更可知矣。因此，中国妇女，若与男宾同宴，将终身以为大耻！所以先加一个规定："中国公使眷属，只可间与西国女宾往来，不必与男宾通拜，尤不肯与男宾同宴。即偶有公使至好朋友，可使妻女出见者，亦不过遥立一揖，不肯行握手之礼。中西和好虽殷，吾辈交情虽笃，然此一端，却系中国名教攸关，不必舍中华之礼从泰西之礼也。……足下从中委曲商酌，立有一定规矩，则将来中国公使挈眷出洋者，不至视为畏途。"这种观念，在目下看，当然觉得迂腐滑稽，但在当时，却自有他的苦衷，不然的话，不但名教清议固所不容，且可能受到行政上的处分。再则，旧时中国妇女，向居深闺，于西洋社交仪式自多暗隔。则一旦远适异邦，与其仓卒交接，勉强效颦，终至在稠人广座间公然"怯场"，以此失了外交官的尊严，自不如知趣藏拙，较为得体。而在理由上，则又可推给中西礼教习俗之不同，此等地方，安见得不是曾氏"外交手段"之运用，与其苦心孤诣处？后来船过香港，港督亨乃西，知道这个底蕴："女宾不能拜男宾，尤不能与男宾同宴"，故特遣舟车迎其夫人登岸，与港督夫人相见。

至于曾氏赴欧的行程，大致如下：曾氏以钦差英法两国大臣赴欧，官职是二等公使（当时尚无大使），实际相当于现在的特命全权大使。故需半年驻法，半年驻英。自上述十月二十八日由沪起碇，于十二月初八日（翌日即为西历元旦）至马赛。十一日至路墉（按即里昂），十二日抵巴黎使馆。旋复于正月初八日转达英伦。此为其出使所经之路线，兹将其旅次与驻欧生活择要一谈。

当曾氏舟过新嘉坡（十一月十二日）曾因总督罗斌之邀，登陆游览。其时华侨之居此者已达十万人，闽人居其七，粤人居其三。华领事为胡璇泽（号琼轩）。比及曾氏返舱，新嘉坡总督既不答拜，又不声炮（在港时港督亦未答拜），"皆非礼也！"时同舟英人有询曾氏"新嘉坡总督失礼于公，而公不怒何也"？曾氏回答得婉而讽：

"公使经过之处，其不能声炮相迎送者甚多。盖必有总督提督而后可以声炮，然则声炮者非独公使之权利，亦系总督提督之权利也。今总督不声炮以相迎送，则为自失其权利，余则视为新嘉坡无总督焉可也，何怒之有？"问者失色！

按新督既邀请曾氏上岸于前，迨曾氏如约往见，返舟后却不声炮不答拜。在外交礼貌上讲，自失诸简慢，但也可见那时洋大人气焰之嚣张倨傲，而曾氏的这段话，倒有晏子使齐之风也。

曾氏到巴黎后，郭嵩焘还在使馆，因患腹疾卧床。越三日，郭氏遂登车赴英，赶办移交。曾氏则于十二月十八日午时，向法国政府呈递国书，亦使臣之例有程序。兹从其日记中摘录片段，以见前代的外交仪节：

未正，法国御前接引大臣穆纳，以朝车一辆，从骑数匹来迎，余率参赞官、翻译官，暨松生、开生、仁由等，同至其勒立色宫。余与穆纳及外部翻译大臣葛士奇同坐朝车，松生兰亭乘穆纳之车，余人别为二车也。宫门外陈兵一队，奏笳鼓军乐以迎客。余入其便殿，三鞠躬而进。伯理玺天德向门立待，亦免冠鞠躬。余手捧国书，宣读诵词，葛士奇侍立余旁，以法文再为宣读。伯理玺天德手受国书，答词既毕，慰劳甚殷，颂及先人。礼毕，鞠躬退出，仪文甚简而肃。宫门兵队，复奏军乐以送。复与穆纳葛士奇乘朝车回寓。

这时正当法第三共和国成立不久，所谓“伯理玺天德”者，当为 Persident 之音译，今译总统是也。故其记中有云：“自法国改为民主之邦，国之事权皆归于上下议院。两院首领，邦人亦称之曰伯理玺天德（即今译之议长），而总伯理玺天德，但主画诺而已。”其时法总统曰马克孟，旋又改选新总统曰格勒斐。上议院院长曰马尔特尔，下议院院长曰刚必达，巴黎市长曰赫罗尔特。而与清廷关系极深，平洪杨有功，加衔提督赏以花翎的法人日意格(《清史稿》曾为列传）也在巴黎，且往还颇密。而在法总统的答词中，并及纪泽之父，可见曾国藩之声名，已为西洋当轴所熟谂了。

曾氏于抵法京后，其主要任务，访问及联络法国朝野首要部署使馆内部的设备组织。而这时西人在华行动，最使清廷感到棘手，也最伤脑筋者，当为教士问题。故曾氏也一度与法国当轴谈及。日记中曾记法兰亭所告之言云："新任下议院首领刚必达，人甚公平，不肯袒庇教士，宜与结交，对以后遇事牵涉教堂者，易于了结。"下并补述在阿马松轮中，有法国海军副将白某，诋毁教堂中无一正人，以及法兰亭"教堂中善男信女，诚不多觏。……其实教士之可恶，吾法人皆能知而恶之"之说。皆见得清末西洋教士在中国之胡作妄为，即在稍明是非的西人自身，也颇看不顺眼了。

其次，西洋通例，对于外来公使驻居房屋，例不收税，然须使者自购器具，乃享免税之利。否则，与一般住客相等。当时又因经费不足，能否援美国之例自置使馆，尚在未知之数；而旧馆则既窄狭不能安插多人，其租价又极昂贵，合十一二年之赁金，即可购一佳屋。因之，曾氏遂急乎要想另觅新居自购器具，后来驻英国时还偕法兰亭往木器店“自订货坚而价廉者数十件”。以堂堂大清钦差使臣，不惜抛头露面，纡尊而至市肆，这或者未免显得寒酸相些，然而就是这样的一种“寒酸相”，在眼前的新官僚群中又岂可多得？即使有也未有不被目为傻瓜呆子吧？

说到中国使节驻外活动的经费，一向极为贫乏，而历年在外交上所以不能崭露头角，和列强斗竞者这自然也一因素。战前曾有人说，中国驻欧使馆的常年经费，恐怕还不及日本使馆邮电消费之多。这话大可玩味，或者正是“弱国无外交”的另一种注脚。不过经费的贫乏固然是一大问题，而主管者之运用方法，却也是一个问题，易言之，就是看你在所谓“撙节”与“浪费”之间作一合理的调整。像今天的一般官场风气，似乎必需支用的倒显得极其“节约”，而应该可以省略的则反派头一络，结果则于国体和行政效率依然一无裨助。官僚作风的特质本来如此，也自古已然，只是于今为烈而已。

此外，则为曾氏在法京的游览与酬酢，如观“圆屋画景”、参观图书馆、参加茶会、往“小赛奇会”（当为小型之展览会），其日记中曾述及往某戏园观剧，“所演为丹国某王弑兄妻嫂，兄子报仇之事”，或即莎士比亚名曲哈姆雷德也。

接着在法国告一段落后，乃于二月初八日渡海而至英国。由卡利海滨登舟，申正渡毕，再自德尔福搭车，于傍晚抵伦敦。其时赫德也正返英，即先与其商议使馆的器具，并主张“应采用中国之物”。添购的以次等货为主，“但求坚固不须华美”。其原因，自仍不外“经费渐形支绌”而已。

旋于二十八日中午，乃向英王于温莎行宫中呈递国书：

饭后，偕清臣至巴定敦车站，展阅国书，束缚严整，未初二刻，偕外部丞相沙里斯柏理侯……（等）同登火车。即时开赴温则行宫。未正二刻停轮，乘君主所遣双轮车入宫。与其侍卫大臣、世爵命妇同席小宴。席散，至廊立候良久。……余乃入觐，君主在偏殿小室立待……余入门三鞠躬，君主亦鞠躬以答。余手捧国书，宣读诵词，英臣以英语再为宣读，沙侯承君主之命宣读答词。清臣复译读之。大约言君主与中国大皇帝同心，欲令两国永远和好，人民长享太平之福，又敬问大皇帝安好。答词既毕，余与沙侯清臣皆鞠躬退出。

此与向法总统呈递国书时之仪式，大略相同。旋于三月初二日，又赴森金司宫，谒英太子。时英首相为毕根士费尔德。据日记云：“其人有定力卓识，年逾七十，而神观不衰，英人倚为长城。”又记其谒见后之印象云：“容貌蔼然可亲，而词令简严。寒暄良久而归。”当时帝俄与土耳其发生战争，既而土力竭求和成立了所谓“圣斯太法努条约”。而英国不愿帝俄之坐大于巴耳干，故曾以兵助土而加俄以压力。其日记有云：“清臣在车中谈及俄土之相持也，土人已力绌求和，听俄人之所为。既立约矣，英人不利俄之得志于土，以兵助土而胁俄，皆毕相国之谋。当时巨卿议绅，不欲用兵，皆不韪毕相之说，或以去就争之，而毕相不顾也。遣将发兵，示必战之势。俄人震慑，卒如英约，敛军退归。”这是当时欧洲大局的一个缩影，在目前则颇有史料的意味，且持此以征彼时的欧洲情势，正相吻合。同时，又反映了英帝国的“保持均势”的一贯作风。

在物质方面则这时候欧洲科学发明，亦正在骎骎前进，如十二日日记云：

偕清臣至伦敦画报局，观望书画各种机器。器之灵巧，工程之捷速，不胜记述。最奇者能取中国字迹照影上板，而后刷印亦能毫忽无差，形神必露，印千万纸如新落笔者。又有整幅纸长逾中国十二里，卷为一筒，径二尺许。以筒登架，则机器自印自切，而自钉成册。鬼斧神工，真可怪诧！

此即珂罗板与卷筒机，在华人初见之时，自将引为“真可怪诧”矣。但在那时的士大夫，多少还囿于传统的心理，视西欧的物质文明，不过是一种“奇技淫巧”而已。因此曾氏认为：“泰西必有废巧务拙，废精务朴之一日。盖地产有数，不足以供宇宙万国之繁费，则由精而入粗者，势使然也。”

不过那时中国的土产、磁器、古物、书籍，以至人工技术之类，传入到欧洲的数也不鲜，姑举一事言之，如中国的吐纳之术，本是方士的一种“巫术”，为正统派的儒家斥为“左道旁门”，但其时西洋医界却有加以服膺者，十八日日记云：

左子兴引医士骆滋来见，德子固之友也。其人不能华语，而好译中国书籍，讲求呼吸吐纳之术，即以治人疾病，为西人新开一种法门，与谈良久。中华服气养生却病之书，汗牛马而充栋梁，殊少验者。余生平亦喜观之，以为近于荒诞不经。不意西人乃有笃信之者。渠辈好为幻眇深玄之思，或又将生出无数途径，则亦化臭腐为神奇之一端也。

这或许是西洋人利用作精神治疗的一种方术。在其他记录中，亦时有涉及西人之爱好中国文物学术者。盖当时中国虽已积弱，然在这一方面的成就，固有使西洋的汉学迷者崇拜钻研之处也。

在同一时期，中国使臣之使欧的，尚有李凤苞之使德。李字丹崖，崇明人，初读于同文馆。光绪三年，率员弁赴英法两国分置肄业（即先曾氏出使前一年）。四年，赐二品顶戴，署出使德国大臣。李氏曾于三月十八日，自德赴英，曾氏乃率员往车站迎接。这里却又引起一个关于外交官的资格与礼节问题。因李氏官阶系署理，所以西人颇有“轻慢藐视”者，故曾氏特别隆其迎候的仪式，俾无损于汉官威仪。日记云：

茶食后，偕清臣、夔九、湘浦至车灵克罗车栈迎候驻德署使李丹崖观察。丹崖本令翻译官罗丰禄，由电报知会凤夔九，请余不必出迎。余因去冬崇宫保行经柏林，丹崖迎于客店，跪请圣安，大开店门，万目共睹。阅日遂有新报，言中国署使跪迎头等公使云云。欧洲视署使与参赞无异，又于形迹疑似之间，启其轻慢藐视之心。于崇公无益，而于公使有损，余是以特着衣冠迎于车栈，以示中国体制实任与署事分际相等也。丹崖与罗翻译卯正到栈。……

这些地方，颇足以见曾氏之“外交手腕”。盖一国大臣，出使远邦，于周旋折冲之间，其自尊心与立场，自应求其不亢不卑。不幸后来中国国势日弱，主权日削，由过去的“傲”一变而为无所不至的“媚”，于是西餐而曰“大餐”，失土而曰“大英地界”，自上至下，不是一副买办面孔，就是一团西崽嘴脸；驯至媚态可掬，奴性毕现。这似乎也足以觇“世变之亟”吧？

论世知人，综核大体，像曾氏那样人材之在清末，总算比较是有头脑、有手腕、有责任心的了。有头脑，故而他能认识国际大势，且在“清议”沸涨“谤薮”丛兴之日，不辞艰困，远涉重洋。有手腕，所以他能尽其所长，不辱使命，如伊犁条约之改订，及上述迎候李凤苞等举措，替外交官保持了严尊。有责任心，所以他能不计一时毁誉得失，为国家大局着想，所谓“观近来时势，见得中外交涉事件，有时看得性命尚在第二层，竟须拼得将声名看得不要紧，方能替国家保全大局”。想想当时的情势，看看今天的外交，又岂止感慨万端而已！……

附记：

兹将日记中所录若干译名，与今日通用者对照之，借见六七十年来译者演变之迹：立墉（里昂），斯巴尼亚（西班牙），皮鲁（秘鲁），苏爱士（苏彝士），耶苏再生节（耶稣复活节），赛珍会炫奇会（展览会或博物院），机器房（电梯或升降机）。

（原载1948年9月5日《旅行杂志》第二十二卷第九期，署名辛沃）

旧事重提

——读光绪四年正月份《申报》

大约是两年之前，我在一位杭州的书商手里，买得一份光绪四年间的本报——《申报》。后来又陆续的收到一些光绪二十八年份的，却较为零落散漫，不像前者的既整齐而又是合订的本子。而且时间也不及前者的悠久，因此这篇文章便只以光绪四年的作为根据。

中国的历史，有待于重新整理和钩稽的，实在太多了。所以，眼前的研究历史的人最重要的任务，殆无过于史料之抉剔收集和保存。仿佛是章实斋说过这样一句话："六经皆史也。"确是为古书下了一个最正确公平的诠释。如果我们能从这个角度看去，则一切的所谓残简零篇，无不可作现代的我们，对于先民的生活状态的透示，借此而使过去的文化的迹象重现于我们眼前，于是就提炼而成史料，综合而成历史。

清代的历史，虽然比较的长，有三百载光景，而且内容也较复杂。尤其代表她的三个时期的特征：清初以异族入主的大变动，清中叶智识界的学术思想的繁兴、澎湃，和太平天国的对抗，终至失败；以及晚清的更纷扰的局面，内忧外患，撩乱万变的种种得失消长，终至溥仪宣告逊位，都正是我们严明的对镜。所谓殷鉴不远，跟现在的我们，也较任何一个皇朝为密近，因此尤特别有了解探讨之必要。而对她的态度，自然同样的需要客观。既不能和臣罪当诛的遗老并驾齐驱，效迂执肉麻的口吻，就是跟排满时期的心理观念，那种狭隘的“非我族类”之见，也有所不同。因为这仅能作当时争取政权的暂行方策，而不宜于求真务实的史家。史家所凭借者不外乎明彻的理性，而遗老的“捧”和朋友方面的“排”，正如他们之于“粤匪”，“发寇”一般，都不免发乎主观，诉诸感情。虽然，中间未尝不保留一点真实性，但总之，不管是对亲或仇的态度，在我们却需要加以纠正的。

我这样的说了许多闲话，对于这篇小文的主题，还依然毫无裨助。因为一由于我手头的材料不够丰富，二则限于我的孤陋浅薄，所以，虽心想以这份六十余年前的旧报，来作一个晚清社会情形的剪影，但结果之未能圆满，自也在意料之中吧！

《申报》发刊于清同治十一年（1872），壬申。到现在已有七十余年的历史，真正可以说是“老牌”的了。其他如《新闻报》发刊于光绪十九年，《时报》发刊于光绪三十年，也都不及它的悠久。但说到清末的报纸，期刊的风起林立，不待说是有它的社会背景；在当时列强的软硬夹攻，虎视眈眈环境下的当务之急，正是老新党眼中的“洋务”之一。在《申报》创刊的那一年，同时复成立了招商局。可见这时的办“洋务”的空气，的确相当热烈。不过最先似乎还是以定期刊物作先导，而且有一部分，只是当作耶稣教士的宣传工具。后来由于梁启超等的鼓吹，以及他饱和情感的笔锋的风行遍布，于是报纸的社会地位，益发抬高了。

现在要说的是我所藏的这份《申报》。

当时的印刷和纸张，跟现在的颇有不同，大约和后来所出的仿聚珍板丛书一样。纵横各占市尺八九寸左右，日出八页，每页自成连折，如坊间的线装书，第一页空出寸余的横额作报眉，书《申报》两字，并题以年月，而注以西历，惟仍以夏历为中心，左角书每日期数。我的一份自一千四百七十六号起，其“七十”二字则用旧式商店的码子。正文用四号字，广告用五号字，印刷较拙劣。首页载社论，次则新闻、故事与各地通讯，再次则载京报，上谕。末登广告，约占三面。每面分四行，每行划三格正六格不等，如今日之分类栏，由客户自定多寡，与现行办法同。惟以戏园（今作院字）的广告登的最大，也和现在的一样，盖一切娱乐，消费的广告，向来是报馆最大的收入。广告的材料五花八门，无所不有，除戏园外，如药品，洋货，命理，书籍，船期，机器等等，而拍卖行商每日也有三五家。最末还登几格“经济消息”，然并无解释，只是“行情”而已。当时的“英洋”是七钱四分九五，“新会”七钱四分八厘五，“本洋”八钱二分七，“洋拆”三分，“卡钱”一百四十八千，“现新板”七钱五分一五，“市钱”一百五十千，“银行票六个月五先零八辨士五”，商人票则稍多，不知尚可作币制史或经济史作者的参考否？但遍索首尾，却没有报馆的地址。至于编排方式，尤其笼统，呆板，并无严格的分类。而新闻的标题，有时也颇有趣，和旧小说回目一样。如“灾罹无妄”，“哨官被累”，“苦志完贞”，“父子责善”，“案情支离”，“古庙遭灾”之类，仿佛画龙点睛，一目了然，不过没有句点。特别是记者的文字，也很古色古香，喜掉词藻。事实上，正是笔记的末流而已。如正月十二日所载“苦志完贞”一事，兹特节钞于此，以见当时新闻的特色！

近读邸抄中见各省督抚为节孝贞烈妇女，据情入奏请旌者，几于无省无之……若小家女亦知自爱，则尤难能而可贵者也。近闻有张氏女，世居宁波东乡段家湾，貌艳于花，心坚如石，父母早爱之如掌上珠。有王姓妪者距张居仅数里，闻女美而贤，曾挽冰人为其子王某作伐，订于上年腊月行嘉礼，不料妪之子苦志读书，遂得瘵疾……讣至，贞女即跪告双亲，欲往一奠，父母诺之。不半月王妪又以病子情深投水死。贞女欲往治丧。料父母必不许，遂乘间自往婿家，人方交相惊问，贞女告众曰：有父母之命，媒妁之言，则我固王氏人也……我今来此，愿忍死须臾，操持家政，务使窀穸获安，宗祧不坠，庶几可告无罪于王氏祖耳。众闻言无不敬服，乃卜吉期仍行婚礼，即邀同亲族为之立嗣……嗟乎，春花秋月，触目增悲，苦雨酸风，操心不懈。安得有力者上其事于彤廷，表其人以风世耶？

这简直在努力的作《烈女传》了。大约《申报》后来所出的丛书，有几种就取材于此。不过这是当时的风气使然，便是“貌艳于花，心坚如石”一类滥调，在现在还常常出现于记者的笔下。又有所谓貌若桃李，心如冰霜云云，虽文字稍有异同，但其为摇笔即来则一。然而从这段新闻看来，一面固然竭尽其赋得之能事，可是最要紧的当事者的姓名，年龄，却语焉不详，仅是什么“张氏女”，“王妪”，“其子王某”，也许旧时的妇女照例不写姓名，但“其子王某”似乎可以表明一下吧。

这主要的原因，自然为了当时还是“文章教尔曹”的时代，所以典故，词藻和俪语，也特别的为弄笔头的人所熟娴，爱用。例如再以这份《申报》（同月初九日）所载的社论——《论取净水以保民生》的笔调看来，更有“策论”的意味。这文的立意，是看到当日水料的污浊，于健康颇有妨害，而主张用“西法”汲水，或“开浚城中及绕城各河，庶可不饮此秽污之水”。但其开始的时候，却引经据典的大兜圈子，将与水有关的出典搬了出来，足足占了十分之四，这里钞一节，以见一斑：

人生养命之物，每日除食之外，则莫如饮，若是乎水之一物，又岂可须臾不讲求者哉？孟子有言，饥者甘食，渴者甘饮。《击壤歌》曰，耕田而食，凿井而饮。由此观之，食与饮又岂人生所可须臾离也哉？读《大雅·笃公刘》之诗，其言公刘迁豳之日，则曰相其饮阳，观其流泉. 读《闲书·浮浩》一篇，其君周公定洛之时，而于洛瀍诸水，不惜反覆详言，于以知水之为物，固迁都建国者所当留意于其间，其故何哉，愈足征人生无水不足以养命也。

于是下面又引了光武中兴，马稷驻兵的故事，渊雅广博，真近乎博士买驴了。至于后来上海的自来水公司，不知起于何时？从这篇社论看起来，这时大约还未成立。五四运动时，胡适之先生提出的“八不主义”，就是针对着这类文体而发。而总括一句，还是过去八股造成的遗风。

……

这里让我撇开枝叶而论大体。

查光绪丁丑之交，在内政上，各地的水灾，饥荒，边乱都非常严重。所以朝野的舆论，也特别的以救灾，赈饥，施粥为重。虽左宗棠总算把新疆平定下来，然而外患之甚，也迫于眉睫，至翌年遂有琉球之并。但当时元旦日的社论，却表示非常的乐观，甚至较“诞敷文德，舞干羽于两阶之唐虞——何多逊焉”！就未觉太像信天翁了。

因了那时交通多阻的缘故，南北的函件往返，也须化上许多日子，如前二年十二月初一日的《京报》，至此才得披露，读时已有明日黄花之感。故这里可以不必再加征引，只就较近的几桩大事来说。

首先是清末轰传一时的杨乃武一案。在正月念五日的社论中，曾经有一篇社论，题曰《书刑部验讯余杭案奏稿后》，似竭力为杨乃武鸣不平：“第杨乃武当鹿鸣与宴之后，何暇为此，且系读书人，理当不正如是。故第为杨乃武冤，而不为葛毕氏惜。”并攻讦承审此案者的武断和枉法。盖此案全由余杭知县刘锡彤的溺职徇私，而致杨乃武重受荼苦不得昭雪。然因当时舆论物议，俱多不平，故司法当局原派蒯士芗廉访勘查审理，追接见刘知县时，已疑有冤，再三诘问，刘只得对说，“卑职所查者铁案也”！于是廉访升堂听审时遂有成见，一面复恫喝葛毕氏照前供认，而杨乃武虽欲翻供，却被当作耳边风而不接受。后又有胡学使者奉令提讯，但供情严密封锁，不令外泄。惟传闻杨乃武到案之时，胡氏颇有平反之意，经杨乃武顶撞，胡氏一怒而仍然原题奏复。于是《申报》记者评曰：

夫人至于死，谁不畏惧？而遭冤，谁不愤恨？在杨乃武以为事得昭雪，我固理直气壮；不得昭雪，拼而一死！堂上不容委婉实供，一有翻语，即拍案斥骂。以现在供词迁就原定情节及定谳时逼供之语，能无受冤气愤，当堂顶撞哉？杨乃武非乡愚无知之人，见官畏葸嗫嚅不敢言者，其顶撞也，既恃京控之准，复伤受冤之大，方冀学使平反，俾传生全有路，乃不许与从前口供一字不符，其愤激之情，固大可谅，而学使乃以顶撞之故，逞意执见，仍令其死，可乎不可？

这篇社论写得精辟有力，不愧民众喉舌，和前回所引的那一篇，自不可同日而语。旋有谕告到来，须俟刑部讯明定案后，再议杨中丞胡学使处分。幸卒得水落石出，社论中并述及刘锡彤其人，“虬须魁伟，声如洪钟，谈笑之时，响彻四壁”，而推想或者心粗办事卤莽所致，抑为其署中人所愚，以至于此；抑尚有别情，外人不可得而知耶？末数语词锋闪灼，颇多含蓄。然也足见舆论的力量，确未容轻视了。

这件案子到现在还有编为戏剧的，在当时正和周氏兄弟，徐达泉诸案一般的轰动。因为专制时代的司法行政，没有严正的划分，往往为贪污，狡黠的官吏所舞文弄法，再加上体刑的可以公开施行，枉直之间，真是间不容发。此外，有许多侦查技术的落后，如仵作之检验尸毒等，也是促成冤狱增多的因素。所以两江总督沈葆桢，激于杨案仵作之偾事，曾经上疏主张免除仵作马快两途的禁锢，使彼等有充实学识的机会与资格，不料却引起了李慈铭的大反对。以为一旦“俨然人官，与士大夫齿，尚成事体乎？”这就有点顽固了。难道吏治的良窳得失，还不及“士大夫”颜面的要紧焉？

其次则是赈饥，救灾和开垦。

当时的水旱灾象之起，已是很久的事了。在光绪三年春间，清廷时有谕旨以广求言路。从形式上看，确实也在惩办不力人员，以及革除一切奢侈习气，而各大臣的规谏纠劾尤所在多有。如翰林院侍讲张佩纶，以诚祈集议，恤民省刑四端来调整时弊。而清廷也将縻费的筵宴，消耗一律停止。如《申报》的社论中，在一月之内，如有《论谈法散粥以赈饥民事》，《劝赈山东饥民并荒年不能平粜说》，《书本报历述山东灾荒事后》，《再论赈饥》，《论赈济饥民》等各篇，而尤以华北为亟。综合诸文的大意，第一是批评主持者的因循粉饰，刻薄自私，灾民沾实惠的不但绝少，而且非常不均匀，正如现在的那些善棍一样的作风。而朝廷也仅派几个委员之流去敷衍了事，次则费用太刻，以山东八县之广，仅发银四万三千两，正如杯水车薪，不足以解嗷嗷者之急。社论中曾有统计："夫四万三千两之银，以每日每人用银一分计之，每月得三钱，仅足敷十五万人一月之粮。今借此支持四个月，则仅能济四万人！青州八县之中，假如有饥民八万口，则国家仅救其百分之四，而其余百之九十六尽置之不闻不问而已。"而归咎于地方官之不肯据实报告。所以然者，盖因地方官有八分报四五分，尚有五六分的钱漕可征，反之，如果实报的话，"则钱漕无着，平余无悬，亏空之项无掩饰接济之款矣。故往往荒呈日收，而粮役日日下乡"，这所说确是一针见血之言，然而也正是官僚主义的特色：只知道在外表上宣传吹弹，如从谕旨奏疏中寄点沉痛矜惜之语，而不能进一步的，更切实的来消除“倒悬”。譬如在灾荒时不许商人囤积居奇，固然策之上者，可是也得审察实情，加以权衡。像上述山东的灾区，本来有莱州府商人贩运麦粉去求小利，旋见官厅出告示，凡粮食运到只准常价出卖，这样一来，商人吃亏不少，不肯再来，粮食自然更难为继了。诚如社论所说：“但使价昂而吾境内之民有钱可买，已将感商人之惠，何必勒其贱卖，使之折本而裹足不前哉。迨至商人不来，而吾境之民虽有百钱难得升粟，坐而待毙，为民上者，尚能出示招徕，强商人之必来乎？”这就只能偏视而不肯兼察——自然，这决不是前一时的米蛀虫们，所得而借为口实，因为彼此的实情不同，作用有别。复次，则是一般富户，豪绅的不肯踊跃济急，“乐善好施”。但原因半也在于“无人倡义，致有力者亦袖手旁观”。倒是外国人能慷慨的予以救助，寄以同情和关切。所谓“中国饥民与西商何与，而为此急公好义之事？中国绅商宜如何激发天良，以救此同在版图之穷黎哉？”又如正月廿五日的第一版上，就有一位西教士李佳来信详述该地饥民之疾苦，而其文字更觉声泪俱下，“不忍卒读”，当时饥民所吃的全是麸皮，番茄皮，一切可食的树皮，高粱根，草子等。所住的居屋也统统拆毁，除了变卖木材之外，居然将屋顶所盖的高粱根树叶取下充饥！这样就只好挖掘穴窟，群聚于中，过原始人的日脚了。

普通有五百家的村落，饿毙和病死者，倒占三百人。迨各处开设粥厂时，起初来领食者，皆系壮健的中年男人，到后来也一样的软弱衰落，结果死的倒的，辗转道路沟壑，供野狗野鸟去啄啮罢了。

“造物不仁，以万物为刍狗”，而中国人历来遭受的灾难，不论是自然的和人工的，也特别的惨酷，特别的繁重。最近看了何炳松先生的《中国历代天灾人祸表》，益发感到在我们的上下左右，无不泛溢着强烈的血腥气！我们的祖先里面，正不知有多少生命是这样的被浪费掉，牺牲掉了。然而天灾之来，或者还可说是不可抗拒，但人祸之兴，却是一切有理性者之不能宽宥：在今天我们还得腾出点功夫来反省一下，作一番自我的良心的谴责。何况在健全合理的社会制度中，不但人祸早已泯灭，便是天灾，也何尝不可用人力来征服它呢！只要科学能够发扬光大，大自然所赋予我们的困苦，就有彻底消弭的一日。但眼前的人类，却还依然的在逆用着文明，——一切先知先觉者苦心获得的业绩——通过科学的力量而制造罪恶。这正是人谋之不臧，但亦是我们深刻的羞辱！像前述的青州的饥荒，小百姓们以树叶而谋尚存之一息，已经是绝大的不幸了；在一些丰衣足食者！——尤其是那些在上者，应该怎样惭愧，怎样救助之不遑，却还反过来掩饰，中饱，在广大深厚的苦难之上，斤斤于一己的利欲安逸！我们抚心自问，不知道这世界是不是还属于“人类”？而尤其痛心的，这种现象还保存在六七十年后的今天，以至于明天！

……

其次则是用机器以开垦荒田。

在清朝末年，一般开明的智识阶级，因迭受列强欺凌的种种刺激，颇有发愤图强之意。他们痛感到本身“国粹”的不可恃，“精神文明”也究不敌坚甲利兵；而外国的“电力火光”，外国的机械技术，也的确有其致强之道。虽然在一般顽固的人的脑子里，要斥之为“奇技淫巧”，但大体上，朝野之间已经有了一致的觉醒——自曾国藩以至戊戌政变的六君子等，只是方法和手段方面，有缓进急进之分而已。因此，在他们的论调主张中间，不时以“泰西”的优点相引提，以日本的“维新”作师鉴。这和更早的一味闭关自守，妄自尊大的空气确有绝大的进步了。我们只要一翻清末的几种文集书报，就可看到这一类的思想，主张是如何蓬勃的反映于文字中，如正月初八日的《申报》社论，有一题曰《论筹购机器以开垦荒田》。首述中国以农立国，视工商为逐末，已成“万世不易之规”，然自咸丰以后，兵广遭燹，壮丁损伤过半，使已成熟之田尚沦为芜秽，推求其故，由于田多农少。因一个农人终岁仅能应付田数亩，忙时如雇人，每日即须工资钱三百文，尚须供给三餐，深觉不合算。“是以有用之田，置之无用之田”，而一遇天灾，即无法运往接济。并以前一年的灾荒为证：盖灾民既南来甚众，而江南荒田又均未垦，遂使粮食不易支持。于是末即引西洋机耕的利便云：

前有人言，西国耕种机器一具，可当五百农民之力。何不每处设法购买以代人耕。虽创始之时，不免太费，然能使荒壤成良田，所获不亦多乎……去岁仅有偏灾，在上者筹办赈务，已至如此艰难，天道难知，能保不再灾荒乎？此余所以日夜思维，欲救灾莫如购器，是亦当今最急至要之先务也。

过了三四天，复有署名“愿学老农”的寄去一稿，题名《读论开垦荒田事》。首先批评“中国士大夫”的懈怠因循，没有进取之心，一面却用各种借口来阻扼新主张。中引美国开国的故事。文云：

华盛顿之初立美国也，所据者亚美利加洲之地，其土人皆如中国之生苗生番不知耕桑之务者。不过数十年间，其物产之滋丰，其造作之华美，其国人之富强，几与欧洲著名之英法等国相埒。其故何哉？盖宝物之久藏于地者皆设法以取用之，土地之宜种各物者，皆设法以开辟之，人力足于用者，皆招徕他国之佣以从事，制造机器之具以助力。未闻其坐待生齿日繁，地利自兴也。若使其国开基之后，日事因循，安能甫及百年，即能如此之富强哉！

这样，他们为中国的开垦荒田，并不比美国初开草昧山川之难。而且中国既已有出佣外国之人，比之美国之雇用他国人尤其不难。他说这些话的企图，就在于驳覆当时许多人，以为圣人从世，当首耕桑，只要耕桑不废，“则国家不必求富强而富强自至”，而以其余都是“逐末之业，造作之事”的懒惰的论调。最后，他并痛恶那些司民牧者的贪残，苛迫。往往农民“田方除草，尚未收租，而催粮之吏役已在门矣”。甚至农民中垦一田，就要责令其代纳四方毗连田地之粮。否则，即责令其交出各田之主。结果人人畏葸，任其荒秽，于是他大声疾呼的说：

司民牧者原须牧民，今不但不能牧民，而且见民方欲自牧，即从而催纳钱粮，反欲为民所牧，又何怪民亦不敢妄动也。嗟乎，民既不能开荒，官又不使开荒，惟有尽听其荒而已！

这在当时，的确已尽了言责，而且切中着时弊。虽然那时人民根本无所谓言论自由的权利，但看到司民牧者的倒行逆施，残害民生，那末，不论古今中外，怕是谁都要咒恨，憎恶和锤击的。可惜像老话所说的囡，“笑骂由他笑骂，好官我自为之”，舆论界虽已尽了十二分的力量，但司民牧者则不肯尽半分的责任。并是直到今天，也还是言之扼腕而痛心的。

然而当时的一些敏感的人，固然已觉到中国的危机亟于一发，若长此以往，就可立召覆亡。但他们却没有进步的对中国的经济条件，即构成中国衰亡的本质，有明朗的解剖。例如前述的社论中以美国的强盛来比，而不知美国那时已成熟了资本主义的条件，至中国却还是偃蹇于封建制度之下，再加上列强的炮火的轰击，更被琢磨而成为半殖民地了。

这里让我再掉转笔来说。由于办洋务的急切，而对国际间的动态自不能不加以注意。其时适值俄土方有争端，故社论中也有《论土耳其近事》，《论欧洲各国急宜筹划保全土国事》诸文。作者以为土国的“贪残自逞，刚愎自用，其存其亡，均不足惜”。所可惜的是欧洲各望国，费尽才智经营，“始成此美盛之局”，若战端一开，则这种局面就不能维持了。故感到“今之欧洲各国速宜保全土国者，非但保全土国也，实自保合巴国耳”。而对于俄国的“阴助土之属国，以兵攻土，欲收渔人之利”的阴谋，尤其希望各望国的正视，且以他们的壁上观为非整个欧洲之幸云。但这时候，土耳其近不肯示弱，已经派兵八十万去御俄，“且其同习回教之印度，亦许遣兵以助战，并有阿达尼安邦伯爵所居素习基督教之人亦请执戈以前驱”，而英国亦命星架坡总督往新金山修台屯兵，一面以防俄国，一面以助土国。而对于冲突的始末，也叙述得很详备。此外，对旧金山星架坡等地的华侨被土人殴辱，而该处美国巡差不肯保护华侨，也深表遗憾。并且提及华侨于美国的富强，颇有贡献，所以结论主张中国在该处必须设立领事馆，“庶旧金山之华人不至不见援于巡差，而星架坡之华人不至再见辱于土人也。岂非出洋谋生者之幸哉?”

同时，在其他的取材方面，则存《述论鱼水雷功用》等文字，这也是当时的要求。例如安徽巡抚王笃棠曾奏请设译报馆。以为中国贫弱至此，危殆至此，就在于不明彼。所以，“为今日计，拟请旨设一译洋报处，凡所得东西洋报，有关中国政事者，逐日译成，进呈御览，请京外大小臣工，一并发观。其言本国政事，亦一律译呈，于是可以知彼，并可以知已矣”。其他如刑部侍郎李端棻，也把译西报当作一件大事，张之纲并说洋报的用处，可以“扩见闻，长志气，涤怀安之酖毒，破扪籥之瞽论”。像有些初期的刊物，几乎都以译稿为中心的。可惜限于立时通晓西文者的缺少，所以文字的组织显得很凌杂。

总之，自从鸦片战争的铁蹄，来踢开了老大中国的大门以后。里面的“画雕栋梁”，已逐渐的被剥蚀，被损毁。

于是开明的士大夫中间有了基本的觉醒，进而推行着救急的启蒙运动。而广言路也为重要的一课。因为要广言路，就不能不设立代表言路的供具和机关，这样便有刊物，报纸和发行这些的报馆。他们的方法，手段，在今日看来固然有其批判的地方，但他们的精神和倾向，却是可以钦佩的，而对于他们的缺点与失策，我们尤其需要警惕。

（三十二年三月一日夜）

（原载1943年5月16日《申报月刊》第一卷第五期，署名文载道）

关于《清史稿》

从中国历史上看，每到了易姓易代之际，往往有许多义师孑遗，孤臣孽子，抱着鞠躬尽瘁，死而后已的心，跟新朝周旋反抗。其间喷碧血，抛头颅，掬赤忱，陈白骨，虽明知大势已去，但依然以不可为而为的精神，求臣职之无亏。即使不幸而国破家亡，然于故君故国，还是此心耿耿的垂念馨香，像伯夷叔齐那样的宁愿采蕨首阳，而耻食周粟。后人遂称之曰遗民遗老，也曰孤臣孽子。尤其是宋明灭亡以后，如文天祥，谢枋得，史可法，王船山，黄梨洲……诸先生的道德言行，皆载在史册，使读者肃然奋发，可泣可歌。

中国向来是讲究春秋大义的，而大义所在也便是“尊王攘夷”。换言之，便是以汉族作统治天下的中心。所以，宋明的亡，其为当时的臣民，与后来的士子特别感到悲壮凄凉者，不消说，是由于元清两朝，都是游牧的异族之故。从表面上看，虽是一样的亡国，但内容上却有亡一姓与亡天下之分。如刘与项之争夺、秦与汉之起伏，那不过是某一个姓氏的变易而已。又如春秋战国时的晋鲁齐郑等战，也不过是地方军阀之抢劫地盘，扩充势力，最多，也只是想推翻中央的统治。但一论到楚、狄那样的国家，意义就大不相同了。所以，孔子之赞美管仲者，也是为了“微管仲，吾其被发左衽矣”之故。后来朱元璋的灭元，大半也是叨了这个美名，为史家所称道。洎夫中山先生领导的民族革命，及其号召天下的理由，则完全以“光复”为其出师的大纛，故能以秘密的组织，至于公开简陋的的武器，力抗劲敌，迫使“冲人”逊位，帝制告终。并且将汉蒙回藏一律平等，不复存丝毫的歧视或偏见。

这样说来，凡是中国的人民，——特别是素以遵守春秋大义自命的的士大夫们，又应该怎样的欢舞感颂呢。

然而奇怪。在清朝灭亡以后，居然还有整整十三年的小朝廷之存在。而那些遗老遗少们，还口口声声的“皇上”长，“今上”短的叫嚣不已，形诸笔舌，而对于国民，也处处表现其敌对和反动的精神，甚至想学陶靖节的样，以甲子代替民国年号，这真有点肉麻当有趣了。

不错，做人而能重视气节，砥砺操守，我们当然钦佩尊敬之不遑。但在清朝的遗老，却不能混为一谈。诚如知堂老人批评刘承干之注明遗民叶天寥日注所云：“为天寥尊人咏叹身世，本自不妨，但若‘我田引水’，以同调自居，则大可笑，盖清朝‘遗老’与明遗民其境况品格迥乎不同，决不可同日而语也。”尤其令人作呕的，这些遗老的大部分，如果是清室的皇族亲贵，还算说得过去，而事实上却是汉家的苗裔；也是动辄目西洋人为夷为虏之辈，真不知他们的“尊王攘夷”是怎样一种解释。曾国藩左宗棠等，学问功业，超越一世，但章太炎先生们对其出处，犹有闲言。但曾左所处的时代，究在清室未亡之时，恐也不能有所作为。至如清室已亡，神州光复以来，依然还是那一副肉麻而矛盾的情态，那似乎更觉“不足为训”了。何况，他们踏的是民国土地，吃的是民国米麦，做起海上寓公来，还是洋场，还是租界；而每天使用的钱币，也已非新的“大清宝钞”了。

以上云云，或者还觉得不够具体，缺少佐证，近乎空泛的指摘。因此，就随手举一个实例出来：那就是编纂《清史稿》的这段公案，以见他们跟民国歧视之一二。

清史馆之设始于一九一四年，即民国三年（甲寅）。馆长为赵尔巽。修史者有总阅，总纂，纂修，协修及征访等职。先后延聘有百数十人，别有名誉职约三百人，馆中执事有提调，收掌科长及校勘等也逾二百人。自赵尔巽以下，则有柯劭忞，王树枏，吴廷燮，夏孙桐，金兆蕃，章钰，俞陛云等。议定用明史体裁，略加变通。先排史目，凡本纪十二，自太祖至宣统；宣统纪初拟“今上本纪”，旋改定。志十六，自天文至邦交。表十，自皇子至交聘。列传十五，自后妃至属国。其取材以“实录”为主，兼及国史旧志及本传，并参以各种记载，与征访所得。至民国九年(庚申)，初稿方始略备。至民十五（丙寅）秋日，又重加修正。次年丁卯，袁金铠创付刊之议，赵尔巽韪之，即请袁氏总理发刊事宜，而以金息侯（梁）任校刻，期一年竣事。关于内容方面，由下列诸人负其总责：

纪稿——柯劭忞

志稿——王树枏

表稿——吴廷燮

传稿——夏孙桐——金兆蕃

总目以下，又由各人分头纂述。如本纪一门，自太祖至世宗五朝，为邓邦述金兆蕃原稿，志则天文，时宪，灾异为柯劭忞原稿……以限于纸墨，不复赘抄。旋赵尔巽去世，乃由柯劭忞代之。至岁暮遂先发行。到了十七年（戊辰）夏，全书告成。此为《清史稿》撰述印行之经过。其间袁世凯之裨助甚大，而吴佩孚，张宗昌亦各捐资协成。从这些事情上，就不难看到史稿之成也，对于民国所抱的观念与态度了。

查金息侯在《清史稿》校刻记上说：

初有议宣统纪从阙者，梁以春秋不諱定哀，力争存之。又议断代为史，凡殁于辛亥以后者，皆不入传，梁以明末遗臣史皆并著；且清史为旧史结束，后将别创新史，体例各异，诸人与清室相终始，岂容泯没，故所补独多。

照故事论，前一代的国史，例由“新朝”来主纂完成，如明史即是一例。即使对遗民遗臣有所表彰阐扬，然后立场口吻，与出诸遗民者已自不同，否则即难免抵牾现状，此为事实问题，不能因“始终”与否，可以擅自予夺。故以前一代遗民——尤其为顽固颟顸抱“非我族类”成见的清室遗老来撰清史，根本已失去“史”的要义了。否则，也往往自陷于进退失据。盖若过于为故国张目，便不免动辄扞格，而为新朝立言，似又非内心所许可。其次，所谓“始终”云者，如张勋之流，拆穿了说，原一投机弄权的武夫，在民国已历仕要职，徒因复辟一举，市惠于清人，而实藉此以餍利禄。与袁项城不同者，不过一则自己独当一面，一则假名“拥立”，其于民国，则同为万世罪人无疑。

然在《清史稿·张勋传》中，竟将复辟事大加铺张（详并见后述），而史稿之印行却在民国的光天化日之下，这恐非任何的现代国家所能默许吧？我记得前年某大国进兵芬兰时，仿佛幽默大师萧伯纳曾说过这样的话，世上任何强国，决不容许邻近有反对势力之存在，此即指芬兰事先之反赤甚烈也。这话相当痛快坦白，胜于外交及宣传之辩护解释。以此而论《清史稿》之得失，及招致一部分人之反感，似亦并非完全的“莫须有”，像清室对付从前的一般汉族士子之文字狱似的。

那末，这里索性再来讨论一下《清史稿》是否有诬毁民国之处；并先据一段史料以作引证。

民国二十五年九月五日出版的第十三期《逸经》半月刊上，有《读〈清史稿〉回忆补录书后》一文，乃针对金息侯《〈清史稿〉回忆录》，及补录而作。作者署名哀灵。曾历举《清史稿》体例及内容之不当凡二十条。盖史稿作者，一意以“史例”为依归（指仿明史），以“记事以实录为本”作藉口，而自诩为“务求征实”。于是哀灵君驳之曰：

夫清之实录，其前数朝（由天命至雍正），经过若干次之删削，稍研究清代故实者，莫不知之。根据此种多次删削之实录，尚有何征信之可言？此故勿论。查清世祖以前，当为明代事，明崇祯以前之明代实录，撰《清史稿》者，何以绝不采用乎？此而言不为清室讳者，宁非自欺欺人之尤者耶？

其下曾历举（一）建州创业，（二）景显及难，（三）太祖为虏，（四）太祖受伤，（五）太后下嫁，（六）世祖逃禅，（七）世宗夺位，（八）太宗争立，（九）慈禧失德，（十）光宣嗣立谓有阋墙云云，（十一）至（十四）明遗民应别立传，郑成功，洪秀全应列载纪等主张……云云，（十五）明兵书寇党人书人（十六原缺），（十七）文字狱，（十八）人名表备通检，（十九）宦官传，（二十）列传于旧档删去千二百余人一节。

以上诸条纲目，为金息侯之原文，哀灵则就每条而辩难质正之，成为针锋相对之作。其中如二三两条，对于景、显二祖何以及难，太祖何以被虏，仅只一鳞半爪之记载，然于一事之起讫原因，则“囫囵吞枣，令后之阅史者，有莫名其妙之苦”。又五六七三条，纵使史无明文，与事实不符，然“从最低限度言，此数公案，亦宜仿《通鉴》考异之例，附载与史。俾后日史料续出，再为考订”。（以上引号内俱哀灵君文）这段话说得十分公允。像这三大悬案，虽为孟心史先生力辩其诬，然诚如哀灵君所云，“其中多有偏于主观之言，固不能以一人之见，而推翻若干年，若干人私人著述之成案”而有以释众人之疑惑。鄙意此三大案之流传，得力于私家渲染夸饰者容或有之，要亦决不能谓其毫无事实的根据。又如慈禧失德，金君虽曰“既未为讳”，然如哀灵君所云“第有单词片意之纪述，殊不足为后来当国者之取鉴”，也属的论。吾人仅就史稿所载《孝钦显皇后传》中观之，其记与德宗冲突之经过云：

二十四年，恭亲王奕䜣薨。上事太后谨，朝廷大政，必请命乃行，顾以国事日非，思变法救亡，太后意不谓然。积相左。上期以九月奉太后，幸天津阅兵。讹言谓太后将勒兵废上，又谓有谋围颐和园劫太后者，八月丁亥，太后遽自颐园还宫，复训政，以上有疾，命君瀛台养疴。

清之末叶，以那拉氏之垂帘听政，及若干庸臣之伴食，终至种下中国的创巨痛深之根。是那拉氏之于中国，不能不负相当责任。其与德宗之衅隙，由来已非一日，至于因构怨而被囚瀛台，尤为中外所共见，顾于此仅只轻描淡写的“以上有疾，命君瀛台养疴”十字含糊以了。其下面之记拳祸，也以极简陋平淡的“义和拳事起，载漪等信其术，言于太后，谓为义民，纵令入京师，击杀德意志使者克林德……”等词。其下除胪举十个国名，“逼京师”之外，下即云“太后率上出，自德胜门遵宣化大同，八月，驻太原，九月，至西安，命庆亲王奕劻，大学士总督李鸿章与各国议和……十一月，还京师，上仍居瀛台养疴"，一共总百余言而已。然太后之放任拳匪，听信妖言，及京师人民所受之荼毒凄惨，竟无片言涉及！如此而谓不为清室讳，又其谁敢信？可惜拳祸之起，太后的包庇怂恿，已播诸中外的记载视听，而非少数人所能讳饰遮掩的了！史稿作者，动辄引以明史体例，诚问明史于此种大变故大祸乱，果否语焉不详乎？

还有一点，有许多如属宫闱之内，或帝王私人的枝节方面（像上述清初三大悬案）而加以讳饰，犹可说得失尚少。至如拳祸与灭变法成败之类，则有关于中国的强弱存亡，有裨于执政的策励警惕者极为重大要紧，又岂可含混其辞，矇眬视听呢？

十五"明兵书寇党人书人"一节，也与史例不合，哀灵君说："清高宗曾有上谕，以明末三王，不同僭窃，饬修史者，改正书法矣。然则修《清史稿》者，对明兵书寇，岂非违背圣旨乎？……党人书人，是否别有用意，诚然不足一辨。"所论极当。我觉得还有一个不通而矛盾的地方：明亡以后，诸王各据一地以号召人心，其流品虽有泾渭之殊，然在彼等自身，何尝非耿耿此心，为父兄基业，为汉家天下作光复之根据？换言之，盖与清亡以后诸遗老之用心相类。然而《清史稿》作者，于他人则不恤贬之以

“寇”，于自己则肉麻顽固，自尊自大，隐然以“正统”自居，故一面反抱轻蔑渺视之态度，以“党人”一词加诸现行执政者之上。事之不平，例之不当，宁有甚于此者？

十七“文字狱”，为满人入关以后，对付汉族士子最残酷最野蛮的“恐怖案”，《清史稿》中虽有记述，然于兴狱始末，治狱毒辣，无不一概从略，不及事实之百一。若谓事涉琐屑，不能备载，则如首节所云，在《张勋传》中，逊帝复辟之后所颁临政“谕旨”，就不惜以极大篇幅，洋洋洒洒的载上一大套，而其谕旨即对民国极尽诋毁辱骂之能事。事实上，《张勋传》所载事迹，几乎完全集中于复辟一举，以如此昙花一见而又贻笑万邦的一幕丑剧，居然铺张扬厉的不惮烦言，连复辟后的约法，及各“新贵”的姓名职分皆毫无遗漏的抄了进去，而如涉及国政盛衰的变法拳乱等大事，却以简陋清淡之口吻出之，此在稍有识力的人，大约都觉得轻重本末，未免过于失体吧。

上列各点，乃就哀灵君所举史稿疏陋失当的诸问题中，复择其重要者加以补充发挥。哀灵君之结论曰：

此外金君回忆录中，对于评《清史稿》者，以时制为言，意颇不满。夫时制固不足概评《清史稿》之全，然试问用民国名义，耗民国金钱，而处处表现反对民国之精神，欲人之无言，其又得乎？若易地而观，其意气自可释然矣。

平心而论，赵尔巽辈，果真心忠于故君，首阳之山，尽多槁饿余地，何必受民国豢养，而自陷于进退失据之境乎？小册子有既食周禄，又厕殷臣之议，其言亦未可谓为过也。

这后面所论的一段，尤其中肯精辟。虽然金君曾有答辩曰：“尤有言者，史稿撰刊，未用公款，前已一再声明矣。而哀灵仍复以金钱名义为词，且曰处处表现反对民国之精神，明知无可指摘，而曰精神，其罪且甚于腹诽矣，尚何言哉。”这里不必再论细枝末节，只消就事实论之：《清史稿》之印成，既非一朝一夕之事，又非一二人之力，如开头所举的规模之大馆员之多，试问是否私人财力所能蒇事？而袁世凯辈的资助，试问是否是自己腰包所掏出来的？是否能不假手民国？谓为“公款”，自也未尝不可。

旷观史乘，在鼎革之际，授受之顷，而能对前朝曲事优容，仍以平等揖让的地位待遇者，其唯民国之于逊清乎？然而试一翻《清史稿》的内容，对于民国的态度观念，就不能令人已于言的了。即使清室遗老，对故国故君未能忘情，有所留恋太息，如孟心史君之所谓，“欲其激昂于种族，崇拜于革命先烈，此本非所望”。然而“处处表现反对民国之精神”，总非情理之平。孟君说：“然其不敢得罪于民国，则就所审察可见。”孟君品格，固不同于遗老辈，但此言究失诸偏，这原因或者为了孟君是纯正的学者，于史料有特殊的爱好，深恐史稿一遭禁止，于治史者多少是一种损失之故。但史料之效用是一事，而于“时制”的妨碍又是一事。金息侯君谓哀灵的“处处表现反对民国之精神”云云，“其罪且甚于腹诽”。事实上，《清史稿》的印行，不过是“反对民国”的“表现”之一种，而主要还在遗老们先入为主的蔑视革命的成见，说得大一点，便是封建余孽对新兴势力不两立的精神之反映！如“党人书人”之类，从所谓春秋大义说来，也便是“轻之也”之意。如辛亥武汉革命，在民国无疑是轰轰烈烈、牺牲无数志士血肉换来的伟业，而在《清史稿》中，却成为“宣统三年八月甲寅，革命党谋乱于武昌”，其在《瑞澂传》也曰：“越月，武昌变起。先是党人谋乱于武昌。”此种记载，虽曰占全史篇章甚鲜，但有一于此，即足以看出赵尔巽辈之居心。即在眼前思想统制最严厉的独裁国家，至少这书早已没收销毁了。其次，《清史稿》作者，当纂述清初士林文范等传时，是否想到当时清廷之于汉族士子，其箝制思想，摧残民气的文网，是何等的森严残酷。龚定庵诗云，避席畏闻文字狱，著书都为稻粱谋，正是当时士大夫内心的彷徨苦闷之写照。如果《清史稿》那样的著述而出现于那时的话，恐怕所有的执笔者，以至其家属血亲，早已没有噍类了。口说无凭，我们不妨举出一部书来：即庄廷的《明史钞略》一案。

这部书向来是被视为禁书，常人无法窥到，窥到了就要付出这颗六斤四两的代价。到了民国廿四年，商务印书馆以珂罗版景印，把它收在《四部丛刊》第三篇以内，我们才能一饱眼福。但里面的文字思想，又那里有开罪清室地方呢？也不过为了专制时代的执政者，都是小心眼儿，雅善挑剔，擅于罗织，以为记的既是上一代——明代的史实，就一定必多违碍之处，同时，又因庄氏仇人之告发，于是乃有此种惨烈伤心之大冤狱暴发？张菊生先生曾有跋云：

庄氏史案，为有清一代文字大狱，罹祸者至七十余人，死者剖棺锉尸，生者延颈就戮，妻孥极边充军为奴，私家纪述，靡有存者，迄今读之未尝不令人神魂慑栗也。以意度之，其书必丑诋清室，无所不至。……其涉及清室，并无讪谤语，仅偶见建夷及夷氛夷寇等字，不意竟触震怒，酿成惨狱，噫，帝王之量，抑何隘耶？……乃曾几何时，敌国外患，相逼而来，当日之不许他人夷己者，而人亦不许以夷字相加，江宁订约，著为专条，而侵凌之甚，竟因是以亡其国，循环倚伏，终无已时，岂不大可哀耶？

这一段话，说得激昂而又沉痛，尤其难能的是，张先生还是清末一位太史公，而却不为清廷不道处讳饰，较之《清史稿》作者的识见风度，诚不可同日而语了。

此外，翻开清代文字狱档及禁书索引来看，大部分都是深文周纳，信口贬夺的冤狱或禁书，则以此而论《清史稿》之“不准通行”，如其反求诸己，似也并无过火。

《清史稿》之内容大要，既如上述。而于其批评，则众说纷纭，莫衷一是，有毁之者，有持论较客观者，而誉之者殊不多觏。唯正式之查禁，则始于故宫博物院之呈请国府行政院院长谭延氏。兹摘录呈文之要点于后：

窃查《清史稿》一书，自民元设馆以来，迟迟久未成书。而承袁世凯及北洋军阀之余荫，修史者悉用亡清遗老主持其事，已开修史之特例。且以遗老中最为不学无术之赵尔巽为之馆长。彼辈自诩忠于前朝，乃以诽谤民国为能事，并不顾其既食周粟之嫌，遂至乖谬百出，开千古未有之奇。且于前年北伐挺进之时，该赵尔巽等用吴佩孚张宗昌等捐款，删繁就简，仓卒成书。赵撰序文，盛称群帅之功，可谓明证。故其体例文字之错谬百出，尤属指不胜屈。此著若任其发行，实为民国之奇耻大辱。自由本院接收以来，某某迭经面商国府同人。佥认此事之重大；当经由院集合院内诸君及一时史学诸家，加以审查。兹举审查结果之荦荦大者，计反革命，反民国，藐视先烈，体例不合，简陋错误等共十有九项，列于左方。

所谓“荦荦大者”，计有（一）反革命，（二）藐视先烈，（三）不奉民国正朔，（四）例书伪谥，（五）称扬诸遗老鼓励复辟，（六）反对汉族，（七）为满清讳，（八）体例不合，（九）体例不一致，（十）人名先后不一致，（十一）一人两传，（十二）目录与书不合，（十三）纪表传志互相不合，（十四）有日无月，（十五）人名错误，（十六）事迹之年月不详载，（十七）泥古不化，（十八）简陋，（十九）忽略。

其中有许多地方，虽为史稿疏忽简陋之处，而去查禁之理由尚远。然自第一至第七诸条，已足成为查禁的证据了。如呈文结末所云："况以民国之史官，而有反革命，反民国，藐视先烈诸罪状？若在前代，身受大辟，其书当然焚毁。现今我国民政府不罪其人，已属宽仁之至。则其书之决不宜再流行海内，贻笑后人，为吾国民政府之玷，而大反先总理之遗意，又岂待言？为今之计，宜将背逆之《清史稿》一书，永远封存，禁其发行。"自此之后，《清史稿》即成为不公开之书；且也可视为现代文网史之一章。

然其间有为之解释，辩护者，如金息侯君所云："容希白主公道而不著私评，徐一士谈事实而不尚空言，深谅甘苦，弥可感也。"惜容徐二君之文不得见，未知刊于何处。次为孟森君。其对史稿，也曾统篇看完，故所引证特详尽。孟文载于廿一年十二月出版，第三卷四号之国学季刊上，有一《清史稿应否禁锢之商榷》一文。将史稿中认为有抵触民国处，逐段引出而加以分辨，于是以查禁为非计，此则真所谓仁智之见矣。然与我们的看法不同者，孟君仅从文字上着眼，而我们则探源溯流，从倾向上窥其“反对民国精神”之反映。此外，史稿的陋误简忽之多，在金君也坦白承认，于此不赘。

自《清史稿》一成禁书，遂启一般读者，藏家及书贾好奇之心，欲百计而得之。自此次事变发生以来，已往法令，往往视为弁髦，书肆之中也有络绎散出，全书排印线装，售价三百金。今则更公然列诸书林，闻内容已有改夺(唯最初已有关内关外本之分)；且有洋装缩印本者，字细于蝇头，似仅能备查阅之用，取其价之低廉耳。

不过，就目前清史一门而论，似尚付阙如。故若能以《清史稿》为不合体例等等，即不能不望现代史家之急起直追，撰一更完备，更纯正的清代史出来，取史稿而代史之。这一点，在当时故宫博物院呈文中已说过：“且现在职院已聘请专家，就所藏各种清代史料，分年别月，编辑清代通鉴长编。”可惜迄今未见此类史籍之印行耳。

（卅二年八月一日）

（原载《文抄》，北平新民印书馆 1944 年版）

《清史稿》浮沉录

本刊近辟有“百年风云”的专栏，其中晚清及辛亥革命的史事自占重要地位。这方面的资料，野史笔记所载虽然很多，但就“正史”而论，只有《清史稿》，而此书一度成为禁书，亦北伐后民国史学界一件大公案。

清亡后，那些遗老和准遗老，对辛亥革命与中山先生是怀着歧视敌视态度的。《清史稿》的开馆，始于民国初年，当时执政者为北洋集团，他们也是与革命党对立的。《清史稿》的编修经费，即由北洋政府提供，后来又得吴佩孚、张宗昌等捐款，仓猝成书。

照例，前一代的历史应由后一代的新朝史馆编修，如清人之编《明史》（此书在二十四史中要算好的），《清史稿》却等于清人自修清史，怎么能够公允客观？他们明白，没有辛亥革命，清朝还是能够苟延下去。先举《宣统本纪》二年八月甲寅为例：“革命党谋乱于武昌，事觉，捕三十二人，诛刘汝夔等三人。”宣统而有“本纪”，事已荒唐，必欲保存这段时期的史实，亦应作废帝本纪。但遗老们是不甘心溥仪已被废弃的，所以故宫小朝廷中有贴着“宣统十六年”（实为民国十三年）字样封条的。其次，按照书法，有罪曰诛，无罪曰杀，对刘汝夔等用“诛”字，即认为他们是罪犯了。又如武昌起义后，瑞澄逃跑，下云“遂陷武昌”。如果出于民国史官所撰，此处就决不用“陷”字而用“克”、“光复”等字。此书又分关内本与关外本，关外本另增张勋、康有为二传，无非因为二人于复辟有功。其他例子，举不胜举。

北伐后，故宫博物院乃呈请行政院长下令禁止，举出了许多例证，但其中又举体例上、技术上的错误例子，实为多余。事后，孟森先生曾作《清史稿应否禁锢之商榷》一文，意在为该书申辩。

孟先生完全以学者风度，从史学角度出发，希望对此书不采取禁止办法，我个人有这样三点意见：（一）孟先生用来说明《清史稿》与革命与民国并未敌对的例证并不恰当，如说有些记载是依据原档案编写的，但遗老们原是有意识借此宣泄敌对情绪。（二）由于此书也具有很大的学术成果，对清史研究者仍有重大用处，故禁止非上策。（三）禁与不禁，学者可以自由讨论，尚可见当时学风之健康清凉。事实上，此书只是禁而不禁，书店中仍在半公开地出售，凡是与书店相熟便可获得，我的一部关内本即在抗战前买到，如果不是因为禁书，我未必会去买。到了上海沦陷后，那就公开出售，即使要买关外本也很容易了。

（原载 1993 年 9 月 17 日《新民晚报》）